高等学校“十二五”应用型经管规划教材·财会系列

资产评估学

王　薇　徐　沁　主　编
孙　颖　岳春玲　王莉红　李纪周　副主编

Asset Evaluation

電子工業出版社
Publishing House of Electronics Industry
北京·BEIJING

内 容 简 介

"资产评估学"是一门既有专业理论基础又有专业技术方法的应用课程，全面介绍了资产评估的专业理论，详细说明了资产评估的基本方法，具有全面、系统、新颖和实用的特点。

本书共 10 章，包括总论、资产评估的基本方法、机器设备评估、房地产评估、无形资产评估、金融资产评估、流动资产评估、资源资产评估、企业价值评估、资产评估报告。

本书是高等学校"十二五"应用型经管规划教材·财会系列教材之一，适用于普通高等院校会计学专业和其他经济管理类专业的教学，同时适用于其他相关专业的教学和相关岗位人员的培训、会计从业人员的后续教育培训、会计人员从业资格考试与中级职称考试的培训。

图书在版编目（CIP）数据

资产评估学 / 王薇，徐沁主编. —北京：电子工业出版社，2013.1
高等学校"十二五"应用型经管规划教材·财会系列
ISBN 978-7-121-18922-7

Ⅰ. ①资… Ⅱ. ①王… ②徐… Ⅲ. ①资产评估－高等学校－教材 Ⅳ. ①F20

中国版本图书馆 CIP 数据核字(2012)第 271483 号

责任编辑：杨洪军
印　　刷：三河市双峰印刷装订有限公司
装　　订：三河市双峰印刷装订有限公司
出版发行：电子工业出版社
　　　　　北京市海淀区万寿路 173 信箱　邮编 100036
开　　本：787×980　1/16　印张：17.5　字数：383 千字
印　　次：2013 年 1 月第 1 次印刷
定　　价：35.00 元

凡所购买电子工业出版社图书有缺损问题，请向购买书店调换。若书店售缺，请与本社发行部联系，联系及邮购电话：（010）88254888。
质量投诉请发邮件至 zlts@phei.com.cn，盗版侵权举报请发邮件至 dbqq@phei.com.cn。
服务热线：（010）88258888。

高等学校“十二五”应用型经管规划教材·财会系列编委会

总　序

随着社会的不断进步、经济的持续发展，社会对财会人才的要求越来越高。因此，培养造就一批职业道德良好、专业素质优秀，财会业务精通、市场规则熟悉，掌握相关专业知识，具有国际视野，能参与战略经营和管理决策、把握行业发展趋势、针对性地解决实际问题的应用型财会人才是当前所需。

所谓应用型财会人才，是指能够将会计专业知识和技能应用于财会工作实践的专门人才。培养应用型财会人才，发挥财会人才在社会实践中的作用，是财会人才队伍建设的重要任务。这套高等学校"十二五"应用型经管规划教材·财会系列教科书，正是为了解决培养应用型财会人才教材所需，力争满足当前乃至今后教学的实际需要而做出的全新探索和大胆尝试。

本套教材的培养目标：培养具有良好职业道德和法纪观念，适应我国市场经济和会计行业发展要求，精通业务、善于管理、熟悉国际惯例、具有国际视野和战略思维的高素质、复合型、应用型财会人才。

本套教材教学的基本要求和目的：让具有解决实际问题能力的高层次、高素质、应用型的财会专门人才脱颖而出，促进我国会计队伍整体素质的全面提高。这种专业教学的要求是在强调理论和实务并重的同时，将授课的重点放在提高学生综合思考问题的能力、开发学生的会计技能及拓展学生对会计实务和典型案例的理解上，以提高他们的综合素质和胜任企事业单位财会工作岗位的能力。其突出特色就是"国际化+实务性+应用型"。因此，突出强调理论与实践紧密结合、学术性与职业性紧密结合。

本套教材将设置《基础会计》《会计电算化实用教程》《成本会计》《税法与税务会计》《管理会计》《审计学》《会计信息系统》《政府与非营利组织会计》《统计学》《财务管理学》《资产评估学》等多本。今后随着教学改革的发展和教学实际的需要，还将进一步调整和完善。

与以往传统教材相比，本套教材具有鲜明的特色：

（1）严格以新会计准则解释为依据，充分反映当代财会专业理论研究与实践应用的最新成果，融汇了国家最新颁布的相关政策和法律法规，力争体现新颖性、准确性和实用性。

（2）突出会计专业素质和操作技能的培养。对概念的阐述、逻辑关系的界定、理念的树立等方面定位准确、内容具体。主线明晰，理论简明，以实例来说明理论与方法的运用，通过相关练习题等锻炼学生分析和解决实际问题的能力。

（3）学以致用、学用结合，不断提升知识的学习、运用、创新过程，培养学生运用会计理论思维的能力，提高学生对经济活动信息读、写的综合技能及运用会计方法分析问题和解决问题的实际能力。强调会计基础知识的掌握和会计核算方法的应用，力争为培养应用型会计人才提供通用、新颖且操作性强的知识体系。

在本套教材的编写过程中，我们拜读了国内外许多专家、学者的著作，并借鉴了其中部分内容，在此谨向他们表示深深的感谢和敬意！

本套教材是集体智慧的结晶，是大家共同的劳动成果。在此谨对编委会全体人员和参加编写的全体老师及其付出的辛苦努力表示衷心的感谢！

唐　静

高等学校“十二五”应用型

经管规划教材·财会系列编委会主任

2011 年 7 月

前　言

"资产评估学"是高等院校会计学、财务管理、金融学和审计学专业的一门专业主干课程，也是经济类和管理类专业普遍开设的一门专业基础课。

资产评估行业作为一个独立的社会中介行业在国外有着上百年的历史。我国资产评估行业起步于20世纪80年代末至90年代初，虽然开始时间不长，但发展迅猛，已经成为我国社会主义市场经济建设中一个不可或缺的社会中介行业。资产评估行业在维护多元化主体利益、促进经济全球化及维护公共利益、保证证券和金融市场稳定、维持税源和财政收入稳定、服务于公共财政领域发挥着重要的作用。

资产评估学是为适应我国社会主义市场经济的要求，维护产权交易各方权益，保证资产运营机制有效运行而建立的一门新兴的应用性学科。该学科以我国社会主义市场经济中产权活动所涉及的资产评估行为的基本理论及其变化规律为基本研究对象，是把资产评估思想和方法与会计融为一体的一门新兴的综合性学科，是现代企业经营管理和决策研究的新发展。资产评估以技术经济分析为基础，针对特定的评估目的，结合财务理论对资产在某一时点的价值进行评定估算。

本课程的教学目的是使学生掌握资产评估的基本理论、基本知识和基本技能，掌握资产评估学自身的特点、规律和方法，使学生树立资产评估观念，明确资产评估任务、目的和意义，掌握参与实际资产评估工作的技能，以便充分发挥其在市场经济中的作用，为社会主义现代化建设服务，为学生进一步学习后续课程及毕业后从事资产评估和经济管理工作打下坚实的基础。

本书共10章，内容包括总论、资产评估的基本方法、机器设备的评估、房地产评估、无形资产评估、金融资产评估、流动资产评估、资源资产评估、企业价值评估、资产评估报告。

本书结合大量实际案例来讲解理论，注重针对性和可操作性，旨在培养学生的思考能力和操作能力。本书还介绍了资产评估的理论前沿及学术动态，可扩大学生的视野、拓展其知识面，为全面提高学生分析问题、解决问题的能力做了积极的探索和努力。

本书由王薇（沈阳理工大学）、徐沁（辽宁科技学院）担任主编。孙颖（辽宁公安司法管理干部学院）、岳春玲（沈阳理工大学应用技术学院）、王莉红（辽宁现代服务职业技术学院)、李纪周(沈阳理工大学)担任副主编。编写分工如下：第1、2、7章由王薇编写，第3章由岳春玲编写，第4、6、8章由徐沁编写，第5章由王莉红编写，第9章由孙颖编写，第10章由李纪周编写。全书由王薇、徐沁统稿和总纂。

由于编写时间紧张，加之编者水平有限，书中疏漏之处在所难免，敬请广大读者不吝指正，以便再版时修改和完善。

编 者

2012年8月

目　录

第 1 章　总论

学习目标

※ 了解资产评估的含义、特点、目的，资产评估与会计计价的区别。
※ 熟悉资产评估的原则、依据及程序。
※ 掌握资产评估的价值类型和假设。

学习导航

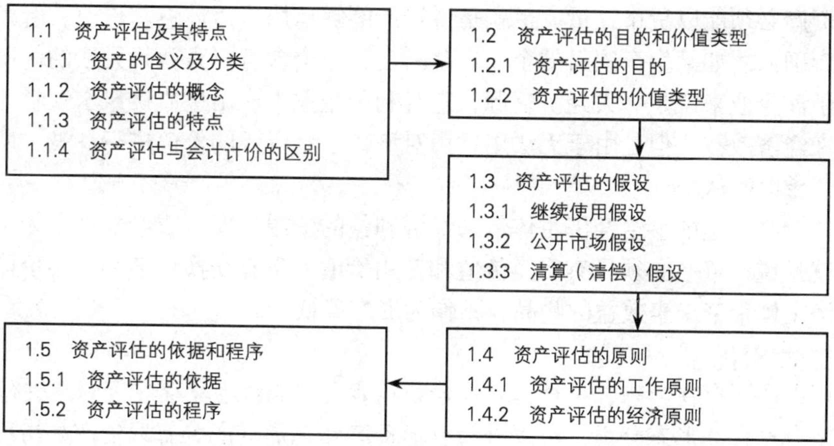

导入案例

ZX评估有限责任公司接受QS股份有限公司的委托，根据国家有关资产评估的规定，本着客观、独立、公正、科学的原则，按照公认的资产评估方法，对委托方委估的房地产市场价值进行评估工作。本公司评估人员按照必要的评估程序对委托评估的资产实施了实地勘察、市场调查与询证，对委托评估的资产在 2010 年 7 月 1 日所表现的市场价值做出了公允反映。

资产评估人员进行资产评估时的依据、原则及评估价值类型、评估程序是怎样的？

1.1 资产评估及其特点

1.1.1 资产的含义及分类

1. 资产的含义

所谓资产，是经济主体拥有或者控制的，能以货币计量的并能够给经济主体带来经济效益的经济资源，既包括房屋、土地、机器设备等有形资产，又包括商标权、专利权、特许经营权等无形资产。

资产具有以下几点基本特点：

（1）资产必须是经济主体拥有或者控制的。一般来说，一项财产要作为经济主体的资产予以确认，对于经济主体来说要拥有其所有权，必须归经济主体所有，也就是经济主体对该项财产具有产权。对于一些特殊方式形成的资产，经济主体虽然对其不拥有所有权，但能够实际控制的，如融资租入固定资产，按照实质重于形式原则的要求，也应当将其作为经济主体资产予以确认。

（2）资产必须能以货币计量。也就是说资产能够运用货币计量其价值，否则就不能将其作为资产确认。如某生产饮料的企业，垄断占有一个含有丰富微量元素的优质矿泉水水源，这对于该企业来说是一大经济资源，它有利于企业生产出优质矿泉水饮料，能够给企业带来未来经济效益，但是由于无法用货币对该矿泉水资源的价值进行计量，所以不能将其作为资产予以确认。

（3）资产必须是能够给经济主体带来经济利益的资源，即可望给经济主体现金流入的资源。也就是说，资产必须具有交换价值和使用价值，没有交换价值和使用价值的物品，不能给经济主体带来未来效益的物品，不作为资产确认。

2. 资产的分类

资产可以按照存在形态、是否具有综合获利能力、能否独立存在等标准进行分类。

（1）按资产存在形态分类，可以分为有形资产和无形资产。有形资产是指那些具有实体形态的资产，包括机器设备、房屋建筑物、流动资产等。由于这类资产具有不同的功能和特性，应分别进行评估。无形资产是指那些没有实物形态，但在很大程度上制约着企业物质产品生产能力和生产质量，直接影响企业经济效益的资产，主要包括专利权、商标权、非专利技术、土地使用权、商誉等。

（2）按资产是否具有综合获利能力分类，可以分为单项资产和整体资产。单项资产是指单台、单件的资产；整体资产是指由一组单项资产组成的具有获利能力的资产综合体。在进行单项资产评估中，我们可以确切地评估出厂房、机器设备的价值，可以评估确定某项技术专利等无形资产的开发或购置成本及获利能力。以单项资产为对象的评估称为单项资产评估。将单项资产评估价值汇总起来，可以求得作为资产综合体的企业的总资产的价值。但是，如果不是变卖单项资产，而是把企业或单独的生产车间作为商品进行买卖时，一般要进行整体资产评估。企业的整体资产不是企业各单项可确指资产的汇集，其价值也不等于各单项可确指资产价值的总和，因为企业整体资产评估所考虑的是它作为一个整体的生产能力或获利能力，所以，其评估价值除了包括各单项可确指的资产价值以外，还包括不可确指资产的价值，即商誉的价值。

（3）按资产能否独立存在分类，可以分为可辨认资产和不可辨认资产。可辨认资产是指能独立存在的资产，前面所列示的有形资产和无形资产，除商誉以外都是可辨认资产；不可辨认资产是指不能脱离企业有形资产而单独存在的资产，如商誉。商誉是由于企业地理位置优越、信誉卓著、生产经营出色、劳动效率高、历史悠久、经验丰富、技术先进等原因，所获得的投资收益率高于一般正常投资收益率所形成的超额收益。商誉是唯一的不可辨认资产，因而也无法单独进行转让。

有形资产、无形资产、可辨认无形资产和不可辨认无形资产之间的关系如图 1-1 所示。

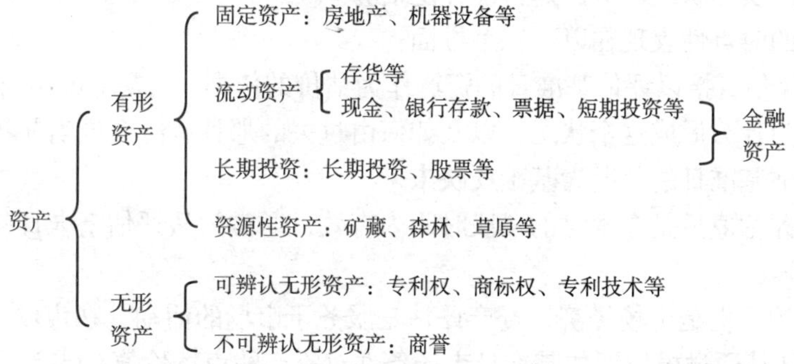

图 1-1 资产的分类及其关系

1.1.2 资产评估的概念

资产评估是对资产在某一时点的价值进行估计的行为或过程，具体来说，就是指符合国家有关规定的专门机构和人员，依据相关法律、法规和资产评估准则，遵循适用的评估原则，选择适当的价值类型，按照法定的评估程序，运用科学的评估方法，对评估对象在特定目的下的评估基准日价值进行分析、估算并发表专业意见的行为和过程。

在资产评估过程中，一般要涉及以下基本的评估要素：一是评估主体，即从事资产评估的机构和人员，它是资产评估工作中的主导者；二是评估客体，即待评估的资产，它是资产评估的具体对象；三是评估依据，也就是资产评估工作所遵循的法律、法规、政策文件等；四是评估目的，即资产业务发生的经济行为，它直接决定和制约资产评估的价值类型和方法的选择；五是评估原则，即资产评估的行为规范，是处理评估业务的行为准则；六是评估程序，即资产评估工作从开始准备到最后结束的工作步骤；七是评估价值类型，即对评估价值的质的规定，它对资产评估方法的选择具有约束性；八是评估方法，即资产评估所运用的特定技术，它是实现资产评估价值的手段和途径。

以上八个方面构成了资产评估工作的八要素，它们之间相互依托，是保证资产评估工作正常进行和评估价值科学性的重要因素。

1.1.3 资产评估的特点

理解和把握资产评估的特点，有利于进一步认识资产评估的实质。一般来说，资产评估具有以下特点。

1．时点性

时点性是指资产评估是对评估对象在某一时点的价值的估算。由于各种资产都处在不断运动和变化中，资产的数量、结构、状态和价值也就不可能长期保持不变。因此，资产评估只能是评估某一时点的资产价值。这一时点就是评估价值的适用日期，也是提供价值评估基础的市场供求及资产状况的日期。这一时点被称为评估基准日。资产评估就是对评估基准日的资产实际状况对资产进行的评定估算。

资产评估的时点性表现在以下三个方面：

（1）资产评估直接以评估基准日的资产作为估价的依据，只要求说明当时的资产状况，而不需要说明为什么形成这个状况，以及如何由过去的那种状况变成当前状况。

（2）以评估基准日的状况为基础反映未来。

（3）资产评估值只是在现时的一段时间内有效，通常为从评估基准日起1年内。

2．市场性

资产评估的前提是市场经济，资产评估是服务于市场的活动，在市场交易活动发生的条件下，资产评估通过模拟评估基准日市场条件对资产的市场价值（最有可能的交易价格）做出评定估算和报告，并且这一估算和报告结果必须接受市场检验。因此市场的要求即为资产评估的起点，也是资产评估的归宿点。这是资产评估区别于财务会计的显著特点。

3．预测性

资产评估的预测性是指用资产的未来潜能说明现实，这是由资产的属性决定的。现实的评估价值必须反映资产的未来潜能，未来没有潜能和效益的资产，现实评估价值也是不存在的。因此，通常用未来预期收益来折算反映整体资产的现实价值，用预期使用年限和功能评估某类资产的净值，等等。因此，任何一项资产评估总是带有一定的主观预测性，预测质量的高低将直接影响到资产评估结果的质量，这也是衡量资产评估人员素质的重要依据。

4．公正性

公正性是指资产评估行为对于评估当事人具有独立性，它服务于资产业务的需要，而不是服务于资产业务当事人任何一方的需要。资产评估的公正性表现在资产评估结果所具有的真实、客观、公正和合法效力。这也就要求评估人员在执业中要恪守公正、客观、独立的原则。公正性的表现有两点：一是资产评估是按公允、法定的准则和规程进行的，具有公允的行为规范和业务规范，这是公正性的技术基础；二是评估人员是与资产业务没有利害关系的第三者，这是公正性的组织基础。

5. 咨询性

咨询性是指资产评估结论是为资产业务提供专业化估价意见，这个意见本身并无强制执行的效力，评估者只对结论本身合乎职业规范要求负责，而不对资产业务定价决策负责。事实上，资产评估为资产交易提供的估价往往由当事人作为要价和出价的参考，最终的成交价取决于讨价还价的本领。咨询性除具有上述有限法律责任这一含义外，还有另一含义，即资产评估是职业化专家活动，其表现是一定数量结构的专家组成专业评估机构，形成专业化的社会分工，评估活动专业化、市场化。这种专门化、市场化的评估业拥有大量的市场信息，能够更好地为资产业务的优化和实现服务。

6. 综合性

综合性是指资产评估工作需要综合应用多方面的知识，所以评估人员必须具有多方面的综合素质，同时需要了解被评估资产的综合性能和属性。评估人员必须全面了解被评估资产的自然属性、社会属性及市场价格和内在价值，了解被评估资产的相关外界环境，能基本预测其未来的性能、效用和效益。很显然，评估工作的综合性是非常明显的，评估小组的人员构成要尽可能综合化，既有熟知工程技术的专家，又有掌握经济学、管理学的专家，还要有相应的预测人员对经济走势和其他方面进行科学的预测。

1.1.4　资产评估与会计计价的区别

1. 二者发生的前提条件不同

会计学中的资产计价严格遵循历史成本原则，同时是以企业会计主体的持续经营为假设前提的。而资产评估则是用于发生产权变动、会计主体变动或者作为会计主体的企业生产经营活动中断，以持续经营为前提的资产计价无法反映企业资产价值时的估价行为。这一区别表明，一方面，资产评估并不是也不能够否定会计计价的历史成本原则，因为其发生的前提条件不同；另一方面，在企业持续经营的条件下，不能随意以资产评估价值替代资产历史成本计价。如果随意进行评估，不仅会破坏会计计价的严肃性，违背历史成本原则，还会对企业的成本和收益计算产生不利的影响。当然，资产计价有时也需要根据物价变动情况进行估价（如我国从 1992 年开始试点、1995 年结束的清产核资中的价值重估），但这种估价要严格按照会计政策的统一规定，并且只是账面价值的调整而已，并不是我们所称的资产评估。

2. 二者的目的不同

会计学中的资产计价是就资产论资产，使货币能够客观地反映资产的实际价值量。资产评估则是就资产论权益，资产评估价值反映资产的效用，并以此作为取得收入或确定在新的组织、实体中的权益的依据。同时，会计学中资产计价的目的是为投资者、债权人和经营管理者提供有效的会计信息，资产评估价值则是为资产的交易和投资提供公平的价值尺度。

3．二者的执行操作者不同

资产计价是由本企业的财会人员来完成的，只要涉及与资产有关的经济业务均需要计价，是一项经常的、大量的工作。资产评估则是由独立于企业以外的具有资产评估资格的社会中介机构完成的。而且，资产评估工作除需要有资产评估学、财务会计知识以外，还需要工程技术、经济法律等多方面的知识才能完成，其工作难度和复杂程度远超过会计计价。

当然，资产评估与会计计价也是有联系的，会计计价有时需要以资产评估价值为依据，这在会计制度中有相应规定。但资产评估与会计计价毕竟是两个不同的经济范畴，无论从理论上还是实际工作上都必须明确区分。

1.2 资产评估的目的和价值类型

1.2.1 资产评估的目的

资产评估的目的是指被评估资产即将发生的经济行为。资产评估的目的是由资产业务的特定要求决定的，在市场经济条件下，由于资产业务的多样性，使资产评估的目的也相应地表现出多样化的特征。

明确资产评估目的的意义在于，它是选择资产评估价值类型、评估方法和评估程序的决定性因素。因此，同样的资产，因为评估目的不同，其评估值也往往不同。

资产评估的目的有一般目的和特定目的之分，一般目的包含特定目的，而特定目的是一般目的的具体化。

1．资产评估的一般目的

资产评估的一般目的是由资产评估的性质及其基本功能决定的。资产评估作为一种专业人员对特定时点和特定条件约束下资产价值的估计和判断的社会中介活动，它的产生是为委托人及资产交易当事人提供合理的资产价值咨询建议。这就需要评估师对资产在一定时间及一定条件约束下的公允价值进行判断，因此，资产评估所要实现的一般目的是资产在评估时点的公允价值。

2．资产评估的特定目的

资产评估总是围绕特定资产业务的需要而进行的，资产业务是引起资产评估的经济行为。资产评估实践表明，资产业务主要有以下几个方面。

（1）资产转让。资产转让是指资产占有单位有偿转让其拥有的资产，通常是指非整体资产的经济行为。

（2）企业兼并。企业兼并是指一个企业以承担债务、购买、股份化和控股等形式有偿接收其他企业的产权，使被兼并方丧失法人资格或改变法人实体的行为。

（3）企业出售。企业出售是指独立核算的企业或企业内部的分厂、车间及其他整体资产产权出售行为。

（4）企业联营。企业联营是指国内企业、单位之间以固定资产、流动资产、无形资产及其他资产投入组成各种形式的联合经营实体的行为。

（5）股份经营。股份经营是指资产占有单位实行股份制经营方式的行为，包括法人持股、内部职工持股、向社会发行不上市股票和上市股票。

（6）中外合资、合作。中外合资、合作是指资产占有单位与外商在我国境内举办合资或合作经营企业的行为。

（7）企业清算。企业清算包括破产清算、终止清算和结业清算。

（8）抵押。抵押是指资产占有单位以本单位的资产作为物质保证进行抵押而获得贷款的经济行为。

（9）担保。担保是指资产占有单位以本企业的资产为其他单位的经济行为担保，并承担连带责任的行为。

（10）企业租赁。企业租赁是指资产占有单位或上级单位在一定期限内，以收取租金的形式将企业全部或部分资产的经营使用权转让给其他经营使用者的行为。

（11）债务重组。债务重组是指债权人按照其与债务人达成的协议或法院的裁决，同意债务人修改债务条件的事项。

以上构成了资产评估的主目的。就企业资产业务而言，资产评估还包括对企业经营业绩的评价、对企业资产交易中纳税情况进行评估等；就个人资产业务而言，个人遗产继承、个人财产交易、个人担保抵押等也都需要进行资产评估。可以说，在市场经济条件下，需要进行资产评估的资产业务十分普遍。但是，资产评估只是资产业务的一个中介环节，它不可能反映资产交易的目的，更不能代表资产业务本身，因此，资产评估仅仅是为资产业务服务的，评估是手段，交易才是目的。

1.2.2　资产评估的价值类型

在现实经济生活中，资产业务所涉及的产权转让、企业重组、破产清算、资产抵押、资产纳税等经济行为，都需要以资产的价值为依据。这里所说的资产价值，不是资产的账面历史价值，而是资产在某一时点的现行市场价值。为了估计和判断资产的现行市价，就需要了解资产的价值类型。

资产评估的价值类型指的是资产评估价值的质的规定性，即价值内涵。价值类型需要与资产行为的发生相匹配。资产评估的价值类型是资产评估价值形式上的具体化。资产在价值形态上的计量可以有多种含义，分别从不同角度反映资产的价值特征。这些不同含义的价值不仅在质上是不同的，在量上也存在较大差异，而作为资产业务所要求的具体价值类型却是唯一的，否则，就失去了正确反映和提供价值尺度的功能。因此，必须根据资产业务的行为，即评估目的，弄清楚所要求的价值尺度的内涵，从而确定资产业务所适用的价值类型。

关于资产评估价值类型的种类，从不同的角度出发，有着不同的表述。

1. 以资产评估估价标准形式表述的价值类型

根据不同的市场交易和资产业务的要求，资产评估价值类型和相应估价的标准大致可分为重置成本、现行市价、收益现值和清算价格。

（1）重置成本。重置成本是指在现时条件下，按功能重置资产并使资产处于在用状态所耗费的成本。重置成本的构成与历史成本一样，也是反映资产购建、运输、安装、调试等建设过程中全部费用的价格，只不过它是按现有技术条件和价格水平计算的。重置成本适用的前提是资产处于在用状态，一方面反映资产已经投入使用，另一方面反映资产能够继续使用，对所有者具有使用价值。决定重置成本的两个基本因素是重置完全成本及其损耗（或称贬值）。

（2）现行市价。现行市价是资产在公平市场上的售卖价格。现行市价源于公平市场，具有如下规定性：有充分的市场竞争，买卖双方没有垄断和强制，双方都有足够的时间和能力了解实情，具有独立的判断和理智的选择。决定现行市价的基本因素如下。

1）基础价格，即资产的生产成本价格。一般情况下，一项资产生产成本的高低决定其价格的高低。

2）供求关系，资产价格与需求量成正比例关系，与供应量成反比例关系。当一项资产有多个买主竞买时，资产价格就会上升，反之则会下降。

3）质量因素，是指资产本身功能、精度等技术参数。优质优价是市场经济的法则，在资产评估中质量因素对资产价值的影响必须予以充分考虑。

（3）收益现值。收益现值是指根据资产未来预期获利能力的大小，按照“将本求利”的逆向思维“以利索本”，以适当的折现率或资本化率将未来收益折成的现值。可见，收益现值是指为获得资产以取得预期收益的权利所支付的货币总额。收益现值适用的前提条件是资产投入使用，同时，投资者投资的直接目的是为了获得预期收益。

（4）清算价格。清算价格是指在非正常市场上限制拍卖的价格。清算价格一般低于现行市价，这是由市场供求状况决定的。其一，因经营失利而导致破产的企业，必然会急于将资产转让或拍卖；其二，这种交易活动主要取决于买方，占有主动权的买方必定会极力压低成交价格，以从中获取利益。

一般来说，在市场机制比较健全的情况下，资产价值会因竞争而趋于合理，以市场售价评定其清算价格仍有一定意义。尽管如此，资产的清算价格也往往会低于其现行市场价格。有些市场上不需要的资产，其清算价格甚至会大大低于账面价格。因此，清算价格一般取决于下列因素。

1）资产的通用性。专用设备的清算价格一般会较大幅度地低于其市场价格。一个具有某一特殊属性（使用价值）的财产对于所有者来讲并不具有特殊价值。

2）清算时间的限制。一般来说，清算时间越长，在市场上讨价还价的余地越大，清算价格会越高。

2.《国际资产评估准则》规定的价值类型

《国际资产评估准则》将价值类型分为市场价值和非市场价值两种。

（1）市场价值。市场价值是自愿买方与自愿卖方在评估基准日进行正常的市场营销之后，所达成的公平交易中某项资产应当进行交易的价值估计数额，当事双方应自主谨慎行事，不受任何强迫压制。

（2）非市场价值。非市场价值是指不满足市场价值成立条件的资产在非公开市场条件下实现的价值。

对于资产评估价值类型的选择，必须与资产经济行为的发生密切结合起来，不同的经济行为所要求资产评估价值的内涵是不一样的。如果不区别资产经济行为确定评估价值类型，或者笼统地确定资产评估价值，就会失去评估价值的科学性。实际工作中，资产评估的经济行为是多种多样的，要求评估机构和评估人员充分理解资产评估价值类型的含义和适用前提，选择科学、合理的价值类型。

资产评估价值类型说明的是资产评估价值的内涵，具有质的规定性，而评估方法则是资产评估价值的量化过程，这是两个既相联系，又有区别的概念。价值类型对评估方法的选用具有约束性，在价值类型确定的前提下，尽管各种方法之间具有替代性，但不能以方法的可替代性模糊价值类型的唯一性，更不能以评估方法代替价值类型。同时，价值类型与作为评估结果的评估价值不是相同的概念。评估价值是价值类型与评估方法即评估价值质的规定和量化过程共同作用的结果。影响评估价值的因素很多，如特定目的、市场条件及指标参数等，但决定价值类型的则是特定目的。在价值类型相同的情况下，价值类型约束下的评估方法应用中，市场条件和指标参数等均会对其产生影响，最终影响评估价值。进一步说，引起评估价值差异的因素，既有价值类型不同的原因，也有方法运用差异的原因。科学选择资产评估价值类型是资产评估具有科学性和有效性的根本前提。

1.3　资产评估的假设

资产评估活动实质上是在对评估对象做相应的前提假设下进行符合逻辑关系的推理过程。假设对任何一门学科都是重要的，相应的理论观念和方法都是建立在一定假设的基础之上的。需要强调的是，假设是以有限的事实和观察为基础，因而并不能确定，还有待于实践检验和科学论证。因此，假设就是指依据有限事实而做出合理推断的状态。资产评估是在资产交易发生之前通过模拟市场对准备交易的资产在某一时点的价格所进行的估算。模拟市场进行资产评估往往必须借助于若干假设，以对资产未来用途的经营环境做出合理的判断。资产评估与其他学科一样，其理论和方法体系的形成也是建立在一定假设条件之上的。适用资产评估的假设有以下几种。

1.3.1 继续使用假设

从资产评估角度看，继续使用假设是指资产将按现行用途继续使用，或转换用途继续使用。对这类资产的评估，就要从继续使用的假设出发，不能按资产拆零出售所得收入之和进行估价。如一台机床用作制造产品时，其估价可能是 5 万元；而将其拆成发动机、床身等零部件分别出售时，也可能仅值 2 万元，同一资产按不同的假设用做不同目的，其价格是不一样的。再如，就一个企业而言，它是由众多的机器设备、流动资产、房屋及其建筑物和无形资产组成的整体，在继续经营条件下评估，其价值（估价）是 800 万元，如果因破产而强制清算拍卖时，其价值就会远远低于 800 万元。

1．继续使用的三种形式

（1）在用续用。在用续用是指被评估资产按其现行的使用方式和用途继续使用，如企业继续生产，无论其所有权、控制权发生怎样的变化，企业作为整体性资产的使用方式和用途并不发生实质性的变动。

（2）转用续用。转用续用是指被评估资产在原有功能范围内从现行使用用途转变为其他使用用途的假定，如多功能的机器设备。转用续用假设要符合最大、最佳效用原则，也就是说，被评估资产转换的用途要符合经济上最有利、技术上要可行和法律上要允许的要求。比如，一宗土地可以作为农业用地、工业用地和商业用地，显然商业用地价值最大。不论用于哪个用途，都要能够满足相应的技术要求，同时法律会对这块用地做出规划和限制。如果它属于基本农田，那么即使符合前两个条件一般也不能按照工业或商业用途评估。

（3）移地续用。移地续用是对资产发生地理位置变动后仍然可以继续使用的假定，如企业搬迁、资产转移等。移地续用又可细分为移地在用续用假设和移地转用续用假设。

2．继续使用假设的条件

（1）资产能以其提供的服务或用途，满足所有者经营上期望的收益。

（2）资产尚有显著的剩余使用寿命。

（3）资产所有权明确，并保持完好。

（4）资产从经济上、法律上允许转作他用。

（5）资产的使用功能完好或较为完好。

1.3.2　公开市场假设

公开市场是指充分发达与完善的市场条件。公开市场假设是假定在市场上交易的资产，或拟在市场上交易的资产，资产交易双方彼此地位平等，彼此都有获取足够市场信息的机会和时间，以便对资产的功能、用途及其交易价格等做出理智的判断。

公开市场假设是基于市场客观存在的现实，即资产在市场上可以公开买卖。不同类型的资产，其性能、用途不同，市场程度也不一样，用途广泛的资产一般比用途狭窄的资产市场活跃，而不论资产的买者还是卖者都希望得到资产最大、最佳效用。

所谓最大、最佳效用是指资产在可能的范围内，用于最有利又可行和法律上允许的用途。这种资产的最大、最佳效用可以是现时的，也可以是潜在的。在评估资产时，按照公开市场假设处理或做适当的调整，才有可能使资产效用最大。资产的最大、最佳效用，由资产所在地区、具体特定条件及市场供求规律决定。

1.3.3　清算（清偿）假设

清算（清偿）假设是指资产所有者在某种压力下，或经协商，或以拍卖方式将其资产被强制在公开市场上出售。这种情况下的资产评估具有一定的特殊性，适应强制出售中市场均衡被打破的实际情况，资产评估价值大大低于继续使用或公开市场条件下的评估值。

在资产评估中，由于资产未来效用有别而形成了“三种假设”。在不同假设条件下，评估结果各不相同。在继续使用假设的前提下，要求评估资产的继续使用价值；在公开市场假设的前提下，要求评估资产的公平市场价值；在清算（清偿）假设的前提下，要求评估资产的清算价格。因此，资产评估人员在评估业务活动中要充分分析、了解、判断、认定被评估资产最可能的效用，以便得出有效结论。

1.4　资产评估的原则

资产评估的原则是调节资产评估委托者、评估业务承担者及资产业务有关权益各方在资产评估中的相互关系，规范评估行为和业务的准则。它包括两个层次的内容，即资产评估的工作原则和资产评估的经济原则。

1.4.1　资产评估的工作原则

1. 独立性原则

独立性原则要求在资产评估过程中摆脱资产业务当事人利益的影响，评估工作始终坚持独立的第三者立场。评估机构是独立的社会中介性机构，在评估中处于中立地位，不能为资产业务各方的任何一方所左右，评估工作不应受外界干扰和委托者意图的影响。评估机构和评估人员不应与资产业务有任何利益上的联系。

2．客观性原则

客观性原则是指评估结果应以充分的事实为依据。评估人员要从实际出发，认真进行调查研究，在评估过程中排除人为因素的干扰，坚持客观、公正的态度和采用科学的方法。评估的指标具有客观性，评估过程中的预测、推理和逻辑判断等只能建立在市场和现实的基础资料上。

3．科学性原则

科学性原则是指在资产评估过程中，必须根据评估的特定目的，选择适用的价值类型和方法，制定科学的评估实施方案，使资产评估结果科学、合理。资产评估工作的科学性，不仅在于方法本身，更重要的是必须严格与价值类型相匹配。价值类型的选择要以评估的特定目的为依据，它对评估方法具有约束性，而不能以方法取代价值类型、以技术方法的多样性和可替代性模糊评估价值类型的唯一性，从而影响评估结果的合理性。

科学性原则还要求资产评估程序科学、合理。资产评估业务不同，其评估程序也有繁简的差异。在评估工作中，应根据评估本身的规律性和国家的有关规定，结合资产评估的实际情况，确定科学的评估程序。这样做，既有利于节约人力、物力和财力，降低评估成本，又有利于提高评估效率，保证评估工作顺利进行。

4．专业性原则

专业性原则要求资产评估机构必须是提供资产评估服务的专业技术机构。资产评估机构必须拥有一支由懂资产评估业务和精通工程、技术、营销、财务会计、法律、经济管理等多学科知识的专家组成的资产评估专业队伍；这支专业队伍的成员必须具有良好的教育背景、专业知识和丰富的经验，这是确保资产评估方法正确、评估结果公正的技术基础。此外，专业性原则还要求资产评估行业内部存在专业技术竞争，以便为委托方提供广阔的选择余地。这是确保资产评估公平的市场条件。

1.4.2 资产评估的经济原则

1．贡献原则

贡献原则是指某一资产或资产的某一构成部分的价值取决于它对其他相关的资产或资产整体的价值贡献，或者根据当缺少它时对整体价值下降的影响程度来衡量确定。贡献原则要求在评估一项由多个资产构成的整体资产的价值时，必须综合考虑该项资产在整体资产构成中的重要性，而不是孤立地确定该项资产的价值。

2．替代原则

替代原则是指当同时存在几种效能相同的资产时，最低价格的资产需求最大。这是因为，有经验的买方对某一资产不会支付高于能在市场上找到相同效用替代物的费用。评估时，某一资产的可选择性和有无替代性是需要考虑的一个重要因素。

3．预期原则

预期原则是指在资产评估过程中。资产的价值可以不按照过去的生产成本或销售价格决定，而是基于对未来收益的期望值决定。资产评估价值的高低取决于现实资产的未来效用或获利能力。虽然一项资产取得时的成本很高，但如果对购买者来说，其效用不高，评估值也不会很大。预期原则要求在进行资产评估时，必须合理预测其未来的获利能力及拥有获利能力的有效期限。

4．供求原则

供求原则是将被评估资产置于资产市场中来考察其现时的价格，资产价格会随着供求状况的变化而变化，这是市场经济的基本法则，资产供给不足，价格会上涨，反之，价格会下跌。因此，在资产评估时应充分考虑评估时点的供求状况。

5．最佳利用原则

如果被评估资产目前还未达到最佳使用状态，在进行评估时，可以以其最佳利用状态为基础估价。最佳利用原则对房地产的评估尤为重要。房地产用途具有多样性，不同的利用方式带来的收益量不同，现有的房地产使用方式并不一定是最合理的，不一定最充分发挥其效用，这时，就不应以现有使用情况作为估价基础。

资产评估的各经济原则是相互联系的，在评估过程中应综合运用这些原则，以保证资产评估工作效率的提高和评估结果的合理性。

1.5　资产评估的依据和程序

1.5.1　资产评估的依据

资产评估是为评估当事人提供中介服务的一项工作，为了保证评估结果的公正、客观，必须有充分、必要的依据，但是评估事项不同，依据也不同，但大致可以划分为以下四类。

1．行为依据

行为依据是评估委托人和评估人员据以从事资产评估活动的依据，如董事会关于进行资产评估的决议、评估委托人与评估机构签订的业务约定书等。

2．法规依据

法规依据是从事资产评估工作应遵循的有关法律、法规依据，如《国有资产评估管理办法》、《资产评估报告基本内容与格式的暂行规定》、《资产评估准则》等。

3．产权依据

产权依据是指能证明被评估资产权属的依据，如国有土地使用证、房屋所有权证等。评估人员必须收集被评估资产的产权依据。

4．取价依据

取价依据是指评估人员确定被评估资产价值的依据，包括两个部分，一部分是由评估人员收集的市场价格资料、统计资料、技术标准及其他参考资料等；另一部分是由被评估单位提供的相关资料。

以上只是一般资产评估过程所需要的依据，评估人员还应根据评估项目的具体情况及特殊需要收集其他一些依据，并在评估报告中详细披露。

1.5.2 资产评估的程序

1．明确资产评估业务的基本事项

资产评估机构和人员在接受资产评估委托业务之前，应当与委托人或相关当事人明确资产评估中的基本事项，主要包括：委托方和相关当事方的基本状况；评估目的；评估对象、评估范围；价值类型；评估基准日；评估报告使用限制和重要假设；评估报告提交时间及方式；评估服务费用总额、支付时间和方式；其他需要说明的重要事项。

2．签订资产评估业务约定书

资产评估业务约定书是指资产评估机构与委托人共同签订的，以确认资产评估业务的委托与受托关系，明确委托目的、被评估资产范围及双方权利与义务等事项的书面合约。它必须符合《中华人民共和国合同法》的规定，并具有法定约束力。在这里，委托人是指向资产评估机构提出业务委托，并与之签订约订书的单位或个人。该约定书应包括如下内容：

（1）签约各方的名称。签约各方的名称是指委托方与资产评估机构的全称。

（2）委托资产评估的目的。应写明委托的资产评估是为了满足委托方的何种需要，及其经济行为类型等。

（3）资产评估范围。须简要写明纳入评估范围的资产类型，如流动资产、长期投资、固定资产、无形资产及其他特殊资产等，以及资产分布情况和资产特性等。

（4）签约双方的权利与义务。应在业务约定书中载明委托人与资产评估机构各自应享有的权利和履行的义务；委托人应享有按约定时间获得完整报告书的权利，同时应履行支付评估费用和提供必要的工作条件的义务；评估机构应享有要求委托方提供有关评估资料的权利及获取评估费用的权利，并履行完成资产评估报告的义务。

（5）在约定书中应写明评估基准日的具体日期。评估基准日应由评估机构根据经济行为的性质与委托方协商确定，并尽可能与评估目的的实现日接近。

（6）出具资产评估报告书的时间要求。指评估机构完成整个评估工作并出具报告书的具体时间。

（7）资产评估报告的使用范围。应与评估目的的经济行为相对应，写明评估报告仅供委托方为实现评估目的使用，申明评估书的使用权为委托方所有，未经委托方许可不得随意向他人提供或公开。

（8）资产评估收费。在评估业务约定书中必须写明委托方支付的评估费用、费用支付方式、费用支付时间。

（9）约定书的有效期限。约定书应将完成评估报告书，并且委托方支付完评估费作为其终止时间。

（10）违约责任。在约定书中，应根据对等原则明确写出双方违约应承担的责任、应赔偿的损失，发生争议应按照国家有关法律、法规进行处理。

资产评估业务约定书的参考格式如下。

资产评估业务约定书

甲方：××公司

乙方：××资产评估事务所

甲方因股票上市需进行资产评估，甲、乙双方遵照国家有关法律规定，经协商一致，订立本约定书。

一、委托评估目的

甲方因公开发行上市股票的需要，委托乙方对公司全部资产和负债进行价值评估，从而确定资产价值。

二、评估范围

甲方委托乙方评估资产的范围为甲方经会计师审计后的资产负债表上列示××公司的各项资产和负债。

三、评估基准日

根据上市工作的安排确定为：二〇一三年四月三十日。

四、委托期限

甲方向乙方提供资产评估申报表及相关批文、权属证明及相应的资料；乙方收到甲方提供的全部评估申报资料后_____日内完成甲方委托的评估工作，并向甲方提供正式的（资产评估报告书）。若因不可抗力因素需延长或提前完成评估工作，甲、乙双方需另行协商。

五、乙方指派×××注册评估师×××等人承办该项业务，以确保工作顺利；甲方对乙方评估人员中涉及与甲方有利害关系的人员有权提出回避。

六、收费标准及付款方式

1. 收费标准。根据国家规定及此次评估之特定目的，经协商收取评估服务费总额×××万元人民币。

2. 本约定书签字生效后，甲方预付×××万元人民币，其余款项在乙方提交资产评估报告书的同时一次性付清。

七、甲方的权利和义务

1. 按约定的日期为乙方提供与评估相关的文件、资料，并对提供的文件、资料的真实性、准确性和合法性负责。

2. 乙方评估人员到甲方现场工作，甲方应提供食宿、交通费用（这两项费用的支付可采取两种支付方式，或含在评估费用中或由甲方另行支付）及必要的办公条件，并给予协助。

3. 乙方在评估工作中需甲方配合的，特别是在进行现场勘察或资产清查核实工作时，甲方应指定相应专业的技术人员及其他有关人员积极配合，使评估工作顺利进行。

4. 甲方应为乙方在工作过程中协调企业内部及与评估有关的外部管理部门的关系创造良好条件。

八、乙方的义务和权利

1. 在评估工作过程中，坚持独立、客观、公正的原则进行评估，认真执行有关法律和法规，对出具的《资产评估报告书》负相应的法律责任。

2. 遵守职业道德，对甲方提供的内部资料和评估结果严守秘密。

3. 乙方有义务主动做好与其他中介机构的协调工作，并指派专人指导甲方人员编制资产评估立项确认申报表。

4. 乙方按约定时间提交《资产评估报告书》。若因甲方不能按规定时间提供资料，乙方有权延长交付报告书时间。

5. 在评估过程中，若因甲方原因提出重大更改造成乙方返工，双方应另行协商加收评估费用和延长出具《资产评估报告书》时间。

九、违约责任

1. 如乙方无故终止履行本约定，所收评估费用应退还甲方；如甲方无故终止本约定书，乙方有权终止评估并且不退还评估费用。

2. 甲乙双方如一方违反本约定书，应根据《中华人民共和国合同法》的有关规定，向对方支付违约金，违约金按评估服务费的________支付；造成经济损失的，还应进行赔偿。

十、争议的解决

因本约定书或执行本约定书产生的任何争议，应当由甲乙双方协商解决，如协商不成，应将争议提交××仲裁委员会仲裁，仲裁结果对双方均具有约束力。

十一、本约定书一式四份，甲、乙双方各执两份，经双方法定代表人签字加盖公章后生效。如遇特殊情况，其未尽事宜，经双方协商议定。

甲方（盖章）	乙方（盖章）
法定代表人：	法定代表人：
经手人（签字）	经手人（签字）
电话：	电话：
传真：	传真：
地址：	地址：

邮编：　　　　　　　　　　邮编：

二〇×× 年　月　日　　　　　二〇×× 年　月　日

3．编制资产评估工作计划

资产评估工作计划指注册资产评估师为履行资产评估业务约定书拟订的评估工作的总体思路和详细实施方案。评估工作计划涵盖了现场调查、收集评估资料、评定估算、编制和提交评估报告等评估业务实施的全过程。编制资产评估工作计划应当重点考虑的因素有：评估目的、评估对象、评估范围及评估的价值类型；评估风险、评估项目的规模和业务复杂程度；相关法律、法规或政策及宏观经济因素的近期发展变化对评估对象的影响；所涉及资产的结构、类别、数量及分布；与评估有关的资料的齐备情况及搜集的难易程度；委托人以前接受评估的经验、委托方的诚信程度及其提供预测数据的可信程度；评估小组成员的业务能力、评估经验及其优化组合；对专家及其他评估人员的合理使用等。

4．对评估资产进行核实与实地勘察

对评估资产进行核实的内容包括各类资产是否存在，以及它们的产权状况和技术状况。对建筑物、机器设备、库存等有形资产进行实地勘察，以确定其新旧程度、运行状况、质量技术参数等。

5．收集与资产评估有关的资料

评估机构和人员收集的评估资料包括从市场渠道直接获取的资料，从委托方、产权持有人等相关当事人获取的资料，以及从政府部门、各类专业机构和其他相关部门获取的资料。这些资料包括产权证明文件、技术资料、与待评估资产相同或相似参照物的市场交易信息等。

主要的产权证明文件包括：有关房地产的土地使用证、房产执照、建设规划许可证、用地规划许可证、项目批准文件、开工证明、出让及转让合同、购买合同、原始发票等；有关在建工程的规划、批文；有关设备的购买合同、原始发票等；有关无形资产的专利证书、专利许可证、专有技术许可证、特许权许可证、商标注册证、版权许可证等；有关长、短期投资合同；有关银行借款的合同。

主要技术资料包括：有关房地产的图纸、预决算资料；有关在建工程的种类、开工时间、预计完工时间、承建单位、筹资单位、筹资方式，成本构成、工程基本说明或计划等；有关设备的技术标准、生产能力、生产厂家、规模型号、取得时间、启用时间、运行状况、大修理次数、大修理时间、大修理费用、设备与工艺要求的配套情况等；有关存货的数量、计价方式、存放地点、主要原材料近期进货价格统计表等；有关应收及预付款的账龄统计表，主要赊销客户的信誉及经营情况、坏账准备政策、应收款回收计划等；有关长期投资的明细表，包括被投资企业、投资金额、投资期限、起止时间、投资比例、年收益、收益分配方式、账面成本等；原始证据，主要包括评估基准日的会计报表、盘点表、对账单、调节表、应收及应付询证函、盘盈及盘亏、报废资产情况说明及证明材料等；作价依据，包括询价记录、有关费用定额标准、取费依据等；委托方声明，包括有关被评估资产所有权、处置权的真实性，产权限制及所提供的数据资料真实性的承诺等；委托方营业执照副本及其他材料等。

与被评估资产有关的市场信息和统计资料包括：与被评估资产相同和类似参照物的市场交易信息；有关参照物成交时间、结构功能、新旧程度和地理位置等方面的信息；影响被评估资产市场供求关系因素的信息，如人口、就业、收入、利率和税收等方面的统计资料；如涉及无形资产和企业价值评估，还应搜集相关行业的资料。

6. 评定估算

评定估算环节主要包括分析资产评估资料、恰当选择资产评估方法、运用资产评估方法形成初步资产评估结论、综合分析确定资产评估结论、资产评估机构内部复核等具体工作步骤。

7. 编制和提交评估报告

评估机构和人员在完成受托的资产评估业务后，要向委托方出具包括评估过程、方法、结论、说明及各类备查文件等内容的资产评估报告。资产评估报告的内容和格式要遵循《资产评估准则——评估报告》，涉及国有资产评估的，还要遵循《企业国有资产评估报告指南》。评估机构和人员在正式提交评估报告前，可以在不影响最终评估结论进行独立判断的前提下，与委托方或委托方许可的相关当事方就评估报告的有关内容进行必要的沟通。

8. 资产评估工作底稿归档

资产评估工作底稿是执行评估业务时形成的，反映评估程序实施情况、支持评估结论的工作记录和相关资料。工作底稿通常分为管理类工作底稿和操作类工作底稿。

管理类工作底稿是指在执行评估业务中，为承接、计划、控制和管理评估业务所形成的工作记录和相关资料，主要包括评估业务基本事项的记录，业务约定书、评估计划、评估业务执行过程中的重大问题处理记录，评估报告审核记录等。

操作类工作底稿是指评估人员在履行现场调查、收集评估资料和评定估算中形成的工作记录和相关资料，主要包括现场调查记录与相关资料、收集的评估资料、评定估算过程记录等。

工作底稿可以是纸质文档、电子文档或其他介质形式的文档。电子和其他介质形式的重要工作底稿，如重要问题处理记录，或是对评估结论有重大影响的现场勘察记录、询价纪录和评定估算过程记录，应同时形成纸质文档。

评估机构和人员应当在评估报告日后 90 日内，应及时将工作底稿与评估报告等一起归入评估业务档案，并由所在评估机构按照国家有关档案管理的法律、法规和评估准则的规定妥善保管。评估业务档案自评估报告日起至少保存 10 年。

某企业整体资产评估（收益法）资料清单如下。

一、总体资料。

1. 企业发展史概述。

2. 企业组织机构图。

3. 企业工商营业执照。

4. 企业章程、协议及管理制度。

二、企业基本情况。

1. 企业地理位置、主要产品或服务。

2. 企业的管理体制、人员构成及专家（顾问）名单。

3. 企业获奖产品、劳务清单。

4. 企业无形资产清单，包括专利权、商标权、特许经营权、专营权、进出口许可证、专有技术、销售网络、顾客名单等。

5. 企业近3~5年的收益表。

6. 市场分析，包括市场占有率、预期市场份额、预期市场价格及实现上述目标的有利因素和不利因素。

7. 企业的技术现状和开发潜力，以及国内、国际相关技术发展趋势分析。

8. 财务指标及其分析，包括行业投资收益率、行业平均成本利润率、销售（营业）收入利润率、企业投资收益率、资金利润率、成本利润率、流动比率、存货周转率等。

9. 企业适用的税种、税率、享受的税收优惠及其限制性条件。

10. 企业发展规划，包括新增投资计划、技改计划、融资筹资计划、生产经营计划、销售计划及相应的可行性研究报告。

11. 企业未来5年的收益预测表及其说明。

三、相关资料

1. 有关企业资产的产权证明文件及其他替代性文件。

2. 有关企业经营、租赁、资产抵押合同文件。

3. 有关重要资产的购买协议、付款凭证和照片。

4. 企业执行的会计制度、会计政策、成本核算方法等。

5. 委托方或被评估企业对所提供资料的真实性、完整性承诺。

四、评估机构及评估人员认为需要收集的其他资料。

案例分析

【案情】

上海××厂是A集团公司下属的一家国有企业，成立于1957年，是一家真空应用设备的专业制造厂，为适应集团“主辅分离”的要求，拟将企业经资产剥离后转让，受让的对象为两名自然人。

企业拟订了以2012年8月31日为基准日的改制方案，后经集团审核，将基准日调整为2012年10月31日，并将部分与新企业无关的资产和负债进行剥离，资产剥离具体情况如表1-1所示。

表1-1　资产剥离情况　　　单位：万元

项　目	原账面数（8月31日）	审计数（8月31日）	剥离数	剥离后的账面数	审计数（10月31日）	评估值（10月31日）
资产合计	5 721.1	5 711.8	1 780.6	3 931.2	4 068.1	7 198.2
货币资金	1 132.2	1 190.1	312.3	877.8	909.8	909.8
应收账款	275.8	265.8	251.3	14.5	14.5	14.5
预付账款	161.9	161.9	71.3	90.6	90.6	90.6
其他应收款	408.0	390.9	313.5	77.4	77.4	77.4
存货	1 589.0	1 576.2	594.2	982.0	982.0	1 070.2
待摊费用	19.2	7.2	4.4	2.8	2.8	2.8
设备	347.0	330.9	211.1	119.8	210.4	339.0
建筑物	1 788.0	1 788.8	1 788.8	0	1 780.5	1 804.8
其他无形资产						994.9
土地						1 894.0
负债	5 248.8	3 463.8	−121.4	3 585.2	2 649.1	2 640.7
净资产	472.3	2 248.0	1 902.0	346.0	1 419.0	4 557.5

由表1-1可见，企业将应收款、存货等资产和相关负债进行了剥离，按照集团批复，房地产也应予以剥离，但在评估时房地产却又进入了评估范围。据评估机构反映，房地产之所以纳入评估范围是因为：应集团要求，要了解企业所属的房地产的市场价值，只起咨询作用，交易时会将之剔除。

【分析】

案例中评估范围存在问题，评估机构对评估范围的处理欠妥。既然是集团要了解房地产的市场价值，评估机构应该另行出具相关的评估咨询报告，而不应笼统地将房地产并入评估范围。评估范围应该与集团批复保持一致，范围的不一致极有可能造成交易时的国有资产流失。

建议从评估政策上规范评估范围的确定，评估范围应与纳入改制资产范围、交易资产范围一致。

本章小结

资产评估是对资产在某一时点的价值进行估计的行为或过程，是指符合国家有关规定的专门机构和人员，依据相关法律、法规和资产评估准则，遵循适用的评估原则，选择适当的价值类型，按照法定的评估程序，运用科学的评估方法，对评估对象在特定目的下的评估基准日价值进行分析、估算并发表专业意见的行为和过程。资产评估具有时点性、市场性、预测性、公正性、咨询性、综合性的特点。资产评估的价值类型，按资产评估估价标准形式表述的价值类型大致可分为重置成本、现行市价、收益现值和清算价格；按《国际资产评估准则》将价值类型分为市场价值和非市场价值两种。资产评估的假设有继续使用假设、公开市场假设、清算（清偿）假设。

资产评估的工作原则有独立性原则、客观性原则、科学性原则、专业性原则，经济原则有贡献原则、替代原则、预期原则、供求原则、最佳利用原则。资产评估的依据主要有行为依据、法规依据、产权依据、取价依据。

资产评估的程序：明确资产评估业务的基本事项、签订资产评估业务约定书、编制资产评估工作计划、对评估资产进行核实与实地勘察、收集与资产评估有关的资料、评定估算、编制和提交评估报告、资产评估工作底稿归档。

练习题

1．名词解释

资产评估　资产评估的时点性　市场价值　非市场价值

2．单项选择题

（1）资产评估的时点性是指以被评估资产在（　　）的实际状况对资产价值进行的评定估算。

A．评估日期　　B．评估工作日期

C．评估基准日　　D．过去、现在及未来

（2）不可辨认的资产是指（　　）。

A．没有物质形态因而无法辨认的资产

B．因不具有综合获利能力而无法单独出售的资产

C．不能独立于有形资产而单独存在的资产

D．除有形资产以外的所有资产

（3）资产评估价值取决于资产的（　　）。

A．原先的购买价格　　B．生产成本
C．预期效用　　D．评估基准日的利用现状

（4）正常情况下，一栋别墅在某一时点的市场价值，不会高于此时点重新开发一同等效用别墅的成本（包括利润）。这体现了资产评估的（　　）。

A．贡献原则　　B．客观原则　　C．预期原则　　D．替代原则

（5）下列不属于资产评估工作原则的是（　　）。

A．独立性　　B．客观性　　C．替代性　　D．科学性

（6）在企业兼并时，目标企业（被兼并企业）价值评估的最适用假设是（　　）。

A．清算假设　　B．公开市场假设　　C．继续使用假设　　D．持续经营假设

（7）银行在因债务不能清偿而需要对其受押的抵押房地产进行处置时，该抵押房地产价值的评估适用于（　　）。

A．清算假设　　B．公开市场假设　　C．继续使用假设　　D．持续经营假设

（8）资产评估价值与资产交易中的实际成交价格之间的关系是（　　）。

A．前者必须高于后者　　B．前者必须低于后者
C．前者必须等于后者　　D．前者可以高于、低于或者等于后者

（9）资产评估工作的执行操作者不同于会计计价，它是由独立于企业以外的具有资产评估资格社会中介机构来完成的，这说明资产评估具有（　　）。

A．市场性　　B．公正性　　C．咨询性　　D．预测性

（10）某一宗土地用于住宅开发时的价值为 300 万元，用于商业大楼开发时的价值为 500 万元，用于工业厂房开发时的价值为 280 万元。城市规划确认该土地可用于住宅或工业生产。该宗土地的价值应评估为（　　）万元。

A．500　　B．300　　C．280　　D．360

3．多项选择题

（1）资产评估行为涉及的经济行为包括（　　）。

A．产权转让　　B．企业重组　　C．资产抵押
D．资产纳税　　E．停业整顿

（2）资产评估的科学性原则是指（　　）。

A．选择适用的价值类型和方法　　B．由包括科技专家组成的资产评估队伍
C．制定科学的评估方案　　D．以充分科学的事实为依据
E．遵循科学的评估程序

（3）资产评估的公正性表现为（　　）。

A．资产评估应遵循正确适用的评估原则，依照法定的评估程序，运用科学的评估方法
B．资产评估主体应当与资产业务及其当事人没有利害关系
C．资产评估的目标是为了估算出服务于资产业务要求的客观价值

D．资产评估需要通过对评估基准日的市场实际状况进行模拟

E．评估价值是为资产业务提供的一个参考价值，最终的成交价格取决于资产业务当事人讨价还价的能力。

（4）在估价对象已经处于使用状态，运用最佳使用原则的选择前提有（　　）。

A．保持利用现状前提　　B．转换用途前提

C．投资改造前提　　D．新利用前提

E．上述四种情形的某种组合

（5）适用于资产评估的假设有（　　）。

A．继续使用假设　　B．公开市场假设

C．持续经营假设　　D．清算假设

E．交易假设

（6）确定评估基准日的目的是（　　）。

A．确定评估对象的计价时间　　B．将动态下的资产固定在某一时点

C．将动态下的资产固定在某一时期　　D．确定评估机构的工作日

E．遵循科学的评估程序

4．简答题

（1）什么是资产评估？它有哪些特点？

（2）资产评估与会计计价有什么区别？

（3）资产评估应遵循哪些工作原则和经济原则？

（4）资产评估约定书包括哪些主要内容？

（5）资产评估综合计划的主要内容是什么？

（6）资产清查的主要内容是什么？

（7）资产评估的基本要素有哪些？

（8）资产评估假设的具体内容是什么？

（9）资产评估的经济原则有哪些？

第 2 章　资产评估的基本方法

学习目标

※ 了解各种评估方法的基本概念、评估思路，各种评估方法的适用前提。

※ 熟悉各种评估方法的关系。

※ 掌握成本法评估、收益法评估、市场法评估。

学习导航

2.1　成本法
2.1.1　成本法的含义及其应用的前提条件
2.1.2　成本法应用的形式及其各项指标的估算
2.1.3　运用成本法评估资产的步骤及其优缺点

2.2　收益法
2.2.1　收益法的含义及其应用的前提条件
2.2.2　收益法应用的形式
2.2.3　收益法中各项指标的确定
2.2.4　运用收益法评估资产的步骤及其优缺点

2.3　市场法
2.3.1　市场法的含义及其应用的前提条件
2.3.2　运用市场法进行资产评估的方式
2.3.3　运用市场法评估资产的步骤及其优缺点

2.4　资产评估方法的比较和选择
2.4.1　资产评估方法的比较
2.4.2　资产评估方法的选择

导入案例

某估价对象是一个地下车库，评估时为在建工程，评估目的为向银行办理抵押贷款手续提供价格参考依据，评估对象为可转让项目，各项手续齐全。

根据评估对象的特点和周边房地产的实际情况，评估人员应当选取怎样的评估方法？又该如何在各种评估方法、评估结果进行加权的基础上确定最终的评估价格？

2.1　成本法

2.1.1　成本法的含义及其应用的前提条件

1. 成本法的含义

成本法，也称重置成本法或重置价值法，是指在评估资产时按被评估资产的现时重置成本扣减其各项损耗价值来确定被评估资产价值的方法。

2．成本法的理论依据

（1）资产的价值取决于资产的成本。资产的原始成本越高，资产的原始价值越大，反之则小，二者在质和量的内涵上是一致的。根据这一原理，采用成本法对资产进行评估，必须首先确定资产的重置成本。重置成本是按在现行市场条件下重新购建一项全新资产所支付的全部货币总额。重置成本与原始成本的内容构成是相同的，而二者反映的物价水平是不同的，前者反映的是资产评估日的市场物价水平，后者反映的是当初购建资产时的物价水平。在其他条件既定时，资产的重置成本越高，其重置价值越大。

（2）资产的价值是一个变量。资产的价值随资产本身的运动和其他因素的变化而相应变化。除了市场价格以外，还有如下几种影响资产价值量变化的因素：

1）资产投入使用后，由于使用磨损和自然力的作用，其物理性能会不断下降，价值会逐渐减少。这种损耗一般称为资产的物理损耗或有形损耗，也称实体性贬值。

2）由于新技术的推广和运用，使得企业原有资产与社会上普遍推广和运用的资产相比较，在技术上明显落后、性能降低，其价值也就相应减少。这种损耗称为资产的功能性损耗，也称功能性贬值。

3）由于资产以外的外部环境因素（包括政治因素、宏观政策因素等）变化，引致资产价值降低。例如，政府实施新的经济政策或发布新的法规限制某些资产的使用，使得资产价值下降，这种损耗一般称为资产的经济性损耗，也称经济性贬值。

3．成本法应用的前提条件

（1）应当具备可利用的历史资料。成本法的应用是建立在历史资料基础上的，许多信息资料、指标需要通过历史资料获得。同时，现时资产与历史资产具有相同性或可比性。

（2）形成资产价值的耗费是必须的。耗费是形成资产价值的基础，但耗费包括有效耗费和无效耗费。采用成本法评估资产，首先要确定这些耗费是必须的，而且应体现社会或行业平均水平。

4．成本法的基本要素

成本法在应用中主要涉及重置成本、实体性贬值、功能性贬值和经济性贬值四个基本要素。

（1）重置成本。重置成本是指资产的现行再取得成本。按其确定依据可分为复原重置成本和更新重置成本。复原重置成本是指采用与评估对象相同的材料、相同的工艺技术等，以现时的价格重新构建与评估对象相同的全新资产所发生的费用。更新重置成本是指采用现在的材料，制造标准和工艺技术等，以现时的价格重新构建与评估对象具有同等功能的全新资产所发生的费用。

选择重置成本时，在同时可获得复原重置成本和更新重置成本的情况下，应选择更新重置成本。在无更新重置成本时可采用复原重置成本。一般来说，复原重置成本大于更新重置成本，但由此引致的功能性损耗也大。之所以要选择更新重置成本，一方面随着科学技术的进步，劳动生产率的提高，新工艺、新设计被社会普遍接受；另一方面，新型设计、工艺制造的资产无论从其使用性能，还是成本耗用方面都会优于旧的资产。

更新重置成本和复原重置成本的相同方面在于采用的都是资产的现时价格，不同的在于技术、设计、标准方面的差异。对于某些资产，其设计、耗费、格式为几十年一贯制，更新重置成本与复原重置成本是一样的。应该注意的是，无论更新重置成本还是复原重置成本，资产本身的功能不变。例如，评估一台 386 型电子计算机，就不能以 486 型电子计算机作为更新重置成本。

（2）实体性贬值。实体性贬值也称为有形损耗，是指资产由于使用磨损或自然力的作用而导致的物理性能损耗或作用下降而引起的资产价值损失，如机器设备在使用中的磨损。

（3）功能性贬值。功能性贬值是指由于新技术的推广使用，使原有资产在技术上的明显落后、性能的降低而造成的资产价值损失，包括超额投资成本引起的功能性贬值和超额运营成本引起的功能性贬值。

（4）经济性贬值。经济性贬值是指由于资产外部环境因素的变化，引起资产闲置、收益下降等造成的资产价值损失。引发经济性贬值的原因主要有：竞争加剧，需求减少，开工不足；原材料供应不畅，导致生产中断；原材料成本上涨，导致费用增加；国家相关政策的变化等。

2.1.2 成本法应用的形式及其各项指标的估算

根据成本法的含义，其基本计算公式可以表述如下：

$$\text{被评估资产评估值} = \text{重置成本} - \text{实体性贬值} - \text{功能性贬值} - \text{经济性贬值}$$

$$\text{被评估资产评估值} = \text{重置成本} \times \text{成新率}$$

成本法的计算公式为正确运用成本法评估资产提供了思路，在评估操作中，重要的是依此思路确定各项技术、经济指标。

1. 重置成本及其估算

重置成本的估算一般可以采用重置核算法、物价指数法、功能价值法、规模经济效益指数法等。

（1）重置核算法。重置核算法是指按资产成本的构成，把以现行市价计算的全部购建支出按其计入成本的形式，将总成本区分为直接成本和间接成本来估算重置成本的一种方法。

直接成本是指直接可以构成资产成本支出的部分，如房屋建筑物的基础、墙体、屋面、内装修等项目，机器设备类资产的购价、安装调试费、运杂费、人工费等项目。直接成本应按现时价格逐项加总。

间接成本是指为建造、购买资产而发生的管理费、总体设计制图等项支出。在实际工作中，间接成本可以通过下列方法计算。

1）人工成本比例法。计算公式如下：

$$间接成本=人工成本总额\times成本分配率$$

式中：

$$成本分配率=\frac{间接成本总额}{人工成本总额}\times100\%$$

2）单位价格法。计算公式如下：

$$间接成本=工作量（按工日或工时）\times单位价格\div工日或工时$$

3）直接成本百分率法。计算公式如下：

$$间接成本=直接成本\times间接成本占直接成本的百分率$$

【例 2-1】重置购建设备一台，现行市场价格为每台 5 万元，运杂费为 1 000 元，直接安装成本为 800 元，其中原材料 300 元，人工成本 500 元。根据统计分析，计算求得安装成本中的间接成本为每人工成本 0.8 元，计算该机器设备的重置成本。

直接成本	51 800 元
其中：买价	50 000 元
运杂费	1 000 元
安装成本	800 元
其中：原材料	300 元
人工	500 元
间接成本（安装成本）	400 元
重置成本合计	52 200 元

（2）物价指数法。物价指数法是在资产历史成本的基础上，通过现时物价指数确定其重置成本，计算公式如下：

$$资产重置成本=资产历史成本\times\frac{资产评估时的物价指数}{资产购建时的物价指数}$$

或

$$资产重置成本=资产历史成本\times(1+物价变动指数)$$

式中，资产历史成本要求真实、准确并符合社会的平均、合理成本；资产评估时物价指数指的是评估基准日（或能够代表评估基准日）的物价指数，而且应是资产的类别或个别物价指数。

【例 2-2】某项被评估资产 2000 年购建，账面原值为 100 万元，2012 年进行评估，已知 2000 年和 2012 年的该类资产定基物价指数分别为 100%和 150%。计算被评估资产重置成本。

$$被评估资产重置成本=1\,000\,000\times\frac{150\%}{100\%}=1\,500\,000（元）$$

或

$$被评估资产重置成本=1\,000\,000\times(1+50\%)=1\,500\,000（元）$$

物价指数法与重置核算法是重置成本估算较常用的方法。但二者具有明显的区别，表现如下。

1）物价指数法估算的重置成本，仅考虑了价格变动因素，因而确定的是复原重置成本；而重置核算法既考虑了价格因素，也考虑了生产技术进步和劳动生产率的变化因素，因而可以估算复原重置成本和更新重置成本。

2）物价指数法建立在不同时期的某一种或某类甚至全部资产的物价变动水平上；而重置核算法建立在现行价格水平与购建成本费用核算的基础上。

明确物价指数法和重置核算法的区别有助于在重置成本估算中进行方法的判断和选择。对于一项科学技术进步较快的资产采用物价指数法估算的重置成本往往会偏高。当然，物价指数法和重置核算法也有其相同点，即都是建立在利用历史资料的基础上。因此，注意判断、分析资产评估时重置成本口径与委托方提供历史资料（如财务资料）的口径差异是上述两种方法应用时需共同注意的问题。

（3）功能价值法。功能价值法也称生产能力比例法，是指寻找一个与被评估资产相同或相似的资产为参照物，计算其每一单位生产能力价格或参照物与被评估资产生产能力的比例，据以估算被评估资产的重置成本的方法。其计算公式如下：

$$被评估资产的成本=\frac{被评估资产的年产量}{参照物的年产量}\times参照物的重置成本$$

【例 2-3】某重置全新的一台机器设备价格 5 万元，年产量为 5 000 件。现知被评估资产年产量为 4 000 件，计算其重置成本。

$$被评估资产重置成本=\frac{4\,000}{5\,000}\times50\,000=40\,000（元）$$

这种方法运用的前提条件和假设是资产的成本与其生产能力成线性关系，生产能力越大，成本越高，而且是成正比例变化。应用这种方法估算重置成本时，首先应分析资产成本与生产能力之间是否存在这种线性关系，如果不存在这种关系，这种方法就不可以采用。

（4）规模经济效益指数法。通过不同资产的生产能力与其成本之间关系的分析可以发现，许多资产的成本与其生产能力之间不存在线性关系，当资产 A 的生产能力比资产 B 的生产能力大一倍时，其成本却不一定大一倍，也就是说，资产生产能力和成本之间只成同方向变化，而不是等比例变化，这是由于规模经济效益作用的结果。两项资产的重置成本和生产能力相比较，其关系可用下列公式表示：

$$\frac{被评估资产的重置成本}{参照物资产的重置成本}=\left(\frac{被评估资产的产量}{参照物资产的产量}\right)^x$$

推导可得

$$\text{被评估资产的重置成本}=\text{参照物资产的重置成本}\times\left(\frac{\text{被评估资产的产量}}{\text{参照物资产的产量}}\right)^{x}$$

式中，x 是一个经验数据，称为规模经济效益指数。在美国，这个经验数据一般是 0.4～1，如加工工业一般为 0.7，房地产行业一般为 0.9。我国到目前为止尚未有统一的经验数据，评估过程中要谨慎使用这种方法。公式中的参照物一般可选择同类资产中的标准资产。

上述四种方法均可用于计算重置成本。至于选用哪种方法，应根据具体的评估对象和可以搜集到的资料确定。某项资产可能同时都能使用上述四种方法，有些资产则不然，应用时必须注意分析方法运用的前提条件，否则将得出错误的结论。

另外，在用成本法对企业整体资产及某一相同类型资产进行评估时，为了简化评估业务、节省评估时间，还可以采用统计分析法确定某类资产的重置成本，这种方法运用的步骤如下。

1）在核实资产数量的基础上，把全部资产按照适当标准划分为若干类别，如房屋建筑物按结构划分为钢结构、钢筋混凝土结构等，机器设备按有关规定划分为专用设备、通用设备、运输设备、仪器、仪表等。

2）在各类资产中抽样选择适量具有代表性的资产，应用功能价值法、物价指数法、重置核算法或规模经济效益指数法等方法估算其重置成本。

3）依据分类抽样估算资产的重置成本额与账面历史成本，计算出分类资产的调整系数，其计算公式为：

$$K = R' \div R$$

式中，K 为资产重置成本与历史成本的调整系数；R' 为某类抽样资产的重置成本；R 为某类抽样资产的历史成本。

根据调整系数 K 估算被评估资产的重置成本，计算公式为：

$$\text{被评估资产的重置成本}=\sum\text{某类资产账面历史成本}\times K$$

某类资产账面历史成本可从会计记录中取得。

【例 2-4】 评估某企业某类通用设备，经抽样选择具有代表性的通用设备 5 台，估算其重置成本之和为 30 万元，而该 5 台具有代表性的通用设备的历史成本之和为 20 万元，该类通用设备的账面历史成本之和为 500 万元。计算该类通用设备的重置成本。

$$K = 30 \div 20 = 1.5$$

该类通用设备的重置成本=500×1.5=750（万元）

2．实体性贬值及其估算

资产的实体性贬值是资产由于使用和自然力的作用而形成的贬值。实体性贬值的估算，一般可以采取以下几种方法。

（1）观察法。观察法，也称成新率法，是指对被评估资产，由具有专业知识和丰富经验的工程技术人员对资产的实体各主要部位进行技术鉴定，并综合分析资产的设计、制造、使用、磨损、维护、修理、大修理、改造情况和物理寿命等因素，将评估对象与其全新状态相比较，考察由于使用磨损和自然损耗对资产的功能、使用效率带来的影响，判断被评估资产的成新率，从而估算实体性贬值。其计算公式如下：

$$资产的实体性贬值=重置成本\times(1-成新率)$$

（2）公式计算法。其计算公式为：

$$资产的实体性贬值=\frac{重置成本-预计残值}{总使用年限}\times实际已使用年限$$

式中，预计残值是指被评估资产在清理报废时净收回的金额。在资产评估中，通常只考虑数额较大的残值，如残值数额较小可以忽略不计。总使用年限是指实际已使用年限与尚可使用年限之和，计算公式为：

$$总使用年限=实际已使用年限+尚可使用年限$$

$$实际已使用年限=名义已使用年限\times资产利用率$$

由于资产在使用中负荷程度的影响，必须将资产的名义已使用年限调整为实际已使用年限。名义已使用年限是指资产从购进使用到评估时的年限。名义已使用年限可以通过会计记录、资产登记簿、登记卡片查询确定。实际已使用年限是指资产在使用中实际损耗的年限。实际已使用年限与名义已使用年限的差异可以通过资产利用率来调整。资产利用率的计算公式为：

$$资产利用率=\frac{截至评估日资产累计实际利用时间}{截至评估日资产累计法定利用时间}\times100\%$$

当资产利用率>1 时，表示资产超负荷运转，资产实际已使用年限比名义已使用年限要长；当资产利用率=1 时，表示资产满负荷运转，资产实际已使用年限等于名义已使用年限；当资产利用率<1 时，表示开工不足，资产实际已使用年限小于名义已使用年限。

【例 2-5】某资产 2002 年 2 月购进，2012 年 2 月评估时，名义已使用年限是 10 年。根据该资产的技术指标，在正常使用情况下每天应工作 8 小时，该资产实际每天工作 7.5 小时。计算资产利用率。

$$资产利用率=\frac{10\times360\times7.5}{10\times360\times8}\times100\%=93.75\%$$

由此可确定其实际已使用年限约为 9.4 年。

在实际评估过程中，由于企业基础管理工作较差，再加上资产运转中的复杂性，资产利用率的指标往往很难确定。评估人员应综合分析资产的运转状态，如资产开工情况、大修间隔期、原材料供应情况、电力供应情况、是否季节性生产等各方面因素分析确定。

尚可使用年限是指根据资产的有形损耗因素预计的资产继续使用年限。

3．功能性贬值及其估算

功能性贬值是由于技术相对落后而造成的贬值。估算功能性贬值时，主要根据资产的效用，生产加工能力，工耗、物耗、能耗水平等功能方面的差异造成的成本增加或效益降低，相应确定功能性贬值额。同时，还要重视技术进步因素，注意替代设备、替代技术、替代产品的影响，以及行业技术装备水平现状和资产更新换代速度。

通常情况下，功能性贬值的估算可以按下列步骤进行。

（1）将被评估资产的年运营成本与功能相同但性能更好的新资产的年运营成本进行比较。

（2）计算二者的差异，确定净超额运营成本。由于企业支付的运营成本是在税前扣除的，企业支付的超额运营成本会引致税前利润额下降，所得税额降低，使得企业负担的运营成本远远低于其实际支付额。因此，净超额运营成本是超额运营成本扣除所得税以后的余额。

（3）估计被评估资产的剩余寿命。

（4）以适当的折现率将被评估资产在剩余寿命内每年的超额运营成本折现，这些折现值之和就是被评估资产功能性贬值额。计算公式如下：

$$被评估资产功能性贬值额 = \sum 被评估资产年净超额运营成本 \times 折现系数$$

【例 2-6】某种机器设备，技术先进的设备比原有的陈旧设备生产效率高，节约工资费用，有关资料及计算结果如表 2-1 所示。

表 2-1　某设备的技术资料

项　　目	技术先进设备	技术陈旧设备
月产量	10 000 件	10 000 件
单件工资	0.90 元	1.40 元
月工资成本	9 000 元	14 000 元
月差异额		14 000–9 000=5 000（元）
年工资成本超支额		5 000×12=60 000（元）
减：所得税（税率为 25%）		15 000 元
扣除所得税后年净超额工资		45 000 元
资产剩余使用年限		5 年
假定折现率为 10%，5 年年金折现系数		3.790 8
功能性贬值额		170 586 元

应当指出，新老技术设备的对比，除生产效率影响工资成本超额支出外，还可对原材料消耗、能源消耗及产品质量等指标进行对比计算其功能性贬值。

此外，功能性贬值的估算还可以通过超额投资成本的估算进行，即超额投资成本可视同为功能性贬值。计算公式为：

$$功能性贬值 = 复原重置成本 - 更新重置成本$$

4．经济性贬值及其估算

经济性贬值是由于外部环境变化造成的资产贬值。计算经济性贬值时，主要是根据由于产品销售困难而开工不足或停止生产、形成资产的闲置、价值得不到实现等因素确定其贬值额。评估人员应根据资产的具体情况加以分析确定。当资产使用基本正常时，不计算经济性贬值。

资产即将贬值的一般表现为资产利用率下降、是资产年收益额减少。

（1）由资产利用率下降造成的经济性贬值额的具体计算公式如下：

$$经济性贬值率=\left[1-\left(\frac{资产预计可被利用的生产能力}{资产原设计生产能力}\right)^{x}\right]\times100\%$$

式中，x 为功能价值指数，实践中多为经验数据，一般取值为 0.6 ~ 0.7。

经济性贬值额=（重置成本–实体性贬值–功能性贬值）×经济性贬值率

（2）由资产年收益额减少导致的经济性贬值的具体计算公式如下：

经济性贬值额=资产年收益损失额×（1–所得税税率）×（$P/A, r, n$）

式中，（$P/A, r, n$）为年金现值系数。

【例 2-7】某被评估资产的设计生产能力为年产 2 000 台产品，因市场需求结构发生变化，在未来可使用年限内每年产量要减少 600 台左右。该类设备功能价值系数为 0.6。根据上述条件，计算该生产设备的经济性贬值率。

$$经济性贬值率=\left[1-\left(\frac{1\,400}{2\,000}\right)^{0.6}\right]\times100\%=19\%$$

又假设每年减少 600 台，每台 100 元，该设备尚可使用 3 年，企业投资回报率为 10%，所得税税率为 25%。该资产的经济性贬值额如下：

$$经济性贬值额=(600\times100)\times(1-25\%)\times(P/A,\ 10\%,\ 3)=111\,910.5（元）$$

在实际的评估中，也有经济溢价的情况，即评估对象及其产品有良好的市场及市场前景或重大政策利好，导致资产具有功能性增值。功能性增值的核算方法与功能性贬值的核算方法相同。

5．成新率及其估算

成新率反映评估对象的现行价值与其全新状态重置价值的比率。该成新率指的是重置成本法运用的第二个公式（即被评估资产评估值=重置成本×成新率）中的成新率，它是综合资产使用中各类损耗以后确定的。在成新率分析计算过程中，应充分注意资产的设计、制造、实际使用、维护、修理、大修理和改造情况，以及设计使用年限、物理寿命、现有性能、运行状态和技术进步等因素的影响。通常，成新率的估算方法有以下几种。

（1）观察法。由具有专业知识和丰富经验的工程技术人员对资产的实体各主要部位进行技术鉴定，以判断确定被评估资产的成新率。与上文中所述实体性贬值确定中所称的成新率不同，这一成新率是在综合考虑资产实体性损耗、功能性损耗和经济性损耗等基础上确定的，而不只是考虑使用磨损和自然损耗的影响。

（2）使用年限法。使用年限法即根据资产预计尚可使用年限与其总使用年限的比率确定成新率。其计算公式如下：

$$成新率=\frac{预计尚可使用年限}{实际已使用年限+预计尚可使用年限}\times 100\%$$

（3）修复费用法。修复费用法即通过估算资产恢复原有全新功能所需要的修复费用占该资产的重置成本（再生产价值）的百分比确定成新率。其计算公式如下：

$$成新率=\left(1-\frac{修复费用}{重置成本}\right)\times 100\%$$

估算成新率的方法有很多，这在后面各类型具体资产的评估中会具体研究确定，这里不再详述。需要说明的是，在评估工作中，有些评估人员直接按照会计学中的折旧年限估算成新率，这种做法是不正确的，原因如下。

第一，折旧是由损耗决定的，但折旧并不就是损耗，折旧是高度政策化了的损耗。在资产使用过程中，价值的运动依次经过价值损耗、价值转移和价值补偿，折旧作为转移价值，是在损耗基础上确定的。但会计学上的折旧率或折旧年限是对某一类资产做出的会计处理的统一标准，是一种高度集中的理论系数或常数，对于该类资产中的每一项资产虽然具有普遍性、同一性和法定性，但不具有实际磨损意义上的个别性或特殊性。实际上，它表现为以下几方面的特征：其一，折旧年限是一个平均年限，对于同一类型中的任何一项资产均适用；其二，它是在考虑损耗的同时又考虑社会技术经济政策和生产力发展水平，有时甚至把它作为经济杠杆，体现对某类资产的鼓励或限制生产政策；其三，它是以同类资产中各项资产运转条件均相同的假定条件为前提的。在这种情况下，同类型的资产，无论其所在地如何，保养维护情况、运行状况如何，均适用同一折旧年限。而评估中的成新率则是根据资产的具体运转状态、使用频率、工作环境等确定的，具有特殊性和个别性特征。

第二，折旧年限的确定，以资产的维修是为了保证资产正常运转为前提的。也就是说，修理是作为追加劳动支出，不增加资产效用和价值。但实际上，每一项资产在使用过程中，由于运转条件、保养、维修条件不同，其损耗及实际运作功能也不相同。评估中通常所讲的完全相同的资产是很少见的，就是这个道理。而且在实际工作中，许多资产提前报废或超龄服役，无不与其保养、修理和运转状况有关。可见，资产的维修在保证资产正常运转的同时，具有更新的性质，可以增加资产的效用和功能，资产评估更注重资产运转的实际效能。需要说明的是，在评估时，尽管维修费用的发生会增大资产价值，延长资产使用寿命，从而影响其成新率，但成新率的确定不是资产运转中费用增减的反映，并非发生修理费用越多，成新率就越高，而是运转过程中更新、修理费用发生结果在资产性能、使用期限等方面结果的体现。当然，并不是所有的维护修理都是有效的，从评估角度应注意区分可修复性损耗和不可修复性损耗。可修复性损耗是指为不改进（改造）效用而花费的成本，低于所能由此得到的收益回报。不可修复性损耗则是指由于一项资产的改进成本超过了这种改进带来的收益，而不能弥补改进的资产贬值和价值损失。因此，只有为可修复性损耗而发生的费用支出从而影响成新率变化才是应予考虑的。

第三，折旧年限的确定与评估中成新率确定的基础——损耗本身具有差异性。确定折旧年限的损耗包括有形损耗（实体性贬值）和无形损耗；而评估中确定成新率的损耗包括实体性贬值、功能性贬值和经济性贬值。其中，功能性贬值只是无形损耗的一种形式，而不是无形损耗的全部。经济性贬值则是由资产外部原因引起的，为评估过程所特有。

第四，在资产评估过程中，如果一些评估机构和评估人员根据实地勘察鉴定的结果，确定的使用年限与折旧年限完全相同，这时当然可以采用折旧年限。但这仅仅是偶然性结果，并不具有必然性。而且，这是经过分析、比较、判断后的结果，恰恰说明成新率的确定应根据实地勘察确定，而不是将折旧年限拿来就用。

2.1.3 运用成本法评估资产的步骤及其优缺点

1. 运用成本法评估资产的步骤

（1）确定被评估资产，并估算重置成本。

（2）确定被评估资产的使用年限。

（3）估算被评估资产的损耗或贬值。

（4）计算确定被评估资产的价值。

2. 成本法的优缺点

成本法评估资产的优点：首先，成本法比较充分地考虑了资产的各种损耗，包括实体性贬值、功能性贬值和经济性贬值，评估结果更趋于公平、合理；其次，成本法适用范围广泛，它除了适用于单项资产和具有特定用途的专项资产评估外，对于那些不易计算未来收益的资产、无法重置的特殊资产及难以取得市场参照物的资产的评估也可以使用这种方法。

成本法评估的缺点：首先，计算复杂、工作量大，设计大量的经济参数的计算，如物价变动指数、成新率、规模经济效益指数等，这些指标计算难度大，操作困难；其次，各种贬值，尤其是经济性贬值不易计算、难以把握，往往影响评估结论的准确性。

2.2 收益法

2.2.1 收益法的含义及其应用的前提条件

1. 收益法的含义

收益法，也称收益现值法，是通过估算被评估资产未来预期收益并将其折算为现值，来确定被评估资产价值的一种资产评估方法。

不难看出，资产评估值与资产效用或有用程度密切相关，资产的效用越大，获利能力越强，它的价值就越大。

2．收益法应用的前提条件

资产成交以后能为新的所有者带来一定的收益，所有者支付的货币量不会超过该项资产（或与其具有同样风险因素的相似资产）的期望收益的折现值。从另外一个角度分析，投资者购买一项资产时一般要进行可行性分析，其预计的内部回报率只有超过评估的折现率时，才肯支付货币来取得该项资产。应用收益法评估资产时必须具备的前提条件如下：

（1）资产可以投入使用，只有在投入使用的前提下，资产才可能带来收益，才有可估价的基础。

（2）被评估资产必须是能用货币衡量其未来期望收益的单项或整体资产。

（3）资产所有者所承担的风险也必须是能用货币衡量的。

应该注意的是，运用收益法评估资产时，是以资产投入使用后连续获利为基础的。资产作为特殊商品，在现实买卖中，人们购买的目的往往并不在于资产本身，而是资产的获利能力。如果在资产上进行投资不是为了获利，进行投资后没有预期收益或预期收益很少而且又很不稳定时，则不能采用收益法。

2.2.2　收益法应用的形式

收益法的应用，实际上就是对被评估资产未来预期收益进行折现或资本化的过程。一般来说，有以下几种情况。

1．资产未来收益期有限的情况

在资产未来预期收益具有特定时期的情况下，通过预测有限期限内各期的收益额，以适当的折现率进行折现，各年预期收益折现值之和即为评估值。基本公式如下：

$$\text{评估值} = \sum_{i=1}^{n} R_i / (1+i)^i$$

式中，R_i 为未来第 i 个收益期的预期收益额，收益期有限时，R_i 中还包括期末资产剩余净额；n 为收益年期；r 为折现率。

【例 2-8】某企业尚能继续经营三年，营业终止后资产全部用于抵充负债，现拟转让。经预测得出三年内各年预期收益的数据，如表 2-2 所示。

表 2-2　某企业未来三年的预期收益　　单位：万元

时　间	收 益 额	折 现 率	折现系数	收益折现值
第一年	300	6%	0.943 4	283
第二年	400	6%	0.890 0	356
第三年	200	6%	0.836 9	167.9

由此可以确定其评估值。

评估值=283+356+167.9=806.9（万元）

2．资产未来收益期无限的情况

在收益无限期的情况下，有如下两种情形。

（1）未来收益年金化的情形。在这种情形下，首先预测其年收益额，然后对年收益额进行本金化处理，即可确定资产评估值。基本公式如下：

资产评估值（收益现值）= 年收益额÷本金化率

上述公式实际是预期收益折现值求和的特殊形式，推导过程如下：

假设未来预期收益分别为 $R_1,R_2,\cdots,R_n$，折现率为 r，折现值之和为 PV，则有

$$PV = R_1/(1+r)^1 + R_2/(1+r)^2 + \cdots + R_n/(1+r)^n$$

当 $R_1=R_2=\cdots=A$ 时，有

$$PV = A\times[1/(1+r)+1/(1+r)^2+\cdots+1/(1+r)^n]$$
$$= A\times[(1+r)^n-1]/r\times(1+r)^n = A\times[1-1/(1+r)^n]/r$$

当 $n\to\infty$ 时，$1/(1+r)^n\to 0$，则有

$$PV = A/r$$

（2）未来收益是不等额的情况。在有的资产评估中，其未来预期收益尽管不完全相等，但生产经营活动相对稳定，各期收益相差不大，在这种情况下就可以采用上述方法进行评估，其步骤如下。

1）预测该项资产未来若干年（一般为 5 年左右）的收益额，并折现求和。

2）通过折现值之和求取年等值收益额，根据上述计算公式可知：

$$\sum_{i=1}^{n}\frac{R_i}{(1+r)^i}=A\sum_{i=1}^{n}\frac{1}{(1+r)^i}$$

因此有

$$A=\sum_{i=1}^{n}\frac{R_i}{(1+r)^i}\div\sum_{i=1}^{n}\frac{1}{(1+r)^i}$$

式中，$\sum_{i=1}^{n}\frac{1}{(1+r)^i}$ 为年金现值系数，也可以表示为（$P/A,r,n$），可以查表求得。

3）将求得的年等值收益额进行资本化计算，确定该项资产的评估值。

【例 2-9】某企业预计未来五年收益额分别是 12 万元、15 万元、13 万元、11 万元和 14 万元。假定从第六年开始，以后各年收益均为 14 万元，确定的折现率和本金化率为 10%。确定该企业在持续经营下的评估值。

评估过程可按下列步骤进行。

1）确定未来五年收益额的现值。

$$现值总额=\frac{12}{(1+10\%)}+\frac{15}{(1+10\%)^2}+\frac{13}{(1+10\%)^3}+\frac{11}{(1+10\%)^4}+\frac{14}{(1+10\%)^5}$$

$$=12\times0.909\,1+15\times0.826\,5+13\times0.751\,3+11\times0.683\,0+14\times0.620\,9$$

$$=49.244\,2（万元）$$

计算中的现值系数可从复利现值表中查得。

2）将第六年以后的收益进行本金化处理。

$$14\div10\%=140（万元）$$

3）确定该企业的评估值。

$$企业评估值=49.244\,2+140\times0.620\,9=136.17（万元）$$

2.2.3　收益法中各项指标的确定

收益法的运用，不仅在于掌握其在各种情况下的计算过程，更重要的是科学、合理地确定方法运用中的各项指标。收益法中的主要指标有三个，即收益额、折现率或本金化率、收益期限。

1．收益额

在收益法运用中，收益额的确定是关键。收益额是指由被评估资产在使用过程中产生的超出其自身价值的溢余额。对于收益额的确定，应把握如下两点。

（1）收益额指的是资产使用所带来的未来收益期望值，是通过预测分析获得的。无论对于所有者还是购买者，判断该项资产是否有价值，首先应判断该项资产是否有收益。评估时对其收益的判断，不仅仅是看它现在的收益能力，更重要的是预测未来的收益能力。

（2）收益额必须是由被评估资产直接形成的，不是由该项资产所形成的收益分离出来的，切莫张冠李戴。

关于收益额的构成，以企业为例，目前有几种观点，即税后利润（净利润）、现金流量、利润总额。

至于选择哪种作为收益额，评估人员应根据所评估资产的类型、特点及评估目的来决定，重要的是准确反映资产收益，并与折现率或本金化率的口径保持一致。

2．折现率或本金化率

确定折现率，首先应该明确折现的内涵。折现作为一个时间优先的概念，认为将来的收益或利益低于现在的同样收益或利益，并且，随着收益时间向将来推迟的程度而系统地降低价值。同时，折现作为一个算术过程，是把一个特定比率应用于一个预期的收益流，从而得出当前的价值。从折现率本身来说，它是一种特定条件下的收益率，说明资产取得该项收益的收益率水平。收益率越高，资产评估值越低。因为在收益一定的情况下，收益率越高，意味着单位资产的增值率越高，所有者所拥有的资产价值越低。折现率的确定是运用收益法评估资产中相对较棘手的问题。折现率必须谨慎确定，折现率的微小差异会带来评估值数以万计的差异。确定折现率，不仅应有定性分析，还应寻求定量方法。折现率与利率不完全相同，利率是资金的报酬，折现率是管理的报酬。利率只表示资产（资金）本身的获利能力，而与使用条件、占用者和使用用途没有直接联系，折现率则与资产及所有者使用效果有关。一般来说，折现率应包含无风险利率、风险报酬率和通货膨胀率。无风险利率是指资产在一般条件下的获利水平，风险报酬率则是指冒风险取得的报酬与资产的比率。每一种资产投资，由于其使用条件、用途不同、行业不同，风险也不一样，因此，折现率也不相同。它要由评估人员根据社会、行业、企业和评估对象的资产收益水平综合分析确定。折现率选择时还要注意所选收益额的计算口径应与折现率的口径保持一致。至于折现率的具体确定方法，将在各类资产具体评估时阐述。

本金化率与折现率在本质上是没有区别的。只是适用场合不同。折现率是将未来有限期的预期收益折算成现值的比率，用于有限期预期收益还原，本金化率则是将未来永续性预期收益折算成现值的比率。

3. 收益期限

收益期限是指资产收益的期间，通常指收益年期。收益期限由评估人员根据未来获利情况、损耗情况等确定，也可以根据法律、契约和合同规定确定。

2.2.4 运用收益法评估资产的步骤及其优缺点

1. 运用收益法评估资产的步骤

（1）收集验证有关经营、财务状况的信息资料。

（2）计算和对比分析有关指标及其变化趋势。

（3）预测资产未来预期收益，确定折现率或本金化率。

（4）将预期收益折现或进行本金化处理，确定被评估资产的价值。

2. 运用收益法评估资产的优缺点

（1）收益法评估资产的优点。

1）能真实而较准确地反映企业本金化的价值。

2）与投资决策相结合，应用此法评估的资产价值易为买卖双方所接受。

（2）收益法评估资产的缺点。

1）预期收益额预测难度较大，易受较强的主观判断和未来不可预见因素的影响。

2）在评估中适用范围较小，一般适用评估企业整体资产和可预测未来收益的单项资产。

2.3 市场法

2.3.1 市场法的含义及其应用的前提条件

1. 市场法的含义

市场法也称市场价格比较法，是指通过比较被评估资产与最近售出类似资产的异同，并将类似资产的市场价格进行调整，从而确定被评估资产价值的一种资产评估方法。市场法是一种最简单、有效的方法，是因为评估过程中的资料直接来源于市场，同时又为即将发生的资产行为估价。市场法的应用与市场经济体制的建立和发展、资产的市场化程度密切相关。在我国，随着社会主义市场经济体制的建立和完善，为市场法提供了有效的应用空间，市场法日益成为一种重要的资产评估方法。

2．市场法应用的前提条件

（1）需要有一个充分发育活跃的资产市场。在市场经济条件下，市场交易的商品种类很多，资产作为商品，是市场发育的重要方面。在资产市场上，资产交易越频繁，与被评估资产相类似资产的价格越容易获得。

（2）参照物及其与被评估资产可比较的指标、技术参数等资料是可搜集到的。运用市场法，重要的是能够找到与被评估资产相同或相类似的参照物。但与被评估资产完全相同的资产是很难找到的，这就要求对类似资产参照物进行调整。有关调整的指标、技术参数能否获取，是决定市场法运用与否的关键。

2.3.2　运用市场法进行资产评估的方式

运用市场法进行资产评估，应因市场条件的差异和参照物的不同，采取不同的方式。一般地说，在市场上如能找到与被评估资产完全相同的参照物，就可以把参照物价格直接作为被评估资产的评估价值。这是市场法运用最简单、直观的方式。但是，资产评估过程中，完全相同的参照物几乎是不存在的，即使是一个工厂出产的相同规格、型号的设备，在不同企业中使用，由于维护保养条件、操作使用水平及利用率高低等多种因素的作用，其实体损耗也不可能是同步的。更多的情况下获得的是相类似的参照物价格，需要进行价格调整。因此，市场法也称市场成交价格比较法，是指一项被评估资产需要评估时，在公开市场上找不到与之完全相同的资产，但在公开市场上能找到与之相类似的资产，以此为参照物，并依其价格再做相应的差异调整，确定被评估资产的价值。

参照物差异调整因素如下。

（1）时间因素。时间因素是指参照物交易时间与被评估资产评估基准日相差时间所影响的被评估资产价格的差异。不同的时间条件下，资产价格不同，应特别注意时间因素导致的价格变化。

（2）地域因素。地域因素是指资产所在地区或地段条件对资产价格的影响差异。地域因素对房地产价格的影响尤为突出。

（3）功能因素。功能因素是指资产实体功能过剩和不足对价格的影响。如一座房屋或一台机器设备，就特定资产实体而言，效能较高，用途广泛，但购买者未来使用并不需要如此高的效能；反之，购买者也可能有超出特定资产现有条件的要求，因而产生实体功能对价格的影响。一般情况下，功能越高，售价越高，但买主未来若对资产特定效能没有需求，就不愿意多花钱去购买这项资产，特殊功能的资产对所有者来讲并没有特殊价值。

2.3.3 运用市场法评估资产的步骤及其优缺点

1. 运用市场法评估资产的步骤

（1）明确评估对象。

（2）进行公开市场调查，收集相同或相类似资产的市场基本信息资料，寻找参照物。

（3）分析整理资料并验证其真实性，判断选择参照物。评估人员对收集到的资料，应认真分析其真实可信程度、交易条件和背景，并选择三个或三个以上的可比参照物。

（4）把被评估资产与参照物比较。

（5）分析调整差异，做出结论。

2. 市场法的优缺点

市场法是资产评估中最简单、最有效的方法，其优点表现在：能够客观反映资产目前的市场情况，其评估的参数、指标直接从市场获得，评估值更能反映市场现实价格；评估结果易于被各方面理解和接受。

市场法的缺点表现在：需要有公开、活跃的市场作为基础，有时因缺少可对比数据难以应用；不适用于专用机器设备和大部分的无形资产，以及受到地区、环境等严格限制的一些资产的评估。

2.4 资产评估方法的比较和选择

2.4.1 资产评估方法的比较

资产评估方法很多，各种方法都有其各自的特点。同时，这些方法之间又是相互关联的。研究资产评估方法的特点，并分析比较各种方法之间的联系和区别，对于选择资产评估方法具有重要意义。

1. 资产评估方法之间的联系

从整体上来说，评估方法是由互相关联的、内在相关的不可分割的技巧和程序组成的，其共同目标就是获得令人信服的可靠评估价值。成本和市场销售数据的分析通常是收益法运用中不可缺少的部分；同样，折现和本金化的运用也时常运用于市场法和成本法中。例如，市场法中分析和调整参照物价格与被评估资产价格的差异因素，会用到折现和本金化的技巧；在成本法中，对功能性贬值等的确定也要采用折现和本金化的方法。一般来说，成本法、收益法的运用都是建立在现行市价基础之上的，只是它们的运用不像市场法运用表现得那么直接而已。

2. 市场法与成本法的区别

在资产评估过程中，市场法和成本法往往容易混淆，这两种方法的区别表现如下。

（1）成本法是按现行市场价格确定重新购买该项资产的价值，而市场法则是按市场上该项资产的交易价格确定的。前者主要从买者角度，即以购建某项资产的耗费来确定；后者则是从卖者角度，即市场上销售价格来确定。

（2）市场法中的现行市价指的是资产的独立的价格，是交易过程中采用的。而重置成本不仅包括该项资产的自身价格（购建价格），还包括该项资产的运杂费、安装调试费等。

（3）市场法的运用与原始成本没有直接联系，而成本法中的某些计算则要利用被评估资产的原始成本和原始资料。

（4）成本法是按全新资产的购建成本扣除被评估资产的各项损耗（或贬值）后确定评估价值；市场法则是按参照物价格，考虑被评估资产与参照物的各项差异因素并进行调整来确定评估值。两种方法具有不同的操作程序，资料的获得和指标确定有着不同的思路。

2.4.2　资产评估方法的选择

可用于资产评估的方法主要有成本法、市场法、收益法等多种方法。资产评估方法的多样性为评估人员提供了适当选择评估途径，有效地完成评估任务的现实可能。选择合适的资产评估方法，有利于简捷、合理地确定资产评估价值。资产评估方法的选择主要应考虑如下因素。

1．资产评估方法的选择必须与资产评估价值类型相适应

资产评估价值类型决定了应该评估的价格类型，资产评估方法作为获得特定价值尺度的技术规程，必须与评估价值类型相适应。资产评估价值类型与资产评估方法是两个不同层次的概念。资产评估价值类型说明“评什么”，是资产评估价值的质的规定，具有排他性，对评估方法具有约束性；资产评估方法说明“如何评”，是资产评估价值量的确定，具有多样性和替代性，并服务于评估价值类型。资产评估价值类型确定的准确性与科学的相匹配的资产评估方法，是资产评估价值具有科学性和有效性的重要保证。

2．资产评估方法必须与评估对象相适应

评估对象是单项资产还是整体资产，是有形资产还是无形资产等，往往要求不同的评估方法与之相适应。同时，资产评估对象的状态不同，所要求的评估方法也往往不同。例如，一台市场交易很活跃的旧机器设备可以采取市场类比法进行评估，而旧的专用设备的评估通常只能采用成本法进行。

3．评估方法的选择还要受可搜集数据和信息资料的制约

各种方法的运用都要根据一系列数据、资料进行分析、处理和转换，没有相应的数据和资料，方法就会失灵。资产评估的过程实际上也就是搜集资料的过程。比如在方法运用过程中，西方评估机构采用更多的是市场法。但在我国，由于市场发育不完全、不完善的限制，市场法应用无论从广度，还是使用效率方面远远落后于其他成熟的市场经济国家的水平。因此，评估者应根据可获资料，以及经努力能搜集到的资料满足程度来选择适当的方法。就资产评估来说，方法的科学性依赖于方法运用中指标的确定。

4．选择评估方法还要纳入不同评估途径中统筹考虑

在同一评估价值类型约束之下，由于方法的替代性，可能会有几种方法都可以使用。在选择方法时，一是充分考虑资产评估工作的效率，选择简便易行的方法；二是根据资产评估人员的特长进行选择。一般来说，方法的选择应在评估开始之前予以确定。当然，也可以分别采取几种方法进行评估，分析并比较结果的科学性。

有时，一项资产同时采用两种或两种以上的方法评估，会得出两种或两种以上不同的结论。这种情况是很常见的。这时，我们一般不能用各种方法得出的评估结果进行简单平均或加权平均得出评估结论，应该根据评估价值类型及不同评估结果对市场的适用性，判断选择一种评估结果作为评估结论。

案例分析

【案情】

评估对象为××有限公司位于上海市××开发区××路××号工业用途房地产（土地为出让）。该公司因需以评估对象房地产向法院提供财产担保，委托××评估机构对该房地产的公开市场价值进行评估，评估基准日为2012年2月21日。该案例采用房地分估然后加总的方法对房地产价值进行评估。

一、基本情况（略）

二、评估价值定义

本次评估所揭示的是××有限公司位于上海市××开发区××路××号的房地产（建筑总面积为6 791平方米，土地总面积为29 032平方米）在满足全部假设和限制条件下，于评估基准日的公开市场价值。

三、评估方法的选择

1．估价技术路线和估价方法

根据委托方确定的估价目的及可以收集到的资料，采取适宜的估价方法。估价对象所在区域及附近区域，存在较多与估价对象类似用途、规模、标准的土地近期成交实例，但缺乏与估价对象类似用途、规模、标准的房地产近期交易实例，故采用房地分估的估价方法，即对土地采用市场比较法估价，对建筑物采用成本法估价，然后土地使用权价格与建筑物价格之和即为评估值。

2．市场比较法

市场比较法是将估价对象与在估价时点近期有过交易的类似房地产进行比较，对这些类似房地产的已知价格做适当的修正，以此估算估价对象的客观、合理价格或价值的方法。即估价人员通过市场调查，选择了三个属于同一供需圈、房屋类型一致的交易案例作为参照物，然后，经过估价人员对案例的实地勘察，对交易情况、交易日期、区域因素和个别因素分别进行比较和修正，计算得出估价对象房地产在估价期日的比准价格，用算术平均法求得估价对象土地为工业用地、出让方式获得、熟地状态（红线外“六通一平”）在估价期日的市场价格。

3．成本法

成本法是求取估价对象在估价时点的重置价格或重建价格，扣除折旧，以此估算估价对象的客观、合理价格或价值的方法。即根据委托方提供和估价人员实地勘察收集的资料，以上海市同类地区建筑行业造价信息中典型工程建安费为依据，运用类比法将估价对象与典型工程的差异因素进行比较分析，增减调整后确定估价对象建筑物的建安费，在此基础上加上必要的增容及管理工程费、专业费、管理费、利息、利润和税金，得出建筑物的重置成本，按其成新率得出估价对象建筑物的现实价格。

四、估价结论

本次估价根据估价目的，遵循估价原则和程序，以掌握的有关标的物的信息资料为依据，经估价，××有限公司位于上海市××开发区××路××号的房地产（建筑面积 6 791 平方米及相应土地面积 29 032 平方米，转让方式获得土地，工业用途，开发程度为红线外“六通一平”）在估价时点 2012 年 2 月 21 日的评估价值为人民币 1 668.86 万元，大写人民币壹仟陆佰陆拾捌万捌仟陆佰元整（其中，土地面积 29 032 平方米，评估价值为人民币 551.61 万元；建筑面积为 6 791 平方米，评估价值为人民币 1 117.25 万元）。

【分析】

该案例在以下几个方面值得特别关注。

（1）相对其他资产类型而言，房地产无论在价格特性、市场特征、评估技术等方面都存在特殊的性质，而且房地产评估业也比其他类型资产评估开展得早，发展得比较成熟。因此，房地产评估除了资产评估常用的成本法、收益法和市场法外，还有适合房地产特征的独特方法，如假设开发法、基准地价修正法、路线价法等。在评估房地产价值时，应根据评估对象的具体情况，灵活选择适当的评估方法，以合理估算被估房地产的价值。该案例中，估价对象所在区域及附近区域，存在较多与估价对象类似用途、规模、标准的土地近期成交实例，但缺乏与估价对象类似用途、规模、标准的房地产近期交易实例，故采用房地分估的估价方法，即对土地采用市场比较法估价，对建筑物采用成本法估价，将土地使用权价格与建筑物价格相加，即可得到被估房地产的评估价值。

（2）在采用市场法评估房地产价值时，选取可供比较参照的参照物是很关键的。可供比较参照的参照物不但要与被评估房地产的用途、所在区域、交易日期、交易条件等相同或相似，而且参照物与被评估房地产之间存在的差异因素可以明确并能够修正。该案例由于被评估房地产处于开发区内，所以存在较多与被评估房地产类似用途、规模、标准的土地近期成交实例，所以参照物的选取相对比较容易。同时，为了保证评估结果的公允、合理，该案例选取了三个参照物，对每一个参照物的交易价格进行因素修正，以修正后交易价格的算术平均作为被评估房地产的评估价格。

（3）在采用成本法评估房地产价值时，要明确房地产成本所包含的内容，既不能多计，也不能少计。该案例仅对建筑物采用成本法评估，因此成本中就不能包含土地取得成本、土地开发成本及应归属于土地的管理费用、投资利息、销售税费和开发利润等，只能包含建筑物的建造成本和归属于建筑物的管理费用、投资利息、销售税费和开发利润等。另外，建筑物成本的各组成部分取价依据各不相同，计算时应根据各组成部分的具体内容和要求进行，不能混淆，以免错误计算。例如，该案例中，室外工程费和增容及管理工程费是按建筑物的面积每平方米定额提取；专业费和建设单位管理费是按建安费的一定比例提取的；利息和利润是按（建安费+室外工程费+增容及管理工程费+专业费+建设单位管理费）的一定比例计算的；营业税及附加则是按（建安费+室外工程费+增容及管理工程费+专业费+建设单位管理费+利息+利润）的一定比例提取的。因此在计算时应格外谨慎，明确各组成部分的取价依据和取价方法，以正确估算被评估房地产的成本。

本章小结

资产评估基本方法有成本法、收益法和市场法。

成本法是指在评估资产时按被评估资产的现时重置成本扣减其各项损耗价值来确定被评估资产价值的方法。成本法在应用中主要涉及重置成本、实体性贬值、功能性贬值和经济性贬值四个基本要素。其基本计算公式可以表述如下：

被评估资产评估值＝重置成本-实体性贬值-功能性贬值-经济性贬值

被评估资产评估值＝重置成本×成新率

运用成本法评估资产一般按下列步骤进行：确定被评估资产，并估算重置成本；确定被评估资产的使用年限；估算被评估资产的损耗或贬值；计算确定被评估资产的价值。

收益法是通过估算被评估资产未来预期收益并折算为现值，以确定被评估资产价值的一种资产评估方法。收益法中的主要指标有三个，即收益额、折现率或本金化率、收益期限。收益法评估资产的步骤为：收集验证有关经营、财务状况的信息资料；计算和对比分析有关指标及其变化趋势；预测资产未来预期收益，确定折现率或本金化率；将预期收益折现或本金化处理，确定被评估资产价值。

市场法是指通过比较被评估资产与最近售出类似资产的异同，并将类似资产的市场价格进行调整，从而确定被评估资产价值的一种资产评估方法。市场法应用的前提条件需要有一个充分发育活跃的资产市场；参照物及其与被评估资产可比较的指标、技术参数等资料是可收集到的。

资产评估方法的选择需要考虑的因素主要有资产评估方法的选择必须与资产评估价值类型相适应、资产评估方法必须与评估对象相适应、评估方法的选择还要受可收集数据和信息资料的制约、选择评估方法还要纳入不同评估途径中统筹考虑。

练习题

1. 名词解释

复原重置成本　更新重置成本　实体性贬值　功能性贬值　经济性贬值

总使用年限　实际已使用年限　资产利用率　成新率　成本法　比较法　收益法

2. 单项选择题

（1）被评估宾馆因市场原因，在未来三年内每年收益净损失额约为 5 万元，假定折现率为 10%，该宾馆的经济性贬值最接近于（　　）万元。

A. 15　B. 12.6　C. 10　D. 50

（2）用物价指数法估算的资产成本是资产的（　　）。

A. 复原重置成本

B. 既可以是复原重置成本，也可以是更新重置成本

C. 更新重置成本

D. 既不是复原重置成本，也不是更新重置成本

（3）某项资产 2009 年购建，账面原值为 100 000 元，2012 年进行评估，若以购建时物价指数为 100%，则三年间同类资产物价环比价格指数分别为 110%、120%、115%，则该项资产的重置成本应为（　　）元。

A. 145 000　B. 115 000　C. 152 000　D. 151 800

（4）某被评估资产 2003 年购建账面价值为 50 万元，2012 年进行评估，2003 年、2012 年该类资产的定基物价指数分别为 120%、170%，则被评估资产的重置成本为（　　）万元。

A. 50　B. 70.8　C. 35.3　D. 85

（5）某设备的年收益额为 50 万元，适用本金化率为 20%，则该设备的收益现值为（　　）万元。

A. 200　B. 250　C. 300　D. 350

（6）教堂、学校、专用机器设备等资产的价值评估，一般适宜选用（　　）。

A. 成本法　B. 收益法　C. 市场比较法　D. 残余法

（7）复原重置成本与更新重置成本的相同之处在于运用（　　）。

A. 相同的原材料　B. 相同的建造技术标准

C. 资产的现时价格　D. 相同的设计

（8）运用成本法评估一项资产时，若分别选用复原重置成本与更新重置成本，则应当考虑不同重置成本情况下，具有不同的（　　）。

A．实体性贬值　B．经济性贬值　C．功能性贬值　D．资产利用率

（9）估算资产的实体性贬值时所用的总使用年限是资产的（　　）。

A．总经济使用年限　B．总技术使用年限

C．总物理寿命　D．以上三个都可以

（10）某机器设备购建于 2006 年 10 月，根据其技术经济指标，规定正常使用强度下每天的运转时间为 8 小时，由于其生产的产品自 2006 年年初至 2010 年年末期间在市场上供不应求，企业主在此期间一直超负荷使用该设备，每天实际运转时间为 10 小时，自 2011 年年初恢复正常使用，现以 2012 年 10 月 5 日为评估基准日，则该设备的实际使用年限为（　　）年。

A．6　B．7　C．8　D．7.5

3．多项选择题

（1）资产评估业务约定书的内容包括（　　）。

A．评估范围　B．评估目的　C．评估假设

D．评估基准日　E．评估工作日期

（2）重置成本的估算方法有（　　）。

A．物价指数法　B．功能价值法　C．规模经济效益指数法

D．重置核算法　E．观察法

（3）实体性贬值的估算方法有（　　）。

A．观察法　B．经济使用年限法　C．使用年限法

D．修复费用法　E．成新率法

（4）功能性贬值包括（　　）。

A．超额投资性功能性贬值　B．超额运营性功能性贬值

C．复原重置成本的功能性贬值　D．更新重置成本的功能性贬值

E．修复性功能性贬值

（5）估算资产净现金流量时所用的资产经营管理成本包括资产（　　）。

A．维修费用　B．保险费用　C．折旧费用

D．资金成本　E．管理费用

（6）造成资产经济性贬值的主要原因有（　　）。

A．该项资产技术落后　B．该项资产生产的产品需求减少

C．社会劳动生产率提高　D．自然力作用加剧

E．政府公布淘汰该类资产的时间表

（7）复原重置成本与更新重置成本的相同之处在于运用（　　）。

A．相同的功能效用　B．相同的建造技术标准

C．资产现时价格　D．相同的设计

E．相同的材料

4．简答题

（1）分别说明收益法、成本法和市场法的基本含义和应用条件。

（2）如何理解成本法应用中成新率的含义？

（3）成本法与市场法的区别表现在哪些方面？

（4）选择资产评估方法应考虑哪些因素？

（5）分别说明收益法、成本法和市场法的优、缺点。

（6）资产评估应按照什么步骤进行？

（7）功能性贬值的估算应按照什么步骤进行？

（8）运用收益法进行资产评估时，如何确定被评估资产的纯收益？

（9）如何确定折现率？

5．计算题

某待评估的生产设备每月可生产 10 000 件产品，生产每件产品的工资成本为 1.5 元，而目前的新式同类设备生产每件产品的工资成本仅为 1.2 元。假定待评估设备与新设备的运营成本在其他方面相同，待评估设备资产还可以使用 5 年，所得税税率为 25%，适用折现率为 10%。根据上述调查资料，求待评估资产相对于同类新设备的功能性贬值。

第3章　机器设备评估

学习目标

※ 了解机器设备的含义、分类和特点，机器设备评估的程序。

※ 熟悉机器设备的收益法评估和市场法评估。

※ 掌握机器设备的成本法评估。

学习导航

3.1　机器设备评估的特点与程序
3.1.1　机器设备的含义、分类及特点
3.1.2　机器设备评估的程序

3.2　机器设备的成本法评估
3.2.1　成本法的适用范围
3.2.2　机器设备重置成本及其测算
3.2.3　机器设备实体性贬值的测算
3.2.4　机器设备功能性贬值的测算
3.2.5　机器设备经济性贬值的测算
3.2.6　机器设备成新率的测算

3.3　机器设备评估的其他方法
3.3.1　运用市场法评估机器设备
3.3.2　运用收益法评估机器设备

导入案例

某公司欲以公司拥有的进口机器设备等资产对外联营投资，故委托某评估机构对该进口设备的价值进行评估，评估基准日为2012年11月30日。

设备名称：图像设计系统。

规格型号：STORK。

设备产地：A国××厂家。

启用日期：2010年7月。

账面价值：11 000 000.00元。

账面净值：9 000 000.00元。

对于该设备该如何进行评估呢？需要考虑的因素有哪些？可采用什么方法进行评估？

3.1　机器设备评估的特点与程序

3.1.1　机器设备的含义、分类及特点

1．机器设备的含义

机器设备是指一台（辆）、一套或一组有金属及其他材料制成，由若干零部件装配起来的，在一种或几种动力驱动下，能够完成生产、加工、化学反应、运行等功能或效用的装置。

资产评估中所指的机器设备是个广义的概念，它泛指那些所有代替人力体力劳动和辅助人类智力劳动的人造物。其范围除了自然科学领域所指的机器设备外，还包括人们根据声、光、电技术制造的电气设备、电子设备、仪器仪表等。机器设备是企业固定资产的重要组成部分，是企业生产能力的基本标志，也是决定企业素质和效益的基本因素。因此，机器设备评估在整个资产评估中占有重要地位。

2．机器设备的分类

企业中所使用的机器设备，由于企业性质不同及设备自身用途不同，在其形状、大小、性能等方面各不相同，种类极其繁多，为了设计、制造、使用及管理工作的方便，我们按照不同的需要、不同的目的对设备进行分类。为了资产评估工作的顺利进行，作为专业的资产评估人员，应了解机器设备分类的有关知识，以便能够针对不同的对象的所属类别，迅速地收集、查询有关资料和信息。常见的分类有以下几种。

（1）按机器设备在再生产中的作用分类。

1）生产工艺类设备。它是指生产加工类企业的主力设备，它直接改变产品的原材料的物理状况和化学性能，使其成为半成品或产成品。例如，机械加工设备中的车、铣、锻、镗、刨、磨、拉床等；纺织机械中的梳棉、粗纺、细纺、织布等机床；化工设备中的各种换热器、蒸发器、结晶器、结晶罐、洗涤器等。

2）辅助生产设备。它是指保护生产工艺设备完成生产任务的二线设备，如空气压缩机、蒸汽锅炉、水泵、变压器等供风、供热、供水、供电设备，车辆、船舶、装卸机、吊车等交通运输装卸设备。

3）服务设备。如通信设备、计算机、测试用仪器、仪表等。

（2）按机器设备的使用范围分类。

1）通用设备。通用设备是指没有专门用途，产品或加工对象不确定，具有综合加工能力的设备，如普通机床、万能铣床、磨床等。

2）专用设备。专用设备是指专门对一种或一类产品具有生产，加工能力的设备，如纺织、造纸、焊接、通信等设备。

3）非标准设备。非标准设备是指国家不予定型的自制设备。

（3）按国家固定资产分类标准分类。国家技术监督局于 1994 年 1 月 24 日颁布了《固定资产分类与代码》（GB/T 14885—1994），根据该标准可将机器设备分为以下几类：通用设备；专用设备；交通运输设备；电气设备；电子及通信设备；仪器仪表和计量标准器具及量具、衡器。

（4）按现行会计制度的规定分类。包括生产用机器设备、非生产用机器设备、租出机器设备、未使用机器设备、不需用机器设备、融资租入机器设备。

3. 机器设备的特点

（1）由于机器设备种类繁多，单位价值量较大，性能用途各不相同，所以，评估应根据评估目的和要求，分门别类，逐项、逐件、逐台地进行核实和评估，以保证评估的真实性和准确性。

（2）由于机器设备分布在各行各业，情况千差万别，技术性较强，因此，评估应以技术检测为基础，正确确定机器设备的使用寿命、技术寿命、经济寿命及其损耗程度。

（3）必须把握机器设备的价值特点，包括对机器设备的价值构成要素及其变化规律的认识和了解。

3.1.2 机器设备评估的程序

机器设备评估作为一个重要的专业评估领域，情况复杂，作业量大，在进行评估时，应分步骤、分阶段实施。一般而言，机器设备评估大致可以分为以下阶段。

1. 评估准备阶段

评估人员及评估机构在签订了资产评估委托协议，明确评估的目的、评估对象和评估范围之后，就应着手做好评估的准备工作。具体包括如下方面。

（1）指导委托方做好机器设备评估的基础工作，如待评机器设备清册及分类明细表的填写，待评机器设备的自查及盘盈盘亏事项的调整，机器设备产权资料及有关经济技术资料的准备等。

（2）分析研究委托方提供的待评资产清册及相关表格，明确评估重点和清查重点，制定评估方案，落实人员安排，设计主要设备的评估技术路线。

（3）广泛收集与本次评估有关的数据资料，为机器设备价值的评定估算做好准备。

2. 现场工作阶段

现场工作是机器设备评估的一个非常重要的工作步骤。在机器设备评估的现场工作中，应抓住待评机器设备的落实工作，考察工艺过程，确实了解待评估设备的现状、磨损程度和匹配状况等。

（1）逐台（件）核实评估对象。现场工作的第一项工作就是对已列入评估范围的机器设备逐台进行清查核实，以确保评估对象真实、可靠。要求委托方根据现场清查核实的结果，调整或确定其填报的待评机器设备清册及相关表格，并以清查核实后的待评估机器设备作为评估对象。

（2）按照评估重点或人员安排，对待评设备进行分类。当被评估设备种类、数量较多时，为了突出重点，以及发挥具有专长的评估人员作用，可对待评设备进行必要的分类。一种分类方法是按设备的重要性划分，如 ABC 分类法，把单位价值大的重要设备作为 A 类；把单位价值小且数量较多的设备作为 C 类；把介于 A 类和 C 类之间的设备作为 B 类。根据委托方对评估的时间要求，对 A、B、C 三类设备投入不同的精力进行评估。另一种分类方法是按设备的性质分为通用设备和专用设备，以便有效地收集数据资料，合理地配备评估人员。

（3）设备鉴定。对设备进行鉴定是现场工作的重点。对设备进行鉴定包括对设备的技术鉴定、使用情况鉴定、质量鉴定以及磨损鉴定等。设备的生产厂家、出厂日期、设备负荷和维修情况等是进行鉴定的基本素材。

1）对设备技术状况的鉴定主要是对设备满足生产工艺的程度、生产精度和废品率，以及各种消耗和污染情况的鉴定。判断设备是否有技术过时和功能落后情况存在。

2）对设备使用情况鉴定主要了解设备是处在在用状态还是闲置状态，使用中的设备的运行参数、故障率、零配件保证率、设备闲置的原因和维护情况等。

3）对设备质量进行鉴定主要应了解设备的制造质量，设备所处环境、条件对设备质量的影响，设备现时的完整性、外观和内部结构情况等。

4）对设备的磨损程度鉴定主要是了解和掌握设备的有形损耗，如锈蚀、损伤、精度下降，以及无形损耗如功能不足及功能过剩等。

现场工作要有完整的工作记录，特别是设备的鉴定工作更要有详细的鉴定记录。这些记录将是评估机器设备价值的重要数据，也是工作底稿的重要组成内容。

3. 确定设备评估经济技术参数阶段

评估的目的、评估的价值类型和运用的评估方法不同，评估所需要的经济技术参数亦有区别。根据评估的目的和评估项目对评估价值类型的要求，以及评估所选择的途径和方法，科学合理地确定评估所需要的各类经济技术参数。这一环节是体现评估师执业水平和执业技巧的阶段。评估所需的经济技术参数不仅要在性质上与评估目的、评估价值类型、评估的假设前提保持一致，而且在量上也要恰如其分。另外，对产权受到某种限制的设备，包括已抵押或作为担保品的设备、将要强制报废的设备等，其有关数据资料要单独处理。

4. 评定估算阶段

根据评估目的、评估价值类型的要求，以及评估时的各种条件，选择适宜的评估途径及其方法，运用恰当的经济技术参数对待评估设备的价值进行评定估算。在评定估算过程中，要始终使评估目的、评估的价值类型、评估假设前提、评估参数与评估结果保持内在联系。应尽可能选择高效、直接的评估途径和方法，使机器设备评估实现快速、合理、低成本、低风险。在机器设备评定估算阶段，要注意与委托方有关人员进行信息交流，沟通评估中遇到的问题和困难。在保证资产评估独立性的前提下，可以听取和吸纳委托方的合理化建议，以保证评估结论的相对合理性。

5．撰写评估报告及评估说明阶段

按照当前有关部门及行业管理组织对评估报告撰写的要求，在评定估算过程结束之后，应及时撰写评估报告书和评估说明。

6．评估报告的审核和报出阶段

评估报告完成以后，要有必要的审核，包括复核人的审核、项目负责人的审核和评估机构负责人的审核。在三级审核确认评估报告无重大疏漏后，再将评估报告送达委托方及有关部门。

3.2 机器设备的成本法评估

3.2.1 成本法的适用范围

机器设备的成本法是指通过估算全新的机器设备的重置成本，减去机器设备的各种贬值，即实体性贬值、功能性贬值和经济性贬值，以确定机器设备价值的一种方法。用公式表示如下：

评估值=重置成本–有形损耗–功能性损耗–经济性贬值

从资产评估的工具和手段角度来看，成本法可以评估任何资产而没有范围设定。但是从资产评估的效率和相对合理性角度，按各种评估方法的特点划定其最适宜发挥作用的范围，有利于提高资产评估的质量和效率。正是从这个意义上，我们提出成本法适用范围的问题。

（1）成本法适用于持续使用假设前提下的机器设备评估。运用成本法评估处于在用、续用状态下的机器设备，无论是重置成本构成或其他别的因素，不需要做太大的调整。

（2）成本法一般不宜评估非续用状态下的机器设备。如果事实上只能运用成本法评估非续用状态下的机器设备，则需要在成本项目构成要素和其他因素方面上做出必要的调整。

（3）对于具有独立运营能力或独立获利能力的机器设备组合进行评估时，成本法一般不应当作为唯一使用的评估方法。

3.2.2 机器设备重置成本及其测算

资产的重置成本有两种，即复原重置成本和更新重置成本，机器设备也是如此。复制一个与被评估设备一模一样的全新设备的现时成本，就叫设备的复原重置成本。而在效用上与被评估设备最接近的类似新设备的现行购置成本就是设备的更新重置成本。评估人员在评估过程中首先要明确自己所估测的重置成本的确切含义，以便在选择各参数进行估测时充分考虑到重置成本的性质因素。

设备的重置成本在构成上包括设备的直接费用和设备的间接费用。设备的直接费用是指设备的购置价或建造价，它构成了设备重置成本的基础。设备的运杂费、安装调试费和必要的配套装置费也构成设备的直接费用。对于进口设备，还要包括进口关税、银行手续费等其他费用。设备的间接费用通常是指为购置、建造设备而发生的各种管理费用、总体设计制图费用、资金成本及人员培训费用等。

在机器设备评估中，其重置成本的构成及数额还要根据取得评估目的所要求状态下的机器设备需花费的全部费用来决定。当产权交易双方有协议或合同，明确规定机器设备的某些费用由某一方承担，那么评估该设备时就应按双方协议或合同处理，并在评估报告中予以说明。

由于设备取得的方式和渠道不同，其重置成本构成也不完全一样。按照设备取得的方式分类，设备分为外购和自制设备。外购设备的重置成本构成，主要包括设备自身的购置价格、运输及杂费、安装调试费三大项，如果是进口设备的重置成本除包括上述三大项以外，还包括设备进口时的有关税费，如关税、银行手续费等；自制设备的重置成本主要包括制造成本和相配比的期间费用（如应摊的管理费用和财务费用）、大型设备的合理制造利润、其他必要的合理费用（如设计、论证等前期费用）、安装调试费用等。

自制设备也可分为标准设备和非标准设备。对于标准设备的重置成本应参考专业生产厂家的标准设备价格，在通盘考虑了质量因素的前提下，运用替代原则合理确定。

1．重置核算法

重置核算法是按现行市价标准，核算机器设备重置的直接成本和间接成本，从而确定机器设备的重置成本的一种方法。一般而言，非标准设备和自制设备多采用此种方法。

（1）按复原重置成本评估。如果设备构建的成本资料保存完整，可将直接费用和间接费用，调整为现实价格或费用标准来确定其重置成本。如果没有设备的构建资料，就要对设备成本项目进行分解，然后按现实价格计算所花费的材料及人工费用来确定其重置成本。

【例 3-1】某企业的一台设备，原账面价值为 39 000 元，现委托某资产评估事务所对该设备进行评估，要求测算重置成本。该设备的成本资料如表 3-1 所示。

表 3-1 设备成本资料

项 目	数 量	单 价	金 额
直接材料费	1 000 千克	21 元/千克	21 000 元
直接人工费	2 000 小时	4 元/小时	8 000 元
燃料及动力费		2 元/小时	4 000 元
制造费用		3 元/小时	6 000 元
合计			39 000 元

通过市场调查分析，评估人员获悉至评估时，直接材料费上涨 18%，直接人工费上涨

8%，燃料动力费上涨 10%，制造费用上涨 6%。

1）现时重置制造成本。

现时重置制造成本=21 000×(1+18%)+8 000×(1+8%)+4 000×(1+10%)+6 000×(1+6%)=44 180（元）

2）经评估人员调查分析，该设备应分摊的管理费用率为 2.4 元/小时，该设备生产企业的平均利润率为 10%，该设备建造期短，且无须安装，因此不必考虑安装成本及资金成本。

制造企业利润=44 180×10%=4 418（元）

应分摊的管理费=2 000×2.4=4 800（元）

3）自制设备的重置成本=44 180+4 418+4 800=53 398（元）

（2）按更新重置成本。对于经过重大技术改造的设备，或者结合大修理采用新型材料、零部件和元器件，几经更新使设备技术性能有较大提高，或接近或基本接近先进技术水平的设备，应按更新重置成本计算。设备更新重置成本总额，等于将更新资产的各种直接消耗量按现行价格或费用标准计算，加上按现行价格计算的间接费用之和。

【例 3-2】某公司自制设备一台，成本为 30 万元，其中钢材占 40%，铸铁占 20%，人工费用占 30%，管理费占 10%。按现行技术条件更新自制设备，钢材和铸铁均可节约 20%，人工费节约 10%。通过市场调查得知，自制设备自制造以来，钢材价格上升 80%，铸铁价格上升 50%，工时成本上涨 100%，管理费按工时分摊的额度上升 40%。计算这一自制设备的重置成本。

钢材：30×40%×(1–20%)×(1+80%)=17.28（万元）

铸铁：30×20%×(1–20%)×(1+50%)=7.2（万元）

材料成本：17.28+7.2=24.48（万元）

人工成本：30×30%×(1–10%)×(1+100%)=16.2（万元）

管理费用：30×10%×(1–10%)×(1+40%)=3.78（万元）

该自制设备的更新重置成本=24.48+16.2+3.78=44.46（万元）

（3）综合估价法。这种方法是以主要材料费为基础，根据其与成本费用的关系指标估算出相应的成本，再考虑一定的利润、税金和设计费，从而求得设备的重置成本。其计算公式如下：

$$\mathrm{RCN}=(C_1\div K_m+C_2)\times(1+K_p)\times(1+K_d\div N)\div(1-K_t)$$

式中，RCN 为非标准设备重置成本；C_1 为主材费；K_m 为成本主材费率；C_2 为主要外购件费；K_p 为成本利润率；K_d 为非标准设备设计费率；N 为非标准设备产量；K_t 为综合税率。

1）主材费。主材费是由工艺设备专业人员提出或按图纸估算出的主要材料净消耗量，根据各种主要材料的利用率求出各种材料的总消耗量，然后按照评估基准日的材料市场价格（不含税价）计算主要材料费用。计算公式如下：

$$C_1=\sum\left[(\text{某主材净消耗量}\div\text{该主材利用率})\times\text{含税市场价}\div(1+\text{增值税税率})\right]$$

2）主要外购件费。主要外购件费所占比重很小时，可在成本主材费率 K_m 中予以综合考虑，不再单列为主要外购件。外购件价格按照不含税价计算，计算公式如下：

$$C_2 = \sum\left[\text{某主要外购件数量} \times \text{含税市场价} \div (1 + \text{增值税税率})\right]$$

3）综合税率。综合税率包括增值税税率、城市维护建设税税率和教育费附加费率。

【例 3-3】某公司有一非标准自制设备，其主材净消耗量为 3.8 吨，主材在评估基准日的市场价为 3 800 元/吨，设备制造所需主要外购件的不含税费用为 21 470 元，主材利用率为 90%，成本主材费率为 47%，成本利润率为 16%，设计费率为 15%，同样产量的设备 2 台。假设增值税税率为 17%，城市维护建设税税率为 7%，教育费附加费率为 3%。求该设备的重置成本。

$$\text{主材费 } C_1 = 3.8 \div 90\% \times 3\,800 = 16\,044\text{（元）}$$

$$\text{综合税率} = 17\% \times (1 + 7\% + 3\%) = 18.7\%$$

$$\text{RCN} = (16\,044 \div 47\% + 21\,470) \times (1 + 16\%) \times (1 + 15\% \div 2) \div (1 - 18.7\%) = 85\,290\text{（元）}$$

2．指数调整法

指数调整法是指以机器设备原始购买价为基础，考虑同类机器设备的价格上涨指数，予以确定机器设备重置成本的一种方法。计算公式如下：

$$\text{重置成本} = \text{设备原始成本} \times \left(\frac{\text{设备评估基准日定基物价指数}}{\text{设备构建时定基物价指数}}\right)$$

【例 3-4】某公司有一设备 2011 年构建，账面原值为 20 万元，当时的该类设备定基物价指数为 120%，2012 年对该设备进行评估，当年定基物价指数为 180%。评估该设备的重置成本。

$$\text{设备重置成本} = 20 \times (180\% \div 120\%) = 30\text{（万元）}$$

运用指数调整法计算机器设备重置成本简便易行，因而在实践中经常被采用，具体运用时评估人员应注意如下方面：

（1）慎重选择切合实际的分类产品价格指数，避免使用综合物价指数。

（2）用指数调整法估测进口设备重置成本时，应将受设备生产国无价值指数变动影响的部分与受国内价格变动影响的部分分开，分别运用设备生产国的价格变动指数与国内价格变动指数。

（3）指数调整法通常适用于技术进步不快、技术进步因素对设备价格影响不大的设备的重置成本估测。

3．功能价值法

功能价值法运用的前提条件是机器设备的生产能力与其成本之间呈线性关系，即生产能力越大，成本越高。

【例 3-5】某公司重置全新机器设备一台价值为 8 万元，年产量为 800 件，现知被评估机器设备年产量为 600 件。求其重置成本。

被评估机器设备重置成本=8×(600÷800)=6（万元）

4．规模经济效益指数法

当机器设备的生产能力与其成本之间成非线性关系时，不能直接选用功能价值法进行计算，而必须应用规模经济指数进行调整。

【例 3-6】某公司重置全新机器设备一台价值为 6 万元，年产量为 600 件，现知被评估机器设备年产量为 400 件，该设备规模经济效益指数为 0.8，求其重置成本。

$$被评估机器设备重置成本=6\times(400\div600)^{0.8}=4.3（万元）$$

【例 3-7】某企业 2007 年购建一套年产 50 万吨某产品的生产线，账面原值为 1 000 万元，2012 年进行评估，评估时选择了一套与被评估生产线相似的生产线，该生产线 2011 年建成，年产同类产品 75 万吨，造价为 3 000 万元。经查询，该类生产线的规模效益指数为 0.7，根据被评估生产线与参照物生产能力方面的差异，调整计算 2011 年被评估生产线的重置成本。

$$重置成本=3\,000\times(50\div75)^{0.7}=2\,259（万元）$$

以上根据生产能力调整得到的重置成本，没有考虑时间空间等因素，还需要对时间空间因素做出调整。由于无法获取评估基准日该生产线的价格指数，不能直接将生产线的 2011 年重置成本调整为 2012 年评估基准日的重置成本，因此，采用了将该生产线适当划分为主要装置、辅助生产装置、工艺管道、仪器仪表、建筑安装费和管理费六大项，并按被评估生产线原始成本中上述六项各占比重作权数，以及 2011 年至 2012 年上述六项的价格变动系数加权求取生产线价格调整系数。上述六项在生产线原始成本中的比重为：主要装置 70%，辅助装置 5%，工艺管道 5%，仪器仪表 5%，建筑安装费 10%，管理费 5%。2011—2012 年上述六项价格及费用变动率为：主要装置 5%，辅助装置 3%，工艺管道 10%，仪器仪表 2%，建筑安装费 15%，管理费 10%。

$$\begin{aligned}重置成本&=2\,259\times(1+70\%\times5\%+5\%\times3\%+5\%\times10\%+5\%\times2\%+10\%\times15\%+5\%\times10\%)\\&=2\,259\times(1+3.5\%+0.15\%+5\%\times0.5\%+0.1\%+5\%+0.5\%)\\&=2\,259\times(1+6.25\%)\\&=2\,400（万元）\end{aligned}$$

另外，由于参照物的重置成木为建造重置成本，地区因素对其影响不大，故地点因素可以忽略不计。

3.2.3 机器设备实体性贬值的测算

机器设备的实体性陈旧贬值率，是由于使用磨损和自然损耗造成的贬值，相对于机器设备重置成本的比率，有形损耗率也可以理解为机器设备实体损耗状况与全新状态的比率。成新率反映评估对象现时的新旧程度，亦可以理解为机器设备的现时状态与设备全新状态的比率。

机器设备的有形损耗率与机器设备的成新率基本上互为“1 减”的关系，即

$$成新率=1-有形损耗率$$

或

$$有形损耗率=1-成新率$$

设备有形损耗率或成新率的估测通常采用使用年限法、观测分析法和修复金额法进行。估测机器设备的有形损耗率或成新率，要求评估人员必须具备过硬的专业技术知识和丰富的评估经验，以便自如地运用上述三种估测方法，而不致机械地照套公式。

1．运用使用年限法估测设备的实体性贬值率

使用年限法首先是建立在假设机器设备在整个使用寿命期间，实体性损耗是随时间线性递增的，设备价值的降低与其损耗的大小成正比。因此，使用年限法用数学式表示为：

$$成新率=\frac{设备尚可使用年限}{设备已使用年限+设备尚可使用年限}\times 100\%$$

或

$$成新率=\frac{设备总使用年限-设备已使用年限}{设备总使用年限}\times 100\%$$

从上述表达式可知，运用使用年限法估测设备的成新牵涉及三个基本参数，即设备的总使用年限、设备的尚可使用年限和设备的已使用年限。

（1）设备的总使用年限。设备的总使用年限即设备的使用寿命。关于机器设备的使用寿命通常又可以分为物理寿命、技术寿命和经济寿命。设备的物理寿命是指机器设备从开始使用到报废为止经历的时间。机器设备物理寿命的长短主要取决于机器设备的自身质量、运行过程中的使用、保养和正常维修情况。机器设备的技术寿命是指机器设备从开始使用到技术过时经历的时间。机器设备的技术寿命在很大程度上取决于社会技术进步和技术更新的速度和周期。机器设备的经济寿命是指机器设备从开始使用到因经济上不合算而停止使用所经历的时间。所谓经济上不合算，是指维持机器设备的继续使用所需要的维持费用大于机器设备继续使用所带来的收益。机器设备的经济寿命与机器本身的物理性能、物理寿命、技术进步速度、机器设备使用的外部环境的变化等都有直接的联系。

在运用机器设备总使用年限估测机器设备的成新率或实体性陈旧贬值率时，通常首选机器设备的经济寿命作为其总使用年限，这是国际上资产评估行业普遍采用的做法。当然，机器设备经济寿命的确定并不是一件很容易的事。到目前为止，国内尚无可供机器设备评估使用的经济年限的规定。机器设备的经济寿命作为确定机器设备总使用年限的首选指标，并不排除把机器设备的物理寿命或技术寿命作为机器设备总使用年限的可能性。能否运用机器设备的物理寿命和技术寿命作为机器设备的总使用年限，应根据机器设备评估的总体思路和总体要求，在保证确定机器设备评估值的各经济技术参数前后一致、前后协调的前提下，使用机器设备的物理寿命或技术寿命作为机器设备的总使用寿命也是可行的。

（2）设备的已使用年限。设备的已使用年限是一个比较容易确定的指标，它是指设备

从开始使用到评估基准日所经历的时间。在采用已使用年限确定设备的成新率或实体性贬值率时，应注意以下几点。第一，运用使用年限法估测设备成新率或实体性贬值率，使用年限是代表设备运行量或工作量的一种计量。这种计量是以设备的正常使用为前提的，包括正常的使用时间和正常的使用强度。例如，在正常情况下，各种加工设备一般是以两班制生产为前提的。因此，在实际评估过程中，运用已使用年限指标时应充分注意设备的实际已使用时间，而不是简单的日历天数，以及实际使用强度。第二，关于使用已计提折旧年限作为估测成新率中的已使用年限问题。折旧年限是国家财务会计制度以法的形式规定的机器设备计提折旧的时间跨度。它综合考虑了机器设备物理使用寿命、技术进步因素、企业的承受能力，以及国家税收状况等因素，旨在促进企业加强经济核算，适时地实施机器设备技术更新。从理论上讲，机器设备的已折旧年限并不一定能全面反映设备的磨损程度。已提折旧年限并不完全等同于估测成新率中的设备已使用年限。所以，在使用已提折旧年限作为设备的已使用年限求取成新率时，一定要注意已提折旧年限与设备的实际耗损程度，以及与机器设备评估的总体构思是否吻合，并注明使用前提和使用条件。

在一般情况下，机器设备的已使用年限应根据机器设备的账面使用时间，考虑机器设备的使用班次、使用强度和维修保养水平等，据实估测其实际已使用年限。

（3）设备的尚可使用年限。机器设备的尚可使用年限，即机器设备的剩余使用寿命。严格地讲，它应该通过技术检测和专业技术鉴定来确定。事实上，在机器设备评估中难以实现对机器设备的逐台（件）进行技术检测和专业技术鉴定。替代的方法是，用设备的总使用年限减去设备的实际已使用年限来求取设备的尚可使用年限。尤其是对较新的设备，这种方法更是简便易行。对于已使用较长时间的老设备，采用总使用年限减去已使用年限的方法有一定的局限。因为有些老设备的已使用年限已经达到甚至超过了预计的设备总使用年限。此时必须直接估算其尚可使用年限，估测的依据就是设备的实际状态和评估人员的专业经验。当然也不排除运用较为简捷的方法，如利用设备的一个大修期作为设备尚可使用年限的上限，减去设备上一次大修至评估基准日的时间，余下的时间便是设备的尚可使用时间。

对于国家明文规定限期淘汰、禁止超期使用的设备，其尚可使用年限不能超过国家规定禁止使用的日期，而不论设备的现时技术状态如何。

对于经过大修，特别是经过技术改造的机器设备，应适当增加其尚可使用年限，或减少其实际已使用年限。这需要专业技术人员进行专业技术判断，另外，还可以参考下列数学式进行近似计算：

$$成新率=尚可使用年限\div(加权投资年限+尚可使用年限)\times100\%$$

式中，加权投资年限$=\sum$(加权更新成本)$\div\sum$(更新成本)；加权更新成本=已使用年限×更新成本。

【例 3-8】被评估设备购建于 2002 年，原始价值 30 000 元，2007 年和 2009 年进行两次更新改造，主要是添置一些自动化控制装置。当年投资分别为 3 000 元和 2 000 元。2012 年对该资产进行评估，假设从 2007 年至 2009 年的年通货膨胀率为 10%，该设备的尚可使用年限经检测和鉴定为 7 年，求取该设备的实体性贬值率。

（1）调整计算更新成本（见表 3-2）。

表 3-2　更新成本资料　　单位：元

投资时间	原始投资额	已投资年限	价格变动系数	原始投资的更新成本
2002	30 000	10 年	$(1+10\%)^{10}=2.6$	78 000
2007	3 000	5 年	$(1+10\%)^{5}=1.61$	4 830
2009	2 000	3 年	$(1+10\%)^{3}=1.33$	2 660
更新成本				85 490

（2）计算加权投资年限。

$$加权投资年限=10\times\frac{78\ 000}{85\ 490}+5\times\frac{4\ 830}{85\ 490}+3\times\frac{2\ 660}{85\ 490}=9.5\text{（年）}$$

（3）计算实体性贬值率。

$$贬值率=9.5\div(9.5+7)\times100\%=57.58\%$$

2．运用观测分析法估测设备的成新率

观测分析法是评估人员根据对设备的现场技术检测和观察，结合设备的使用时间、实际技术状况、负荷程度、制造质量等经济技术参数，经综合分析估测设备的成新率。

在估测设备成新率时应主要观测分析以下主要指标：

（1）设备的现时技术状态。

（2）设备的实际已使用时间。

（3）设备的正常负荷率。

（4）设备的原始制造质量。

（5）设备的维修保养状况。

（6）设备重大故障（事故）经历。

（7）设备大修、技改情况。

（8）设备工作环境和条件。

（9）设备的外观和完整性等。

运用观测分析法估测设备的成新率，应首先确定和划分不同档次成新车标准。简便易行的办法是先确定两头，即全新或刚投入使用不久基本完好的设备和将要淘汰处理或待报废的设备。然后再根据设备评估的精细程度要求，在全新设备与报废设备之间设若干档次，并规定不同档次的经济技术参数标准。表 3-3 是机器设备实体性贬值率评估参考。

表 3-3　机器设备实体性贬值率评估参考

类别	新旧情况	实体性贬值率	技术参考标准参考说明
1	新设备及使用不久设备	0 ~ 10	全新或使用不久的设备。在用状态良好，能按设计要求正常使用，无异常现象
2	较新设备	11 ~ 35	已使用一年以上或经过第一次大修恢复原设计性能使用不久的设备，在用状态良好，能满足设计要求，未出现过较大故障
3	半新设备	36 ~ 60	已使用两年以上或经过大修后已使用一段时间的设备，在用状态良好，基本能达到设备设计要求，满足工艺要求，需经常维修以保证正常使用
4	旧设备	61 ~ 85	已使用较长时间或几经大修，目前仍能维持使用的设备，在用状态一般，性能明显下降，使用中故障较多，经维护仍能满足工艺要求，而可以安全使用
5	报废处理设备	86 ~ 100	已超过规定使用年限或性能严重劣化，目前已不能正常使用或停用，即将报废待更新

表 3-3 是就一般设备有形损耗率或成新率判定的经验数据，只能供评估人员参考。在实际判断机器设备时，还必须广泛听取设备实际操作人员、维修人员和管理人员对设备情况的介绍和评判。切不可简单地采取 “对号入座”的方式，把机器设备成新率评估参考表作为唯一的标准对待。特别是对精密设备、成套设备和生产线等，有条件的可组成专家组共同判断这些设备的成新率。

运用观测分析法估测设备的成新率，不论是否有设备成新率评估参考表，评估人员的专业水准和评估经验都是十分重要的。选派称职的评估人员来估测设备的成新率，是准确判断设备成新率的基本前提。

3．运用修复费用法估测设备的成新率

修复费用法是以修复机器设备的实体有形损耗，使之达到全新状态所需要支出的金额，作为估测被修复机器设备实体有形损耗的一种方法。它适用于具有特殊结构的机器设备的可补偿性实体有形损耗的估测。可补偿性实体有形损耗，是指机器设备的实体有形损耗在技术上是可修复的，而且这种修复在经济上是合理的。

修复费用的大小与修复的难度及工作量直接相关，而修复工作量又与设备的实际损耗程度相联系。用修复设备损耗所需要的支出费用与全新设备的重置成本相比较，就是设备的实体有形损耗率。如果需要进一步求取设备的成新率，即可按下式计算：

$$\text{实体性贬值率}=\frac{\text{设备修复费用}}{\text{设备重置成本}}$$

修复费用法有着比较广泛的使用领域。尤其是对需定期更换易损件的机器设备（如纺织机械、机组、生产线等）的成新率评估，就更为适用。

【例 3-9】某公司的一台机器设备，原始价值为 20 000 元，当修理后才能正常使用，这种修理在经济上是划算的，假设修理费为 6 000 元，设备的重置成本为 14 000 元。计算该机器设备的实体性贬值率。

$$实体性贬值率=6\ 000\div 14\ 000\times 100\%=43\%$$

在运用修复费用法估测机器设备的成新率时，必须注意该修理费用是否包括了对被评估机器设备技术更新和改造支出，以便在考虑设备的功能性贬值时避免重复计算或漏评。

3.2.4 机器设备功能性贬值的测算

机器设备功能性贬值主要是由于技术进步引起的。在机器设备这类资产上具体有两种表现形式。第一种，是由于技术进步引起劳动生产率的提高，其再生产价值制造与原功能相同的设备的社会必要劳动时间减少，成本降低，从而造成原有设备的价值贬值。具体表现为原有设备价值中有一个超额投资成本将不被社会所承认。第二种，由于技术进步出现了新的、性能更优的设备，致使原有设备的功能相对新式设备已经落后，从而引起价值贬值。具体表现为原有设备在完成相同生产任务的前提下，在能源、动力、人力、原材料等方面的消耗增加，形成了一部分超额运营成本。原有设备的超额投资成本和超额运营成本便是评估人员判断其功能性贬值的基本依据。

1．超额投资成本形成的功能性贬值的测算

从理论上讲，设备的超额投资成本就等于该设备的更新重置成本与其复原重置成本的差额。

$$设备超额投资成本=设备的复原重置成本-设备的更新重置成本$$

在实际评估工作中，设备的复原重置成本往往难以直接获得。根据上面的算式可以看出，直接使用设备的更新重置成本，其实就已经将被评估设备价值中所包含的超额投资成本剔除掉了，而不必再去刻意寻找设备的复原重置成本，再减掉设备的更新重置成本去取得设备的超额投资成本。

现实中的情况有可能是被评估的设备现已停产，评估时只能参照其替代设备。而这些替代设备的性能通常要比被评估设备更好，其价格通常也会高于被评估设备。在这种情况下，就不应机械地套用超额投资成本计算公式去估测设备的超额投资成本。而应该利用参照设备的价格，采用类比法（如功能价值法、生产能力比较法等）估测被评估设备的更新重置成本。利用参照设备采用类比法估测的被评估设备的更新重置成本，至少已经将被评估设备价值中的超额投资成本所形成的功能性贬值剔除掉了（也可能还剔除了一部分超额运营成本）。

2．超额运营成本形成的功能性贬值的测算

超额运营成本引起的功能性贬值通常按以下步骤测算：

（1）选择参照物，并将参照物的年操作运营成本与被评估设备的年操作运营成本进行对比，找出两者之间的差别及年超额运营成本额。

（2）估测被评估设备的剩余使用年限或工作量。

（3）按企业适用的所得税率，计算被估设备因超额运营成本而抵减的所得税，得出被评估设备的年超额运营成本净额。

（4）选择适当的折现率，将被评估设备在剩余使用年限中的每年超额运营成本净额折现，累加计算被估机器设备的功能性贬值。

【例 3-10】某被评估对象是一生产控制装置，其正常运行需 6 名操作人员。目前同类新式控制装置所需的操作人员定额为 3 名。假定被评估控制装置与参照物在运营成本的其他项目支出方面大致相同，操作人员平均年工资福利费约为 6 000 元，被评估控制装置尚可使用 3 年，所得税税率为 25%，适用的折现率为 10%。根据上述数据资料，被评估控制装置的功能性贬值测算如下：

1）计算被评估生产装置的年超额运营成本额。

$$超额运营成本额=(6-3)\times 6\,000=18\,000（元）$$

2）测算被评估控制装置的年超额运营成本净额。

$$超额运营成本净额=18\,000\times(1-25\%)=13\,500（元）$$

3）将被评估控制装置在剩余使用年限内的每年超额运营成本净额折现累加，估算其功能性贬值额。

$$功能性贬值额=13\,500\times(P/A, 10\%, 3)=13\,500\times 2.486\,9=33\,573.15（元）$$

3.2.5 机器设备经济性贬值的测算

设备的经济性贬值是因设备外部因素引起的设备价值贬值。例如，设备所生产的产品滞销、原材料价格上升、竞争加剧等。最终表现为设备利用率下降、闲置，收益额减少，从而使在用设备相对贬值。

设备经济性贬值的估算主要是以评估基准日以后是否闲置、停用或利用不足为依据。计算设备经济性贬值的对象主要包括生产线或机组、大型重要设备等。对一般中小型单台设备、季节性使用设备、辅助生产设备等，通常不单独计算其经济性贬值。对于评估基准日后不再继续使用或无继续使用价值的设备不专门估算其经济性贬值。

对设备经济性贬值估算常采用以下两种方法：一种方法是通过计算设备利用率下降带来的损失，间接计算设备的经济性贬值额；另一种方法是通过计算因外部变化造成的收益下降额来直接测算。

1．由于设备利用率下降造成的经济性贬值

由于设备利用率下降而使设备相对闲置造成收益损失的，可参照下列算式估测设备的经济性贬值率。

$$经济性贬值率=\left[1-\left(\frac{设备预计可被利用的生产能力}{设备原设计生产能力}\right)^x\right]\times100\%$$

式中，x 为规模效益指数，实践中多用经验数据。机器设备的 x 指数一般选取 0.6 ~ 0.7。经济性贬值额一般是以设备的重置成本扣除了有形损耗和功能性贬值后的余值乘以经济性贬值率获得。

【例 3-11】某家电生产厂家，其家电生产线年生产能力为 10 万台，由于市场竞争加剧，该厂家电产品销售量锐减，企业不得不将生产量减至年产 7 万台（销售价格及其他条件未变）。这种局面在今后很长一段时间难以改变，试估测该生产线的经济性贬值率。

根据以上公式和提供的有关资料，不难计算出设备的经济性贬值率。

$$经济型贬值率=\left[1-\left(\frac{70\ 000}{100\ 000}\right)^{0.6}\right]\times100\%=(1-0.81)\times100\%=19\%$$

2．由于外界因素变化造成设备收益额的减少造成的经济性贬值

如果设备由于外界因素变化，造成的收益减少额能够直接测算出来时，可直接按设备继续使用期间每年的收益损失额折现累加得到设备的经济性贬值额。用数学式表达如下：

$$经济性贬值额=设备年收益损失额\times(1-所得税税率)\times(P/A,\ r,\ n)$$

式中，（P/A，r，n）为年金现值系数。

【例 3-12】承例 3-11，如果家电生产企业不降低生产量，就必须降价销售家电产品。假定原产品售价为 2 000 元/台，要使 10 万台产品能够卖掉，产品售价需降至 1 900 元/台，每台产品损失毛利 100 元。经估测，该生产线还可以继续使用 3 年，企业所在行业的投资报酬率为 10%。试估算该生产线的经济性贬值额。

$$\begin{aligned}经济性贬值额&=(100\times10)\times(1-25\%)\times(P/A,r,n)\\&=750\times2.486\ 9\\&=1\ 865.175（万元）\end{aligned}$$

在实际评估工作中，机器设备的经济性贬值和功能性贬值有时是可以单独估测的，有时不能单独估测。这主要取决于在设备的重置成本和成新率的测算中考虑了哪些因素。所以，在具体运用重置成本法评估机器设备时，应时刻注意这一点，避免重复扣减贬值因素，以及漏评贬值因素。

对于那些今后肯定要继续使用，但近期内仍将闲置的设备，可按其闲置时间和资金成本估算其经济性贬值。

3.2.6 机器设备成新率的测算

在进行资产评估，运用经济使用寿命年限法估算成新率时，如何估算总经济使用年限即机器设备的经济寿命。机器设备的经济寿命的确定主要采取以下两种方法。

1．最小年平均费用法

年平均费用法是由年平均运行费和年均折旧费组成的，用公式表示为：

$$C_i=(\sum V+\sum B)\div T$$

式中，C_i为第 i 年的平均费用；$\sum V$ 为设备累计运行维护费用；$\sum B$ 为设备累计折旧费；T 为使用年数。其中，出现年平均费用最小的年限为设备经济寿命。

【例 3-13】某设备原价为 30 000 元，每年运行维护费用和折旧后的残余价值如表 3-4 所示。

表 3-4 某设备资料

单位：元

项目＼年份	1	2	3	4	5	6	7
运行维护费	6 000	7 000	8 000	9 000	10 000	12 000	15 000
残余价值	20 000	13 330	10 000	7 500	5 000	3 000	3 000

年均费用如表 3-5 所示。

表 3-5 某设备年均费用计算表

单位：元

项目＼年份	1	2	3	4	5	6	7
$\sum V$	6 000	13 000	21 000	30 000	40 000	52 000	67 000
$\sum B$	10 000	16 670	20 000	22 500	25 000	27 000	27 000
$\sum V+\sum B$	16 000	29 670	41 000	52 500	65 000	79 000	94 000
C_i	16 000	14 830	13 670	13 120	13 000	13 170	13 430

从计算结果可以看出，最小的年均费用为 13 000 元，出现在第 5 年，因而该设备的经济寿命为 5 年。

2．低劣化数值法

低劣化数值法是假定设备的原始价格为 K_0，低劣化值是由设备性能逐渐降低而使得设备运转费用增加的年平均值为 λ，则设备经济寿命的计算公式如下：

$$T_0=(2K_0/\lambda)^{\frac{1}{2}}$$

3.3 机器设备评估的其他方法

对机器设备评估除了可以利用成本方法外，还可以利用市场法和收益法进行评估。

3.3.1 运用市场法评估机器设备

市场法是获取资产价值的较为简捷的方法。在市场经济及市场发育比较完善的国家和地区，运用市场法评估机器设备价值是比较普遍的。具体的做法是，通过对市场近期同类设备或类似设备的成交价或报价进行分析、对比，调整获取被评估设备的评估值。采用市场法评估设备的基本步骤和要点如下。

1. 明确鉴定被评估对象

需要鉴定的被评估对象，主要包括设备类别、名称、规格型号、生产厂家、生产日期、设备性能、现时技术状况及预计尚可使用年限等。

2. 选择参照物

在市场中选择参照物，最重要的是要具有可比性，可比性因素具体包括设备的规格型号；设备的生产厂家；设备的制造质量；设备的附件、配件情况；设备的实际使用年限；设备的实际技术状况；设备的出售目的和出售方式；设备的成交数量和成交时间；设备交易时的市场状况；设备的存放和使用地点。

要认真分析上述可比因素，确认其成交价具有代表性和合理性，才可以将其作为参照物。在条件允许的情况下，参照物最好能有多个。

3. 选择适当的估测方法

在选定参照物之后，就要选择适当的方法具体分析、对比、调整评估对象与参照物之间的可比因素，估测评估对象的初步结果。评估设备可选用的具体评估方法有直接比较法、相似类比法和市价折余法等。直接比较法是指利用二手设备市场上已成交的相同设备的交易资料，通过与被评估设备的直接对比、调整得到被评估设备价值的方法。此方法运用的前提是市场有与评估对象相同且已经成交的设备交易数据和资料。相似类比法是指利用与评估对象相似的且已经在市场上成交的设备的交易数据和资料，通过对评估对象与参照物之间可比因素的对比分析，经调整后得到评估对象价值的方法。市价折余法是指利用与评估对象相同或相似设备的全新价格，根据评估对象的现时状态，凭借对市场行情的把握和经验，对全新设备价格进行打折估算出评估对象价值的方法。

4. 确定评估结果

如果评估时所选择的参照物不止一个，大概就会出现若干个评估对象的比准价值。按照资产评估的要求，最终要给出一个评估结论。这就需要评估师结合每个比准价值及其参照物的情况，分析给出最终评估结论。

【例 3-14】 有一组 5 台刨床（设为 A）需评估，经市场调查有基本相同的一组 10 台刨床（设为 B），在近期出售，全部价款为 20 万元，试运用市价法进行评估。

（1）调查 B 组刨床销售情况，得知每年只能销售 2.5 台，这里，卖主为了获得 10 台刨床的价款，做了降价处理，否则这 10 台刨床将分 4 次销售，到第三年年末才能售完。

（2）现实零售价为 X，折现率为 10%。

$$20=X+X(P/A,r,3)$$
$$X=5.74（万元）$$

（3）计算 A 的评估值。

$$5.74+5.74（P/A,10\%,1）=10.96（万元）$$

3.3.2 运用收益法评估机器设备

运用收益法评估资产的价值，其前提是该资产应具备独立的生产能力和获利能力。就单项机器设备而言，大部分不具有独立获利能力。因此，单项设备评估通常不采用收益法评估。对于自成体系的成套设备、生产线，以及可以单独作业的车辆等设备，则可以采用收益法进行评估。

案例分析

【案情】

品牌型号：天津一汽夏利 7101A 骏雅（两厢）。

发动机：TJ376QE 直列三缸、电喷汽油机。

车身颜色：蓝色。

初登日期：2003 年 5 月。

已行驶里程：52 000 公里。

该车为专人驾驶的家庭自备车，规定使用年限为 15 年，手续齐全。

配置说明：此车排量 1.0L，四挡手动变速器，基本配置。另外，加装了 CD 机、低音炮及四门电动车窗。

静态检查：从该车的保养状况看，还算得上良好。该车车漆属原车漆，前后保险杠有划痕，部分漆面脱落，属一般性擦伤，对车辆本身并未造成影响，建议修复；车内没有损坏的部件；空调器制冷不够，经检测非空调器质量问题，添加氟即可；变速器正常，离合器、制动器使用无异常；发动机无维修记录，电路整齐，胎面正常。

动态检查：经试车，该车发动机整体性能良好。由于该车为三缸发动机，排量 1.0L，故马力相对不足，启动后怠速较不稳，发动机抖动较厉害。比较出人意料的是，该车加速有力，且变速器不像一般微型车那样生涩，入挡相当轻松，可以判断该车机械部件保养良好，运转正常。检查底盘和悬挂系统时，并没有发现悬挂系统出现其他异常。只是在行驶过程中，车厢内来自路面的噪声较大，影响了乘坐的舒适性。据介绍，这是大部分经济型轿车为了节省成本而落下的通病，如果车主实在介意，可以通过做底盘隔音纠正。由于该车无助力转向，令驾驶人员感觉打方向较费力，这不能不说是一个遗憾。除此之外，该车其他一切正常。

【分析】

鉴定评估：该车上牌至评估日期为 2 年 6 个月（30 个月），如今市面上新车净价为 35 800 元，含牌价约为 39 000 元，车价没有大幅度调整，可见其保值性比较高。另外，该品牌车保有量大，维修费用低，经济省油，也是值得考虑的因素。

总体来说，该车车况良好，52 000 公里的里程对一部已使用两年多的轿车来说并不算多。根据实际检查及其他各方面因素综合考虑，得出该车成新率为 65%。另外，考虑到车主平日保养汽车有道，并且加装了比较实用的汽车音响，因此该车的评估价值为 26 800 元。

夏利车虽然外形不够靓丽，动力性能较为欠缺，但对那些经济不宽裕却需要汽车代步的人来说，依然是非常不错的选择。另外，加装了 CD 机和低音炮，初步完善了汽车的听音系统，对于爱好音乐的买家来说，不失为一个不错的选择，预计该车在二手车市场上很容易售出。

本章小结

机器设备评估作为一个重要的专业评估领域，情况复杂，一般而言，机器设备评估方法有成本法、市场法和收益法。

机器设备成本法是指通过估算全新的机器设备的重置成本，减去机器设备的各种贬值，即实体性贬值、功能性贬值和经济性贬值，以确定机器设备价值的一种方法。用公式表示如下：

$$评估值=重置成本-有形损耗-功能性损耗-经济性贬值$$

机器设备的重置成本有两种：复原重置成本和更新重置成本。复原重置成本是复制一个与被评估设备一模一样的全新设备的现时成本。更新重置成本是在效用上与被评估设备最接近的类似新设备的现行购置成本。

机器设备的实体性贬值是由于使用磨损和自然损耗造成的贬值。有形损耗率为机器设备实体损耗状况与全新状态的比率。设备有形损耗率或成新率的估测通常采用使用年限法、观测分析法和修复金额法进行。

机器设备的功能性贬值主要是由于技术进步引起的。原有设备的超额投资成本和超额运营成本便是评估人员判断其功能性贬值的基本依据。

设备的经济性贬值是因设备外部因素引起的设备价值贬值，最终表现为设备利用率下降、闲置，收益额减少，从而使在用设备相对贬值。设备经济性贬值的估算主要是以评估基准日以后是否闲置、停用或利用不足为依据。对设备经济性贬值估算常采用以下两种方法：一种方法是通过计算设备利用率下降带来的损失，间接计算设备的经济性贬值额；另一种方法是通过计算因外部变化造成的收益下降额来直接测算。

运用市场法评估机器设备具体的做法是，通过对市场近期同类设备或类似设备的成交价或报价进行分析、对比，调整获取被评估设备的评估值。

运用收益法评估资产的价值，其前提是该资产应具备独立的生产能力和获利能力。

练习题

1．单项选择题

（1）机器设备按其工程技术特点分类，不包括（　　）。

A．专用设备　　B．通用设备

C．生产性设备　　D．非标准设备

（2）成本法主要适用于评估（　　）。

A．可连续计量预期收益的设备　　B．可正常变现的设备

C．可获得非正常变现价格的设备　　D．续用、但无法预测未来收益的设备

（3）机器设备重置成本中的直接费用包括（　　）。

A．各种管理费用　　B．安装调试费用

C．人员培训费用　　D．总体设计费用

（4）计算重置成本时，不应计入的费用是（　　）。

A．购建费用　　B．维修费用

C．安装费用　　D．总调试费用

（5）估测一台在用续用的设备的重置成本，首选方法是（　　）。

A．利用价格指数法　　B．利用询价法询价再考虑其他费用

C．利用重置核算法　　D．利用功能价值法

（6）物价指数法只能用于确定设备的（　　）。

A．复原重量成本　　B．更新重置成本

C．实体贬值　　D．功能性贬值

（7）采用价格指数调整法评估进口设备所适用的价格指数是（　　）。

A．设备进口国零售商品价格指数　　B．设备出口国生产资料价格指数

C．设备出口国综合价格指数　　D．设备出口国零售商品价格指数

（8）机器设备的经济寿命是指（　　）。

A．机器设备从使用到报废为止的时间

B．机器设备从使用到运营成本过高而被淘汰的时间

C．从评估基准日到设备继续使用在经济上不合算的时间

D．机器设备从使用到出现新的技术性能更好的设备而被淘汰的时间

（9）鉴定机器设备的实际已使用年限，不需考虑的因素是（　　）。

A．技术进步因素　　B．设备使用的日历天数
C．设备使用强度　　D．设备的维修保养水平

（10）运用修复费用法估测成新率适用于（　　）。
A．所有机器设备
B．具有特殊结构及可补偿性有形损耗的设备
C．具有特殊结构及在技术上可修复的有形损耗的设备
D．具有特殊结构及不可补偿有形损耗的设备

2．多项选择题

（1）在设备评估中，重置核算法主要适用于（　　）设备重置成本的估算。
A．通用　　B．进口　　C．非标
D．自制　　E．了解市场行情

（2）设备评估的现场工作包括（　　）。
A．指导委托方填报评估表格　　B．分析委托方的各种评估表格
C．对设备进行技术鉴定　　D．查明设备实物落实评估对象
E．确定设备的成新率

（3）机器设备的重置成本应包括（　　）。
A．机器设备的日常维修费用　　B．机器设备的购置费用
C．设备操作人员的培训费用　　D．设备的大修费用
E．设备的技术改造费用

（4）构成机器设备重置成本的间接费用主要（　　）。
A．购建设备所发生的管理费用　　B．购建设备所发生的运输费用
C．购建设备所占用的资金成本　　D．购建设备所发生的总体设计费用
E．购建设备所发生的安装费用

（5）影响机器设备物理寿命的因素有（　　）。
A．机器设备的使用强度　　B．机器设备的维修保养水平
C．同类设备的使用强度　　D．机器设备的经济用途
E．设备的自身质量

（6）进口设备的重置成本包括（　　）。
A．设备购置价格　　B．设备运杂费用
C．设备进口关税　　D．银行手续费用
E．设备安装调试费用

（7）运用使用年限法估测设备的成新率涉及的基本参数（　　）。
A．设备的总经济使用寿命　　B．设备的技术水平
C．设备的实际已使用时间　　D．设备的负荷程度

E．设备的剩余经济使用年限

（8）机器设备的经济寿命受（ ）因素影响。

A．物理性能 B．技术进步速度

C．设备生产产品的市场状况 D．设备使用人员的技术水平

E．设备配套情况

（9）设备成新率的估测通常采用（ ）进行。

A．使用年限法 B．修复费用法 C．观测分析法

D．功能价值法 E．统计分析法

（10）安装周期很短的一般设备，其重置成本包括（ ）。

A．设备购置费 B．运输费用

C．利息费用 D．安装费用

3．简答题

（1）机器设备评估的现场工作阶段应主要做哪些工作？

（2）机器设备重置成本在构成上包括哪些主要内容？

（3）进口设备重置成本的内容有哪些？

（4）如何计算机器设备的加权投资年限及其成新率？

4．计算题

（1）某被评估的生产控制装置购建于 2000 年，原始价值为 100 万元，2005 年和 2008 年分别投资 50 000 元和 20 000 元进行了两次更新改造，2010 年对该资产进行评估。调查表明，该类设备及相关零部件的定基价格指数在 2000 年、2005 年、2008 年、2010 年分别为 110%、125%、130%、150%。该设备尚可使用年限为 6 年。另外，该生产控制装置正常运行需要 5 名技术操作员，而目前的新式同类控制装置仅需要 4 名操作员。假定待评估装置与新装置的运营成本在其他方面相同，操作人员的人均年工资福利费为 12 000 元，所得税税率为 25%，适用折现率为 10%。根据上述调查资料，求待评估资产的价值。

（2）某被评估设备购建于 2005 年 6 月，账面原值为 100 万元，2008 年 6 月对该设备进行了技术改造，以使用某种专利技术，改造费用为 10 万元，2009 年 6 月对该设备进行评估，评估基准日为 2009 年 6 月 30 日。现得到以下数据：2005 年至 2009 年该类设备的定基价格指数分别为 105%、110%、110%、115%、120%；被评估设备的月人工成本比同类设备节约 1 000 元；被评估设备所在企业的正常投资报酬率为 10%，规模效益指数为 0.7，该企业为正常纳税企业；经过了解，得知该设备在评估使用期间因技术改造等原因，其实际利用率为正常利用率的 60%，经过评估人员鉴定分析认为，被评估设备尚可使用 6 年，预计评估基准日后其利用率可以达到设计标准的 80%。根据上述条件估算该设备的有关技术经济参数和评估价值。

（3）评估对象为某机器设备生产企业的一条国产 I 型机组，该机组于 2006 年 5 月 20

日购置并投入使用，其设计生产能力为年产 A 产品 10 万件，账面原值为 150 万元，现评估人员需要评估该机组于 2011 年 5 月 20 日的价值。评估人员经过调查得到以下有关经济技术数据资料：从 2006 年 5 月至 2011 年 5 月，该类设备的环比价格指数 2007 年为 102%，2008 年为 101%，2009 年为 99%，2010 年为 100%，2011 年为 102%；Ⅰ型机组在 2011 年的出厂价格为 100 万元，运杂费、安装调试费大约占购置价格的 25%；被评估机组从使用到评估基准日，由于市场竞争的原因，利用率仅仅为设计能力的 60%，估计评估基准日后其利用率会达到设计要求；该机组经过检测尚可以使用 7 年；与具有相同生产能力的Ⅱ型机组相比，该机组的年运营成本超支额大约在 4 万元；折现率为 10%。试评估该机组的市场价值。

第 4 章　房地产评估

学习目标

※ 了解房地产的概念、特点、分类，在建工程的评估方法。

※ 熟悉房地产价格的影响因素、估价原则，房地产评估的其他方法，建筑物评估的方法。

※ 掌握房地产评估的成本法、市场法、收益法。

学习导航

4.1　房地产评估概述
4.1.1　房地产的概念
4.1.2　房地产的特点
4.1.3　房地产的分类
4.1.4　房地产价格
4.1.5　房地产估价的原则
4.1.6　房地产的评估程序

4.2　房地产评估的基本方法
4.2.1　成本法在房地产评估中的应用
4.2.2　收益法在房地产评估中的应用
4.2.3　市场法在房地产评估中的应用
4.2.4　剩余法在房地产评估中的应用
4.2.5　路线价法在房地产评估中的应用
4.2.6　基准地价修正系数法在房地产评估中的应用

4.3　建筑物评估
4.3.1　建筑物及其分类
4.3.2　建筑物在估价时需考虑的基本因素
4.3.3　建筑物评估的特点
4.3.4　建筑物评估中的成本法
4.3.5　建筑物评估中的残余法
4.3.6　建筑物评估中的市场比较法

4.4　在建工程评估
4.4.1　在建工程及其评估特点
4.4.2　在建工程评估的基本步骤
4.4.3　在建工程评估

导入案例

上海某置业有限公司成立于 1998 年，Y 公司占 51%的股份，Z 公司占 49%的股份。根据 2009 年 7 月 19 日的股东会决议拟进行股权转让，受让方分别为 S 公司和 I 公司。上述四家公司中除 Z 公司外其余都是××集团下属的全资国有企业。

该公司主要的资产是位于 KJ 路的房地产。通过现场调查了解到：该房产位于 KJ 路 2063 号的 W 大厦，于 1999 年 9 月竣工，该公司拥有的房产总面积为 7 736.84 平方米，分别为：办公用房 3 245.1 平方米，商业用房 3 529.79 平方米，地下车库 961.95 平方米。

办公用房基本已出租；商业用房共三层，第 1、第 2 层出租给某财务公司作为营业用房，第 3 层出租给某餐饮企业；地下车库共有 9 个停车位。

评估的结果是：第 13、第 14 层的办公用房评估价格为 3 800 元/平方米，第 16、第 17 层的办公用房评估价格为 4 500 元/平方米，商业用房评估价格为 5 800 元/平方米，地下车位为 140 000 元/个。从表面来看，这样的地段如此的价格似乎偏低，于是评估管理机构对周边房产市场进行了调查，通过查询周边房产公司的信息，发现周边住宅房的平均价格达到了 7 000 元/平方米，通过电话查询该大厦的招商办公室，该大厦办公用房目前的招租价格为 1~1.2 元/平方米·天。

是什么原因导致评估价格偏低呢？

4.1　房地产评估概述

4.1.1　房地产的概念

房地产是指土地、建筑物和其他土地上定着物及它们所附带的各种权利。可以看出，房地产是一个物质实体和权益相结合的概念。

房地产是指物质形态的土地和附着于土地上或（和）其下的人工建造的建筑物及其他定着物。其中，其他定着物是指固定在土地上或建筑物上，与土地、建筑物不能分离，或分离后会破坏建筑物功能或完整性的部分，如安装在建筑物上的水、暖、电、卫生、通信、消防、电梯等设施。因此房地产本质上包括土地和建筑物两部分。但是，单独的土地或建筑物都是房地产，是房地产存在的一种形态，房地产是一个统称。因此，在房地产评估中，评估对象有三种，即土地（地产）、建筑物、建筑物和房地合一（房产）。

房地产是一切与房地产所有权相关的权益的载体。权益是房地产中无形的部分，包括权利、利益和收益，如所有权、使用权、租赁权、抵押权、典权等。其中，所有权是法律规定范围内自由支配房地产并排除他人干涉的权利；使用权是使用人对房地产的占用、取得收益和使用的权利；租赁权是承租人通过支付租金从房屋所有人或土地使用权人那里获得占有和使用房地产的权利；典权是通过支付典价而占有他人房地产加以使用和取得收益的权利；抵押权是债权人对债务人或第三人转移占有而作为担保的房地产，在债务人不履行债务时，优先受偿该房地产的变现价款的权利。

1. 土地的概念

土地一般是指地球表层的陆地部分，包括内陆水域和滩涂。如果广义地看，土地是指陆地及其空间的全部环境因素，是由土壤、气候、地貌、地质、生物和水文、水文地质等因素构成的自然综合体。土地具有两重性，既不仅是资源，也是资产。尤其是城市土地，它是由人类开发和再开发形成的。

土地的供给可以分为土地的自然供给和经济供给两个方面。地球提供给人类可利用的土地数量，叫做土地的自然供给，它反映了土地供人类使用的天然特性，其数量包括已利用的土地和未来可供利用的土地，即后备土地资源。土地的自然供给是相对稳定的，几乎不受任何人为因素或社会经济因素的影响，因此，它基本上是无弹性的。具有什么条件的土地是可供人类利用的呢？一般来说，自然供给的土地有五个特性，即具有适宜于人类生存和工作的气候条件、具有适宜于植物生长的土壤质地和气候条件、有可以利用的淡化水资源、有可供人类利用的生产资源、具有一定的交通条件。

所谓土地的经济供给，是指在土地的自然供给的范围内，对土地进行了开发、规划和整治，以满足人类不同需求的土地供给。因此可以说，土地的经济供给是通过人类开发利用而形成的土地供给。因而土地经济供给数量会受人类社会活动的影响。如开发新土地、调整用地结构、提高土地集约率等活动都影响土地的经济供给数量。由此可见，土地的经济供给是有弹性的。土地的经济供给的变化可以是直接变化也可以是间接变化。直接变化是指土地经济供给的绝对土地面积的变化或某种用途土地数量绝对面积的变化；间接变化是指单位土地面积上集约率的变化。

土地及其定着物通称不动产。定着物是指附着于土地，在与土地不可分离的状态下才能使用的物体，如建筑物、构筑物等。定着物与土地分离要花费相当大的劳动和费用，因而会使地价发生变更。地产和房产均属不动产。

在我国，城市土地的所有权属于国家，不能进入市场流转。土地使用者可以拥有和转让土地使用权，因此地价一般是土地使用权的价格。土地使用权价格可因土地使用年限的长短区分为各种年期的使用权价格，如 40 年、50 年、70 年的土地使用权价格。土地使用权出让的最高年限由国务院确定。

2．土地的特性

土地的特性可以分为土地的自然特性和经济特性两个方面。

（1）土地的自然特性。土地的自然特性包括：位置的固定性，土地具有位置的固定性，不能随土地产权的流动而改变其空间的位置，地产交易不是土地实体本身的空间移动，而是土地产权的转移，土地位置的固定性决定了土地价格具有明显的地域性特征；质量的差异性，土地的位置不同造成了土地之间存在自然差异，这个差异导致土地级差地租的产生；不可再生性，土地是自然的产物，是不可再生资源，土地资源的利用只有科学、合理，才能供人类永续利用；效用永续性，只要土地使用得当，土地的效用（即利用价值）会一直延续下去。

（2）土地的经济特性。土地的经济特性包括：供给的稀缺性，所谓土地经济供给的稀缺性，主要是指某一地区的某种用途的土地供不应求，形成稀缺的经济资源，造成供求上的矛盾，土地经济供给的稀缺性与土地总量的有限性、土地位置的固定性、土地质量的差异性等有关，土地经济供给的稀缺性客观上要求人们集约用地；可垄断性，土地的所有权和使用权都可以垄断，由于土地具有可垄断性，因此，土地所有权或使用权在让渡时，就必然要求在经济上有所体现；土地利用多方向性，一块土地的用途是多种的，可以作为农田，也可以建住宅或建写字楼，或者造商场，土地利用的多方向性客观上要求在地产估价中需要确定土地的最佳用途；效益级差性，由于土地质量的差异性而使不同土地的生产力不同，从而在经济效益上具有级差性。

4.1.2　房地产的特点

每一类资产的评估都有其特殊性，这种特殊性与该类资产自身的特性相联系。房地产的特殊性表现在以下几个方面。

1．位置的固定性

房地产也称不动产。由于土地不可位移，固着于土地上的建筑物亦不可移动。房地产的位置固定性，导致了房地产带有明显的区域性特点和个别性特征。这种区域性特点和个别性特征是影响房地产价值的重要因素。

2．使用的长期性

从某种意义上讲，土地的利用具有永续性。建筑物一经建造完成，其寿命也是相当长的。房地产使用的长期性决定了其用途、功用可以随社会的进步不断加以改善、调整，以达到最佳利用状态。值得注意的是，国家土地使用制度规定，公司、企业、其他组织和个人通过政府出让方式取得的土地使用权是有限期的。国家规定的土地使用权出让最高年限按不同用途予以规定，如居住用地 70 年，工业用地 50 年，商业、旅游、娱乐用地 40 年等。土地使用权的有限年期对房地产自然的使用长期性是一种限制。土地使用权的剩余使用年限是影响房地产价值的一个重要因素。

3．影响因素的多样性

房地产效用的发挥，以及其价值的实现要受到诸多因素的制约。除了房地产自身的自然的、物理的、化学的因素以外，社会因素及周边环境等都会对房地产效用的发挥及其价值的实现起到非常大的影响作用。从社会因素来看，政府的城市规划、具体规定了房地产的用途和使用强度（容积率、覆盖率、建筑高度、绿地率等）。另外，政府可以从满足社会公共利益的角度，对任何房地产实施强制征用，对某些房地产实施课税，等等。从周边环境的角度来看，任何房地产的效用和价值都要受到其周边环境，特别是周边房地产用途的影响。良好的周边环境可以提高该区域房地产的价值，而恶劣的周边环境则可使该区域内的房地产价值下降。当然，影响房地产效用发挥及其价值实现的因素还有许多，如政府的房地产政策、政府的住房制度、社会有效需求等。

4．投资的大量性

不论是房地产中的土地或建筑物，其投资的数额都是可观的，不论是国家投资者、企业投资者还是个人投资者，投资房地产都需要较大数额的资金。房地产投资大量性特点一方面说明了房地产投资应事先做好可行性研究，要有的放矢、有效地进行投资；另一方面也说明房地产变现也不是一件轻而易举的事情，房地产不易变现是其一大风险。

5．具有保值、增值的趋势

在社会经济发展的情况下，随着人口及社会生产力的发展，社会对土地的需求与日俱增。由于土地资源特别是城市土地面积的有限性，从长远的观点来看，土地供给一般会滞后于土地需求而出现房地产价格上升的趋势。如果出现通货膨胀现象，房地产的保值性则会更为明显。房地产保值、增值是一种趋势，而并非每一时点房地产价值都会上涨，需要结合每宗房地产的具体情况来理解其保值、增值的趋势。

4.1.3 房地产的分类

房地产是在土地分类和建筑物分类相结合的基础上进行划分的，划分标准多样。

1．按用途分

（1）居住房地产，包括普通住宅、高档公寓、别墅等。

（2）商业房地产，包括百货商场、购物中心、商业店铺、超级市场、批发市场等。

（3）办公房地产，包括商务办公楼（写字楼）、政府办公楼等。

（4）旅馆房地产，包括饭店、酒店、宾馆、旅店、招待所、度假村等。

（5）餐饮房地产，包括酒楼、美食城、餐馆、快餐店等。

（6）娱乐房地产，包括游乐场、娱乐城、康乐中心、夜总会、俱乐部、影剧院、高尔夫球场等。

（7）工业和仓储房地产，包括工业厂房、仓库等。

（8）农业房地产，包括农地、农场、林场、牧场、果园等。

（9）特殊用途房地产，包括车站、机场、学校、教堂、寺庙、墓地等。

（10）综合房地产，是指具有两种或两种以上用途的房地产。

2．按是否产生收益分

（1）收益性房地产。

（2）非收益性房地产。

3．按经营使用方式分

（1）出售型房地产。

（2）出租型房地产。

（3）营业型房地产。

（4）自用型房地产。

4.1.4 房地产价格

房地产价格也称房地产估价，是合法获得他人的房地产所必须付出的代价。房地产价格是由房地产的有用性（使用价值）、稀缺性和有效需求三者结合产生的。在现实生活中，房地产价格之所以不同，是因为这三个因素的影响程度不同。

1. 房地产价格的构成

按照房地产实物形态为标准划分，可以分为土地价格、建筑物价格和房地产价格。

（1）土地价格，简称地价，通常是指空地的价格。根据目前我国的地价体系，地价种类主要有基准地价、标定地价、交易底价、市场交易价格、课税价格等。

1）基准地价是按照城市土地级别或均质地域分别评估的商业、住宅、工业等各类用地和综合土地级别的土地使用权的平均价格。基准地价评估以城市为单位进行。基准地价按用途可划分为综合基准地价、商业、住宅、工业等分类基准地价。按地价成果在图上的表达方式，可分为点状地价、线状地价和面状地价。一般标准宗地地价以点状表示，综合基准地价采用面状地价表示，商业用地地价采用线状和面状相结合的方式表示，住宅用地基准地价采用面状地价的方式表示，工业用地基准地价采用面状地价表示。同时，除了用形象、直观的图表示地价成果外，为了使评估成果在应用中避免产生歧义，还要用文字形式准确表述，由政府公布。

2）标定地价是市、县政府根据需要评估的正常地产市场中，具体宗地在一定使用年期内的价格。标定地价可以以基准地价为依据，根据土地使用年限、地块大小、土地形状、容积率、微观区位等条件，通过系数修正进行评估得到，也可以按市场交易资料直接进行评估得到。

3）交易底价包括土地使用权出让底价、转让底价、抵押底价等。土地使用权出让底价是政府根据工常地产市场状况下地块应达到的地价水平，确定的某一地块出让时的最低控制价格标准。在我国，地产一级市场由政府垄断，因而，土地使用权出让价格对整个地产市场的价格水平的影响是非常重要的。出让底价一般依据基准地价或标定地价，并考虑地产市场的发展状况而定。转让底价是土地使用权转让时，成交前的谈判底价。抵押底价是以不动产作为抵押物时地产的协商价格。

4）市场交易价格是地产在市场交易中实际成交的价格。在正常的市场条件下，买卖双方均能迅速获得交易信息，买方能自由地在市场上选择其所需，卖方亦能自由地出售房地产，买卖双方均以自身利益为前提，在彼此自愿的条件下，以某一价格完成地产交易。由于交易的具体环境不同，市场交易价格经常不断地处在变化之中。租赁价格和转让价格等都属于市场交易价格。

5）课税价格是政府为征收有关土地税收（土地增值税、土地使用税等）作为地产课税基础的价格。课税价格的确定与课税政策密切相关。

（2）建筑物价格是指纯建筑物部分的价格，不包含其占用的土地价格。在人们日常生活中纯粹的建筑物价格并不多见。人们脑海中的建筑物价格通常是包含地价的。

（3）房地产价格是指建筑物连同其占用的土地的价格在一起的价格。房地价格情况比较复杂，以住宅为例，在房改之后，住宅价格包括职工购买现住房价格、动迁房价、安居工程房价和商品房价等。从形式上看上述几种房价大都是在市场上形成的，而价格却相差很大。

2. 房地产价格的特征

（1）房地产价格是权益价格。房地产买卖并不转移房地产本身，而是转让房地产有关的权益，如所有权、使用权、抵押权、租赁权等。因此，同一宗房地产，由于转让的权益不同，其转让价格可能出现较大差异。评估时需要对转让权益内容仔细考虑。

（2）房地产价格与用途有关。房地产的不同用途产生的收益会出现很大的差异。例如，同一地块，如果进行农业生产所获得的收益与建成写字楼出租的收益相比，收益会有很大差别。一般而言，房地产用途收益，以商业用途、办公用途、居住用途、工业用途、耕地、牧业、森林的顺序，其收益呈递减趋势。正因为如此，在进行房地产评估时，要注意房地产可实现的用途，要在其可实现用途中以最大收益用途来评估房地产价格。

（3）房地产价格具有个别性。由于房地产价格具有个别性，没有任何两宗房地产的条件完全一致，这样没有成为批量生产的产品，其价格由于产品不同必然会有差异。

（4）房地产价格具有可比性。虽然房地产之间存在差异，但并不意味着其价格之间互不相关，人们可以根据房地产价格形成的规律，对影响房地产价格的因素进行分析，据以比较房地产价格。

3. 影响房地产价格的因素

房地产的市场价格受到许多因素的影响。这些因素对房地产价格的影响方向、影响程度都不尽相同。熟悉和掌握影响房地产价格的各种因素，并了解这些因素在影响房地产价格中的关系，无疑有助于房地产价格的评估。为了便于了解影响房地产价格的因素，可以将其进行适当的归类。通常将影响因素分为自然因素、社会因素、行政因素和经济因素四个方面。此外，还可以将影响因素划分为一般因素、区域因素和个别因素。这里着重介绍后一种分类方法中的各类影响因素。因为这种分类方法是采用市场比较法进行对比分析影响因素时通常采用的分类方法。

（1）一般因素。所谓一般因素，是指对房地产价格及其变化具有普遍性和共同性的影响因素。或者说是对某市场范围内房地产价格总体水平发挥影响作用的因素。这些因素具体如下。

1）行政因素。影响房地产价格的行政因素是指影响房地产价格的制度、政策、法规、行政措施等方面的因素，如土地制度、住房制度、房地产价格政策、城市规划、城市发展战略、税收政策、交通管制等。

2）经济因素。影响房地产价格的经济因素较为复杂，它包括国民经济的发展速度、发展规模，企业、事业单位、居民的收入和消费水平，政府的财政收入和支出的规模和结构，金融状况和物价水平等。上述因素通常集中表现在房地产的供求状况上，通过房地产的供不应求、供求平衡或供过于求影响房地产价格。

3）社会因素。影响房地产价格的社会因素主要是指社会发展状况、社会安定程度、社会环境等因素。社会发展状况是国民经济发展状况的一种反映，它直接关系到社会的安定，包括政治安定和人民安居乐业的程度。社会环境包括人们的生活工作环境、自然和人文环境、也包括社会治安状况。好的社会环境有助于房地产价格的提高。

4）其他因素。影响房地产价格的其他因素是指人口因素、人的心理因素、国际因素等其他一般因素。

（2）区域因素。所谓区域因素，是指房地产所在地区的自然条件、社会条件、经济发展状况和行政条件相结合所形成的地区性特点或区域性特点。这些特点集中表现区域的繁华程度、交通通达程度、公共公用配套设施状况、地区或区域环境、城市规划限制等。由于房地产的种类较多，上述各区域因素对不同用途的房地产的价格影响程度是不同的。例如，繁华程度对商业用途的房地产的价格影响程度最大。而区域环境对住宅价格影响较大。交通通达情况则可能是影响工业房地产价格的重要因素之一。但不论是何种用途的房地产，规划限制（包括建筑高度、建筑容积率、建筑密度等）的影响都是不容忽视的。

在规划限制方面，建筑高度是指地上建筑物可达及的最高限度，建筑物的实际高度应在城市规划限定的建筑高度以下（包括相等）。

建筑容积率是指建筑物面积与建筑占地面积之比，用公式表示为：

$$容积率=建筑物面积\div建筑占地面积\times100\%$$

建筑密度是指某一房地产的底层建筑面积与建筑占地总面积之比，用公式表示为：

$$建筑密度=建筑物底层面积\div建筑占地总面积\times100\%$$

（3）个别因素。所谓个别因素，是指某具体房地产所表现的个别特性，如面积大小、地形地貌、临街情况、朝向、楼层、土地使用权年限、容积率、土地生熟程度、建筑结构、装修水平、新旧程度等。

1）土地个别因素。房地产的位置、地质条件、地形条件、土地面积及日照与风向等都会对房地产价格造成一定的影响。例如，住宅用地对地理位置的要求是周围环境好，而商业用地则要求周围较繁华。地形、地质因素主要表现为：第一，如果地形较差，则使用效果差，造成地价水平较低；第二，复杂的地形、较差的地质条件会造成土地开发成本增高，从而降低房地产的获利性。面积大小对土地利用也有一定的制约作用，其对地价的影响主要取决于土地利用性质的适应性，即土地使用者需要的是大面积还是小面积土地。但一般来说，面积大的土地由于规模效益产生高额收益，其地价会高于小面积的土地。此外，土地形状有规则和不规则之分，形状规则的土地要比形状不规则的土地利用率高，从而价格高。一般来说，受到周围巨大建筑物遮挡的房地产价格（尤其是住宅）必然会低于无遮挡情况下的同等房地产的价格。而风向与房地产价格的关系在城市中比较明显，在上风地区的房地产价格要高一些，在下风向地区的房地产价格要低一些。

2）建筑物个别因素。建筑物的用途、楼层位置、装修的标准和设备配套状况、质量、外观、结构、法律限制等，都会在一定程度上影响房地产的价格。建筑物的用途可能是单一的，也可能是综合的，不同的物业房地产的价格都不同，单一用途的房地产价格要比多用途的房地产价格低一些；而房地产所在楼层的方便程度与基础设施的配套程度也会影响到房地产价格；建筑物的建筑面积、居住面积、高度等不同，则建筑物的重建成本也不同，以及建筑物的结构、建材质量都会影响重建成本，从而影响价格；而施工质量的好坏、建筑架构的合理性会影响到建筑物以后的收益程度和收益期限，所以必然会影响其价格；法律的限制可能会影响房地产的运营成本或收益，也会影响房地产价格。

4.1.5 房地产估价的原则

房地产评估除了遵循一般资产评估原则外，还要遵循合法原则和最佳使用原则。

1．合法原则

房地产评估的合法原则是指房地产评估必须以房地产的合法取得、合法使用、合法交易、合法处分等为前提。房地产的合法取得通常是以房地产的合法产权证明文件为依据的；合法使用一般是以城市规划为准绳；合法交易和合法处分主要是以房地产有关法规以及有关文件、批件、合同、协议为根据。在房地产评估中，合法使用是需要评估人员着重掌握的。在房地产用途、容积率、覆盖率、建筑高度和建筑风格等方面，必须符合城市规划的要求及其他有关的政府规定。

2．最佳使用原则

房地产评估中的最佳使用原则是指房地产评估应以估价对象的最佳使用为前提。这种最佳使用的含义是法律上允许、技术和功能上可能、经济上可行，经过充分、合理的论证，并能给估价对象带来最高价值。

在评估实践中，房地产的最佳使用通常是选择能使估价对象获利最多的用途。当估价对象在评估时点的具体用途为最佳，评估就可以按此用途进行。如果估价对象的使用不是最佳用途，就应当根据最佳使用原则，对估价前提做出下列之一的判断和选择，并在估价报告书予以说明。

（1）直接将估价对象的在用用途转换为最佳使用用途，并以此作为评估的前提。

（2）如果在使用状态前提下通过装修改造能使该房地产得到最佳使用，可按装修改造继续使用前提进行评估。

（3）当经装修改造再转换用途能够使房地产最佳使用，则应按装修改造转换用途前提进行评估。

（4）如果评估对象的用途极不合理，且又无改造的价值，拆除重新利用能够实现其最佳用途的话，应按拆除重新利用作为评估前提。

3．替代原则

根据经济学的替代原理，在同一市场上效用相同或相似的地产，由于市场竞争的影响，必然使其价格趋于一致。依据这一原理，评估地产价格时，在地产同一供需圈内，可以通过调查近期发生交易的、与待估地产有替代可能的地产价格及条件，对待估地产与已交易的地产进行价格和条件的比较，从而确定待估地产价格，因此替代原理是估价中比较法的理论基础。地产价格是与有替代可能的其他地产互相关联而形成的。

4.1.6　房地产的评估程序

房地产评估程序是房地产评估全过程的各个具体环节按其内在联系所排列出的逻辑顺序，主要由以下环节组成

1．明确评估基本事项

评估机构在接受房地产评估委托后，在评估委托协议中除了要明确评估收费、违约责任等事项外，还必须明确评估对象、评估目的、评估时点和评估的具体工作时间等具体事项。明确评估对象首先从物质实体上明确房地产的名称、坐落、用途、面积、四至、层数、结构、装修、基础设施、取得时间、使用年限，维修保养状况等。其次从权益状况看，要明确产权性质和产权归属等。

明确评估目的就是要确定评估结果的具体用途，即为何种需要而进行房地产评估。明确评估目的不仅有助于明确评估方向，便于更好地确定评估对象和评估范围，同时也限制了评估报告的使用范围，也有助于评估人员选择恰当的评估价值类型和评估价值基础。

明确评估时点就是要有明确的评估基准日。资产评估结果是某一具体时点的资产评估值。评估结果是否合理主要是针对评估基准日而言的。

明确评估的具体工作时间是指委托方与受托方要事先明确，评估机构从接受委托到提交评估报告的工作时间。在没有特殊原因的情况下，评估机构应按期保质地完成评估工作。

2．拟定评估工作方案

在明确了评估的基本事项的基础上，应当对评估项目进行充分分析，拟定评估作业计划。具体包括：根据评估对象和评估目的，以及可能收集到的数据资料，初选评估方法和评估的技术路线，并确定评估人员及其分工；按评估的要求和评估方法调查收集数据资料；拟定作业步骤和作业时间表；估算评估成本。

3．实地查勘收集资料

房地产评估人员必须到评估现场进行实地查勘，弄清房地产的位置和周围环境、自然和人文景观、公共设施和基础设施，以及评估对象的物质状况，如四至、外观、结构、面积、装修、设备等，并对委托方提供的和事先收集到的有关资料进行核实和验证，进一步丰富和落实此项评估所需的数据资料。

4．选用评估方法评定估算

在房地产评估中，除了使用其他资产评估常用的市场法、收益法和成本法外，还可以根据具体情况运用假设开发法、残余估价法、路线价估价法、基准地价修正法等。如果条件允许，每一个评估项目最好能选择两种或两种以上的方法进行评估。如为产权变动服务的房地产评估，应先选用市场法，再有收益法，再后是选用其他评估方法进行评定估算，得到初步的评估结果。

5．确定评估结果，撰写评估说明或报告

用两个或两个以上的评估方法进行评估，会得到几个初步评估结果。评估人员应当在充分分析论证的基础上给出评估的最终结果，并撰写评估说明或评估报告。

4.2 房地产评估的基本方法

房地产评估方法分为基本评估方法和应用评估方法，通常认为，市场法、收益法和成本法是三大基本评估方法，剩余法、基准地价修正系数法、路线价法被认为是应用评估方法。

基本评估方法是相对独立的评估方法，而应用评估方法并不是相对独立的评估方法，而是基本评估方法在评估实践中组合应用而形成的评估方法。

4.2.1 成本法在房地产评估中的应用

1．基本思路

成本法，又称成本逼近法、承包商法、原价法或重置成本法等，是依据开发或建造待估不动产或类似不动产所需要的各项必要正常费用，包括正常的利润、利息和税费，而评估待估对象价格的方法。用成本法估价求取的价格称为积算价格。成本法是土地使用权评估的基本方法之一。

城市土地既是大自然的产物，但同时又因人类的改造而凝结着人类劳动，因此，利用成本法评估土地使用权的价格，就是以开发土地所耗费的各项费用之和为主要依据，再加上一定的利润、利息、应缴纳的税金和土地所有权收益来确定土地价格。依据等量资金应获取等量收益的投资原理，土地取得费和土地开发费应产生相当的利润，根据国家对土地的所有权在经济上得到体现的要求，再加上土地所有权应得收益，就得到土地价格。

2．适用范围

成本法一般适用新开发土地的估价，特别适用于土地市场不发育，土地成交实例不多，无法利用市场法等方法进行土地的估价。同时，对于既无收益又很少有交易情况的学校、公园等公共建筑、公益设施等特殊性的土地估价也比较适用。但由于土地的价格大部分取决于它的效用，并非仅仅是它所花费的成本，也就是说，由于土地成本的增加并不一定会增加它的使用价值，所以，成本法在土地估价中的应用范围受到一定的限制。

3. 计算公式

用成本法评估地价必须分析地价中的成本因素。土地作为一种稀缺的自然物，即使未经开发，由于土地所有权的垄断，使用土地也必须支付地租。同时，由于开发土地投入的资本及利息也构成地租的一部分，因此，成本法的基本公式如下：

土地价格＝土地取得费+土地开发费+税费+利息+利润+土地增值收益

4. 操作步骤

用成本法评估地价的程序一般为：计算土地取得费，计算土地开发费，计算投资利息，计算投资利润和税费，确定土地增值收益。

（1）计算土地取得费。土地取得费是为取得土地而向原土地使用者支付的费用，分为如下三种情况。

1）征用农村集体土地时，土地取得费用为征地费用，征地过程中所发生的各项费用以待估宗地所在区域政府规定标准或应当支付的客观费用来确定。

2）城镇国有土地的土地取得费用可按拆迁安置费计算。拆迁安置费主要包括拆除房屋及建筑物的补偿费和拆迁安置补助费。拆迁安置费应当根据当地政府规定标准或应当支付的客观费用来确定。

3）从市场购买的土地，土地取得费就是土地购买价格。

（2）计算土地开发费。土地开发费用涉及基础设施配套费、公共事业建设配套费和小区开发配套费。

1）基础设施配套费。对于基础设施配套常常概括为“三通一平”和“七通一平”。“三通一平”指通水、通路、通电、平整地面。“七通一平”指通上水、通下水、通电、通信、通气、通热、通路，平整地面。作为工业用地，“三通一平”只是最基本的条件，还不能立即上工业项目，只有搞好“七通一平”，项目才能正常运行。因此，作为基础设施配套费用应以“七通一平”为标准计算。

2）公共事业建设配套费。主要指邮电、图书馆、学校、公园、绿地等设施的费用。这与项目大小、用地规模有关，各地情况不一，视实际情况而定。

3）小区开发配套费。同公共事业建设配套费类似，各地根据用地情况确定合理的项目标准。

（3）计算投资利息。投资利息就是资金的时间价值。在土地评估中，投资者贷款需要向银行偿还贷款利息，利息应计入成本；投资者利用自有资金投入，也可以看成损失了利息，从这种意义上看，也属于投资机会成本，也应计入成本。

在用成本法评估土地价格时，投资包括土地取得费和土地开发费两大部分。由于两部分资金的投入时间和占用时间不同，土地取得费在土地开发动工前即要全部付清，在开发完成销售后方能收回，因此，计息期应为整个开发期和销售期。土地开发费在开发过程中逐步投入，销售后收回，若土地开发费是均匀投入，则计息期为开发期的一半。

（4）计算投资利润和税费。投资的目的是获取相应的利润，作为投资的回报，对土地投资，当然也要获取相应的利润。该利润计算的关键是确定利润率或投资回报率。利润率计算的基数可以是土地取得费和土地开发费，也可以是开发后土地的地价。计算时，要注意所用利润率的内涵。

征地过程中一般发生的税费有占用耕地的耕地占用费、占用耕地的耕地开垦费、占用菜地的新菜地开发建设基金、征地管理费、政府规定的教育基金及其他有关税费。房屋拆迁过程中发生的税费一般有房屋拆迁管理费和房屋拆迁服务费、政府规定的其他有关税费。

（5）确定土地增值收益。土地增值收益主要是由于土地的用途改变或土地功能变化而引起的。由于农地转变为建设用地，新用途的土地收益将远高于原用途土地，必然会带来土地增值收益。由于这种增值是土地所有权人允许改变土地用途带来的，应归整个社会拥有。如果土地的性能发生变化了，提高了土地的经济价值，也能使土地收益能力增加，这个增加的收益，是由于土地性能改变而带来的，同样应归土地所有者所有。

根据计算公式，前四项之和为成本价格，成本价格乘以土地增值收益率即为土地所有权收益。目前，土地增值收益率通常为10%～25%。

土地重置成本就等于这五项内容之和。

【例4-1】某待估地块为一征用农地，土地面积为500平方米，该地块的土地征地费用（含安置、拆迁、青苗补偿费和耕地占用税）为每平方米230元，土地开发费为每平方米246元，土地开发周期为两年，第一年投入资金占总开发费用的75%，第二年投入资金占总开发费用的25%，开发商要求的投资回报率为10%，当地土地出让增值收益率为20%，银行贷款年利率为8%，试评估该土地的价格。

该土地的各项投入成本均已知，可用成本法评估。

1）计算土地取得费。

$$土地取得费=500\times230=115\ 000（元）$$

2）计算土地开发费。

$$土地开发费=500\times246=123\ 000（元）$$

3）计算投资利息。土地取得费的计息期为2年，土地开发费为分段均匀投入。

$$土地取得费利息=115\ 000\times[(1+8\%)^2-1]=19\ 136（元）$$

$$\begin{aligned}土地开发费利息&=123\ 000\times75\%\times[(1+8\%)^{1.5}-1]+123\ 000\times25\%\times[(1+8\%)^{0.5}-1]\\&=11\ 289+1\ 206=12\ 495（元）\end{aligned}$$

$$投资利息=19\ 136+12\ 495=31\ 631（元）$$

4）计算开发利润。

$$开发利润=(115\ 000+123\ 000)\times10\%=23\ 800（元）$$

5）计算土地增值收益。

$$土地增值收益=(115\ 000+123\ 000+31\ 631+23\ 800)\times20\%=58\ 686（元）$$

6）计算土地价格。

土地价格=土地取得费+土地开发费+投资利息+开发利润+增值收益

=115 000+123 000+31 631+23 800+58 686=352 117（元）

该宗地单价=352 117÷500=704（元/平方米）

4.2.2　收益法在房地产评估中的应用

1．基本思路

收益法又称为收益还原法或收益资本化法、收益现值法，是将待估土地的未来各期正常纯收益折算到估价时点，并根据其和来确定土地价格的一种方法。收益法估算的价格通常称为收益价格。

土地使用权在交易时，随着不动产所有者权利的让渡，不动产的收益转归不动产购买者。不动产购买者必须一次性支付一定的金额，补偿不动产所有者失去的收益。这一货币额每年给不动产所有者带来的利息收入，必须等于他每年能从不动产获得的纯收益。这个金额就是该项不动产的理论价格，用公式表示为：

不动产价格＝纯收益÷资本化率

这种理论的抽象，包含着三个假设前提，即纯收益每年不变、资本化率固定、收益为无限年期。假设有一宗地产每年能产生 100 万元的纯收益，同时在年利率为 10%的前提下，存入银行 1 000 万元也能产生 100 万元的年收益，因此，对土地所有者来说，1 000 万元的资本与土地每年所能带来的 100 万元的纯收益是等价的，则该宗土地价格为 1 000 万元。

2．适用范围

收益法适用于有收益的不动产价格评估，如商场、写字楼、旅馆、公寓用地等，对于政府机关、学校、公园等公建设施的土地价格评估大多不适用。

3．资本化率的确定

资本化率是决定评估价格最关键的因素。这是因为，评估价格对资本化率最为敏感。资本化率的每个微小变动，都会使评估价格发生显著改变。收益性房地实际上是一种投资行为，资本化率实际上是土地投资回报率，而投资回报率与投资风险成正相关关系，风险越大，要求的投资回报率越高，反之越低。

4．纯收益的确定

土地纯收益在通常情况下是通过总收益减总费用得到的。纯收益可分为实际收益和客观收益。实际收益是在现实情况下取得的收益。但由于它受到个人或企业经营能力的影响，差异很大，一般不作为房地产评估的依据。客观收益是按照房地产评估的最佳使用原则使用所能赚取的收益，房地产评估中一般使用的是客观收益作为评估依据。纯收益的具体求取，因房地产的情形不同而不同。具体来说，以出租为目的的房地产，其纯收益为租赁收入扣减折旧费、维修费、管理费、保险费、税收等以后的余额；一般企业用房地产，是从销售额中扣除原材料价、运输费、工资等经营成本及税收和利润后的余额，自用房地产一般以相同地区或类似地区房地产纯收益为依据，进行地区因素及个别因素的修正后来确定；待开发房地产纯收益采用类似假设开发法来确定。

5. 计算公式

应用收益法求取地产价格时，由于是对未来若干年纯收益的贴现，而纯收益和收益年期又都在发生变化，这就会引发出许多计算公式。在介绍公式内容之前，先对一些本节所用的以下字符含义进行定义：P 为地产价格，P_t 为未来第 t 年的房地价格，A 为纯收益，$A_1,A_2,\cdots,A_n$ 分别为未来各年的纯收益，R 为资本化率，$r_1,r_2,\cdots,r_n$ 分别为未来各年的资本化率，N 为收益年期。

（1）纯收益不变。

1）在收益永续，各因素不变的条件下，有以下计算式：

$$P=\frac{A}{r}$$

其成立条件是：纯收益每年不变，资本化率固定且大于零，收益年期无限。

2）在收益年期有限，资本化率大于零的条件下，有以下计算式：

$$P=\frac{A}{r}\left[1-\frac{1}{(1+r)^n}\right]=A\text{（}P/A,r,n\text{）}$$

这是一个在估价实务中经常还用的计算公式，其成立条件是：纯收益每年不变，资本化率固定且大于零，收益年期有限为 n。

3）在收益年期有限，资本化率等于零的条件下，有以下计算式：

$$P=An$$

其成立条件是：纯收益每年不变，收益年期有限为 n，资本化率为零。

（2）纯收益在若干年后保持不变。

1）无限年期收益，其基本公式如下：

$$P=\sum_{i=1}^{t}\frac{A_i}{(1+r)^i}+\frac{A}{r(1+r)^t}$$

其成立条件是：纯收益在 t 年（含第 t 年）以前有变化，纯收益在 t 年（不含 t 年）以后保持不变，收益年期无限，r 大于零。

2）有限年期收益，其计算公式如下：

$$P=\sum_{i=1}^{t}\frac{A_i}{(1+r)^i}+\frac{A}{r(1+r)^t}\left[1-\frac{1}{(1+r)^{n-1}}\right]$$

其成立条件是：纯收益在 t 年（含第 t 年）以前有变化，纯收益在 t 年（不含第 t 年）以后保持不变，收益年期有限为 n，r 大于零。

这里要注意的是，纯收益 A 的收益年期是（$n-t$）而不是 n。

（3）纯收益按等差级数变化。

1）在纯收益按等差级数递增，收益年期无限的条件下，有以下计算式：

$$P=\frac{A}{r}+\frac{B}{r^2}$$

其成立条件是：纯收益按等差级数递增，纯收益逐年递增额为 B，收益年期无限，r 大于零。

2）在纯收益按等差级数递增，收益年期有限的条件下，有以下计算式：

$$P=\left(\frac{A}{r}+\frac{B}{r^2}\right)\left[1-\frac{1}{(1+r)^n}\right]-\frac{B}{r}\times\frac{n}{(1+r)^n}$$

其成立条件是：纯收益按等差级数递增，纯收益逐年递增额为 B，收益年期有限为 n，r 大于零。

3）在纯收益按等差级数递减，收益年期无限的条件下，有以下计算式：

$$P=\frac{A}{r}-\frac{B}{r^2}$$

其成立条件是：纯收益按等差级数递减，纯收益逐年递减额为 B，收益年期无限，r 大于零。

4）在纯收益按等差级数递减，收益年期有限的条件下，有以下计算式：

$$P=\left(\frac{A}{r}-\frac{B}{r^2}\right)\left[1-\frac{1}{(1+r)^n}\right]+\frac{B}{r}\times\frac{n}{(1+r)^n}$$

其成立条件是：纯收益按等差级数递减，纯收益逐年递减额为 B，收益年期有限为 n，r 大于零。

（4）纯收益按等比级数变化。

1）在纯收益按等比级数递增，收益年期无限的条件下，有以下计算式：

$$P=\frac{A}{r-s}$$

其成立条件是：纯收益按等比级数递增，纯收益逐年递增比率为 s，收益年期无限，r 大于零，$r>s>0$。

2）在纯收益按等比级数递增，收益年期有限的条件下，有以下计算式：

$$P=\frac{A}{r-s}\left[1-\left(\frac{1+s}{1+r}\right)^n\right]$$

其成立条件是：纯收益按等比级数递增，纯收益逐年递增比率为 s，收益年期有限，r 大于零，$r>s>0$。

3）在纯收益按等比级数递减，收益年期无限的条件下，有以下计算式：

$$P=\frac{A}{r+s}$$

其成立条件是：纯收益按等比级数递减，纯收益逐年递减比率为 s，收益年期无限，r 大于零，$r>s>0$。

4）在纯收益按等比级数递减，收益年期有限的条件下，有以下计算式：

$$P=\frac{A}{r+s}\left[1-\left(\frac{1-s}{1+r}\right)^n\right]$$

其成立条件是：纯收益按等比级数递减，纯收益逐年递减比率为 s，收益年期有限为 n，r 大于零，$0<s\leqslant1$。

（5）已知未来若干年后地产价格的条件下，有以下计算式：

$$P=\frac{A}{r}\left[1-\frac{1}{(1+r)^t}\right]+\frac{P_t}{(1+r)^t}$$

其成立条件是：纯收益在第 t 年（含 t 年）前保持不变，预知第 t 年的价格为 P，r 大于零。

6．操作步骤

（1）计算总收益。总收益为客观总收益，一般是指以收益为目的的土地及与此相关的设施相结合而产生的总收益。

（2）计算总费用。总费用为客观总费用，一般是指为创造收益而投入的直接、必要的费用。

（3）计算土地纯收益。总收益减去总费用为纯收益。

（4）确定资本化率。资本化率是影响地价高低的重要因素，需根据评估时的经济环境和地产市场状况具体分析确定。

（5）计算地价。如果是单独评估土地的价格，这一般适用于空地出租的情况，则有：

土地价格=土地纯收益÷土地资本化率

土地纯收益=土地总收益–土地总费用

如果是根据房地产收益评估土地价格，则有：

土地价格=房地产价格–建筑物现值

建筑物现值=建筑物重置价–年折旧×已使用年数

或

土地价格=（房地产纯收益–建筑物纯收益）÷土地资本化率

建筑物纯收益=建筑物现值×建筑物资本化率

【例 4-2】某公司于 2011 年 12 月购入一仓库，其占用土地使用权面积为 2 000 平方米，为 50 年期的工业用地，仓库在 2007 年 12 月建成，面积 1 800 平方米，其经济耐用年限为 50 年，至评估基准日 2012 年 12 月，该类建筑重置价值为 500 元/平方米。据调查，当地同类仓库出租租金为每月 8 元/平方米，土地及房屋的资本化率分别为 5%和 6%，需支付的租金为出租收入的 12%，需支付的管理费为租金收入的 4%，年维修费用为重置价值的 1%，年保险费用为重置价值的 0.15%。

1）计算房地出租的年总收益，收益应采用客观收益，即每月 8 元/平方米。

年总收益=8×1 800×12=172 800（元）

2）计算房地出租年总费用。

年税金=172 800×12%=20 736（元）

年管理费用=172 800×4%=6 912（元）

年维修费用=500×1 800×1%=9 000（元）

年保险费用=500×1 800×0.15%=1 350（元）

房屋折旧费=500×1 800÷50=18 000（元）

房地产出租年总费用=20 736+6 912+9 000+1 350+18 000=55 998（元）

3）计算房屋出租年纯收益。

房屋现值=房屋重置价值−年折旧费×已使用年限

=500×1 800−18 000×2=864 000（元）

房屋年纯收益=房屋现值×房屋的资本化率

=864 000×6%=51 840（元）

4）计算土地年纯收益。

土地年纯收益=172 800−55 998−51 840=64 962（元）

5）计算土地使用权的价格。该地块在 2012 年 12 月的土地使用权剩余年限为 45 年，因此，土地使用权价格如下。

$$P=\frac{A}{r}\left[1-\frac{1}{(1+r)^n}\right]=\frac{64\ 962}{5\%}\times\left[1-\frac{1}{(1+5\%)^{45}}\right]=1\ 154\ 641.08\text{（元）}$$

4.2.3　市场法在房地产评估中的应用

1．基本思路

市场法又称买卖实例比较法、现行市价法，是房地产估价方法中最常用的基本方法之一，它是在同一市场条件下，依据替代原理，以条件类似或使用价值相同的地产交易实例与待估地产加以对照比较，通过对交易情况、交易日期、区域因素和个别因素等的差别进行修正，以得出待估地产在评估期日的价格的一种方法。

2．适用范围

市场法只要有类似地产的适合的交易实例即可应用。因此在地产市场比较发达的情况下，在同一地区或同一供求范围内的类似地区中，与待评估地产相类似的地产交易越多，市场法应用越有效。而在下列情况下，市场法往往难以适用。

（1）没有发生地产交易或在地产交易发生较少的地区。

（2）对某些类型很少见的地产或交易实例很少的地产，如古建筑用地等。

（3）对那些很难成为交易对象的不动产，如教堂、寺庙用地等。

（4）风景名胜区土地。

（5）图书馆、体育馆、学校用地等。

3．计算公式

房地产评估市场的基本计算公式如下：

$$P = P'ABC$$

式中，P 为待估土地的评估价格；P'为可比交易实例价格；A 为交易情况修正系数；B 为交易日期修正系数；C 为房地产状况修正系数。

上述参数的计算公式如下：

$$A = \frac{\text{正常交易情况指数}}{\text{比较实例交易情况指数}}$$

$$B = \frac{\text{待估地块评估日价格指数}}{\text{比较实例交易时价格指数}}$$

$$C = \frac{\text{待估对象房地产状况情况指数}}{\text{可比实例房地产状况指数}}$$

其中，C 又可拆分为 D 和 E，分别表示区域因素的修正系数和个别因素的修正系数：

$$D = \frac{\text{待估地块所处区域因素条件指数}}{\text{比较实例所处区域因素条件指数}}$$

$$E = \frac{\text{待估地块个别因素条件指数}}{\text{比较实例个别因素条件指数}}$$

在实际评估工作中，通常将某一时点的价格指数定为 100。

在这里需要说明的是，组成区域因素或个别因素中的各个因子都可以独立扩展出来进行单独修正。

4．操作步骤

运用市场法评估地产价格一般经过下列程序。

（1）收集交易资料。运用市场法评估地产的价格，必须有充裕的交易资料，这是市场法运用的基础和前提条件。通常情况下，收集交易资料时应具体调查的内容一般包括位置、用途、面积、性状、交易价格、成交日期、交易双方的基本情况、房地产特征及交易市场状况等。

（2）确定可比交易案例。在进行一宗地产价格评估时，需要针对待估地产的特点，从众多地产交易实例中选择符合一定条件的交易实例，作为供比较参照的交易实例。比较实例选择是否适当，直接影响运用市场法评估的结果精度，因此对比较实例的选择应特别慎重。

一般而言，确定比较实例的要求如下。

1）与待估地产处于相同特征的同一地区或邻近地区，或出于同一供需圈内的类似地区且地块的个别条件应相近，但选择案例的交易价格不能相差太大，根据经验不能超过 25%。

2）待估地产用途应相同或相似（按用地类型细类），如无用途相同的案例，可选择用途相近的案例。如待估地产用途为商业，可选择商住；如果待估地产用途为工业，可选择仓储。

3）待估地产的交易类型（价格类型）相同。交易类型一般包括出让、转让、股份制改造、租赁、抵押等。如选择交易案例的交易类型与待估地产的类型不一致，应进行交易类型的修正。

4）日期与待估地产的估价期日应接近。如果市场比较稳定且交易较少，比较的有效期限可适当延长，即选择几年前的交易案例用于比较（最长不超过 2～3 年）；如果市场变化较快且交易活跃，则比较的有效期要缩短（最长不超过 1～2 年）。

5）交易案例必须为正常交易，或可修正为正常交易（成交价格为正常价格或可修正为正常价格）。所谓正常交易，是指公开、公平、自愿的交易。

（3）因素修正。因素修正包括交易情况修正、交易日期修正、房地产状况修正、区域因素修正、个别因素修正、容积率修正、土地使用年限修正等。

1）交易情况修正。在地产市场上，地产价格的形成往往具有个别性，因此运用市场法进行地产估价，需要对选取的交易实例进行交易情况修正，将交易中由于个别因素所产生的价格偏差予以剔除，使其成为正常价格。地产交易中的特殊情况较为复杂，主要有以下几种：

① 有特殊利害关系的相互间的交易，如亲友之间、有利害关系的公司之间、公司与本单位职工之间，通常都会以低于市价的价格进行交易。

② 交易时有特别的动机，这以急于脱售或急于购买最为典型。如有人为了扩大经营面积，收买邻近的建筑用地，往往会把交易价格抬高。

③ 买方或卖方不了解市场行情，往往使地产交易价格偏高或偏低。

④ 其他特殊交易的情形，如土地增值税本应由卖主负担，却转嫁给了买主。

⑤ 特殊的交易方式。

具体计算公式如下：

$$\text{交易情况修正后的正常价格}=\text{可比实例价格}\times\frac{\text{正常情况指数}}{\text{可比实例情况指数}}$$

如果可比实例交易时的价格低于正常情况下的交易价格，则分母小于 100，反之，则大于 100。

2)交易日期修正。交易实例的交易日期与待评估地产的评估基准日往往有一段时间差。在这一期间，房地产市场可能不断发生变化，地产价格可能升高或降低。因此需要根据地产价格的变动率，将交易实例地产价格修正为评估基准日的地产价格，这就是期日修正。

地产价格的变动率一般用地价指数来表示，利用价格指数进行期日修正的公式如下。

评估基准日交易实例价格=交易实例价格×（评估基准日指数÷交易日期指数）

3）房地产状况修正。交易实例地产与待评估地产状况不同，应将交易实例地产状况与待评估地产状况加以比较，找出由于房地产状况的差别而引起的交易实例地产与待评估地产价格的差异，对交易实例地产价格进行修正。主要有区域因素修正和个别因素修正。

4）区域因素修正。交易实例地产与待评估地产如果不是处于同一地区，应将交易实例地产所处地区与待评估地产所处地区的区域因素加以比较，找出由于区域因素的差别而引起的交易实例地产与待评估地产价格的差异，对交易实例地产价格进行修正。区域因素主要有地区繁华程度、交通状况、基础设施状况、人文环境等。进行区域因素修正时，要首先确定比较因素，即根据具体评估对象，选择确定比较的内容，然后评价各因素的比较修正系数。

5）个别因素修正。个别因素修正是否适当，对地产价格评估的结果也有重大影响。个别因素主要有地块的面积、形状、宗地基础及市政设施状况、地形、地质、临街类型、临街深度、临近位置等。

6）容积率修正。城市规划一般对不同区域的建筑容积率有不同的规定和限制。容积率与地价相关关系并非呈线性关系，需根据具体区域的情况分析。容积率修正可采用下式计算：

$$\text{经容积率修正后的比较实例价格}=\text{可比实例价格}\times\frac{\text{待估宗地容积率修正系数}}{\text{可比实例价格容积率修正系数}}$$

容积率修正系数如表 4-1 所示。

表 4-1　容积率修正系数

容积率	0.1	0.4	0.7	1.0	1.1	1.3	1.7	2.0	2.1	2.5
修正系数	0.5	0.6	0.8	1.0	1.1	1.2	1.6	1.8	1.9	2.1

【例 4-3】 比较宗地地价为每平方米 2 000 元，容积率为 1.7，待规划土地的容积率为 2.0，计算经容积率修正后的比较实例价格。

经容积率修正后的比较实例价格=2 000×(1.8÷1.6)=2 250（元/平方米）

7）土地使用年限修正。由于土地使用年限的长短会影响到土地收益的多少，所以土地年限对土地价格的影响非常显著。土地使用年限越长，在年收益一定的情况下，其总收益越多，土地价格也会因此提高。通过年限修正，可以消除由于使用期限不同而对房地产价格造成的影响。

因为年限对土地价格的影响主要体现在未来收益的长短上，所以年限的修正实际上就是年限对总收益的影响，可按如下公式计算：

$$y=\frac{1-\frac{1}{(1+r)^m}}{1-\frac{1}{(1+r)^n}}=\frac{(P/A,r,m)}{(P/A,r,n)}$$

式中，y 为宗地使用年限修正系数；r 为土地资本化率；m 为被估宗地的可使用年限；n 为比较案例出让年限。

【例 4-4】 若选择的比较案例成交地价为每平方米 1 000 元，对应使用年期为 30 年，而待估宗地出让年限为 20 年，土地资本化率为 8%，计算土地使用年限修正后的地价。

$$土地使用年限修正后地价=1\,000\times\frac{1-1/(1+8\%)^{20}}{1-1/(1+8\%)^{30}}=872\quad（元/平方米）$$

（4）房地产价格的确定。经过上述的修正，就可得到在评估基准日的待估地产的若干个价格，如果交易实例选取 5 个，就可能有 5 个价格。

通过计算公式求取的若干个价格，可能不一定完全一致。但是我们要评估的地产的价格却只能有一个。求取最终的地产价格可采用统计学方法，如简单算术平均数法、加权算术平均数法、众数法、中位数法、混合法等。

【例 4-5】 待估地块为一商业用途的空地，面积为 600 平方米，要求评估其 2012 年 5 月的价格。现收集到与待估地块条件类似的三地块 A、B、C，具体情况如表 4-2 所示。

表 4-2　交易实例的有关情况

项目＼土地	A	B	C	待估地块
所处地区	繁华区	非繁华区	非繁华区	非繁华区
用地性质	商业	商业	商业	商业
土地类型	空地	空地	空地	空地
总价	25.5 万元	49 万元	43.5 万元	
单价	1 500 元/平方米	1 400 元/平方米	1 450 元/平方米	
交易日期	2011 年 10 月	2011 年 12 月	2012 年 1 月	2012 年 5 月
面积	168 平方米	350 平方米	300 平方米	600 平方米
形状	长方形	长方形	长方形	长方形
地势	平坦	平坦	平坦	平坦
地质	普通	普通	普通	普通
基础设施	完备	较好	较好	较好
交通通信状况	很好	很好	很好	很好
剩余使用年限	35 年	30 年	35 年	30 年

此外，还已知交易情况正常，自 2011 年以来，土地价格每月上涨 1%，折现率为 8%；交易实例 A 与待估地块处于同一地区，B、C 区域因素修正系数可以参照表 4-3 进行判断。

表 4-3 交易实例 B、C 的区域因素修正系数

项　目	B	分　值	C	分　值
自然条件	相同	10	相同	10
社会环境	相同	10	相同	10
街道条件	稍差	8	相同	10
繁华程度	稍差	7	稍差	7
交通便捷程度	稍差	8	稍差	8
规划限制	相同	10	相同	10
交通管制	相同	10	相同	10
离公交车站	稍远	7	相同	10
交通流量	稍少	8	稍少	8
周围环境	较差	8	相同	10
总计	—	86	—	93

根据以上资料，利用市场法对该地块进行评估。

1）交易情况修正。交易实例的交易情况均为正常交易，故无须修正。

2）交易时间修正。由于地价每月上涨 1%，故 A 从成交日 2011 年 10 月到评估基准日 2012 年 5 月，地价上涨 7%；交易实例 B 从交易期 2011 年 12 月到评估基准日 2012 年 5 月，地价上涨了 5%，交易实例 C 从交易期 2012 年 1 月到评估基准日 2012 年 5 月，地价上涨了 4%，所以有

交易实例 A 的交易时间修正系数=107÷100=1.07

交易实例 B 的交易时间修正系数=105÷100=1.05

交易实例 C 的交易时间修正系数=104÷100=1.04

3）区域因素修正。交易实例 A 与待评估地块处于同一地区，故无须做区域调整，其修正系数为 1。

交易实例 B 的区域因素修正系数=100÷86=1.163

交易实例 C 的区域因素修正系数=100÷93=1.075

4）个别因素修正。由于待评估地块面积大于 3 个交易实例地块，就商业用途而言，面积较大者有利于充分利用，待评估地块面积因素对地块价格的影响较交易实例高 3%，因此，

评估实例 A 的个别因素修正系数系数=103÷100=1.03

评估实例 B 的个别因素修正系数系数=103÷100=1.03

评估实例 C 的个别因素修正系数系数=103÷100=1.03

5）土地使用年限因素的修正。交易实例 B 与待估地块的剩余使用年限相同外，交易实例 A 和 C 均需作年限因素修正，修正系数计算如下：

$$交易实例A的年限修正系数=\frac{PVIFA_{8\%,30}}{PVIFA_{8\%,35}}=\frac{11.257\,8}{11.654\,6}=0.966$$

$$交易实例C的年限修正系数=\frac{PVIFA_{8\%,30}}{PVIFA_{8\%,35}}=\frac{11.257\,8}{11.654\,6}=0.966$$

6）计算待估土地的初步价格。

A=1 500×1×1.07×1×1.03×0.996=1 597（元/平方米）

B=1 400×1×1.05×1.163×1.03×1=1 761（元/平方米）

C=1 450×1×1.04×1.075×1.03×0.996=1 613（元/平方米）

7）利用算术平均数计算。

待估地块单位面积的评估值=(1 597+1 761+1 613)÷3=1 657（元/平方米）

待估地块总价的评估值=1 657×600=994 200（元）

4.2.4 剩余法在房地产评估中的应用

1．基本思路

剩余法又称假设开发法、倒算法或预期开发法。剩余法是将待估房地产的预期开发价值，扣除正常投入费用、正常税金及合理利润后，依据该剩余值测算待估房地产价格的方法。剩余法在评估待开发土地价值时运用得较为广泛。

运用该方法评估地价时，首先估算开发完成后不动产正常交易的价格，然后，扣除建筑物建造费用和与建筑物建造、买卖有关的专业费、利息、利润、税收等费用，以价格余额来确定待估土地价格。比如，作为一个房地产开发商，它购买这块土地进行开发的目的是将其出售赚取利润。因此，开发商就会根据规划部门对该地块的限制条件，如用途、容积率、绿地覆盖度、最高层数、朝向等，以及有关法律、法规的限制，来确定该块土地的最佳使用状况。然后根据目前的房地产市场状况，预测建筑完成后房地产售价，以及为完成这一开发所需花费的建筑费、设计费、相关税费、各类预付资本的利息和开发商应得的正常利润。开发商就知道了他可能为取得这块土地所支付的最高价格是多少。也就是说，这个最高价等于开发完成后的不动产价值扣除开发成本和相应利息、利润等之后的余额。

2．应用范围

（1）待开发土地的评估，用开发完成后的房地产价值扣除建造费和专业费等。

（2）将生地开发成熟地的评估。用开发完成后的熟地的价格减去土地开发费用。

（3）待拆迁改造的再开发土地的评估。这时的建筑费用还包括拆迁费用。

3．使用的前提

使用剩余法时需要有一个相应的社会经济环境保证，即有一个明确的、开放的和长远的房地产政策，有一套统一、严谨、健全的房地产法规，有一个完整、公开、透明的房地产资料库，有一个稳定、清晰、全面的有关房地产投资与交易的税费清单，有一个长远、公开、稳定的土地公供给计划。

4．计算公式

剩余法的计算公式的表示形式很多，但基本思路相似，可以表示如下：

地价＝总开发价值-开发费用-投资利息-开发者的合理利润-正常税费

现实中使用剩余法时，较具体的计算公式如下：

地价＝预期楼价-建筑费-专业费用-销售费用-利息-税费-利润

式中，利息＝(地价+建筑费用+专业费用)×利息率；利润＝(地价+建筑费用+专业费用)×利润率。

5．操作步骤

根据剩余法估价的基本思路，剩余法估价的程序如下。

(1)调查不动产的基本情况。

1)调查土地的限制条件，如土地政策的限制，城市规划、土地利用规划的制约等。

2)调查土地位置，掌握土地所在城市的性质及其在城市中的具体坐落，以及周围土地条件和利用现状。

3)调查土地面积大小和土地形状、地质状况、地形地貌、基础设施状况和生活设施状况以及公用设施状况等。

4)调查不动产利用要求，掌握城市规划对此宗地的规划用途、容积率、覆盖率、建筑物高度限制等。

5)调查此地块的权利状况，包括弄清权利性质、使用年限、能否续期，是否已设定抵押权等。这些权利状况对确定开发完成后的不动产价值、售价及租金水平有着非常密切的关系。

(2)确定待估不动产的最佳开发利用方式。根据调查的土地状况和房地产市场条件等，在城市规划及法律法规等限制所允许的范围内，确定地块的最佳利用方式，包括确定用途、建筑容积率、土地覆盖率、建筑高度、建筑装修档次等。在选择最佳的开发利用方式中，最重要的是选择最佳的土地用途。土地用途的选择，要与房地产市场的需求相结合，并且要有一定的预测。最佳的开发利用方式就是开发完成后销售时能获得最高的收益。

(3)预测房地产售价。根据所开发不动产的类型，对开发完成后的房地产总价，可通过两个途径获得。

1)对于出售的不动产，如居住用商品房、工业厂房等，可采用市场比较法确定开发完成后的不动产总价。

2)对于出租的不动产，如写字楼和商业楼宇等，其开发完成后不动产总价的确定，首先采用市场比较法，确定所开发不动产出租的纯收益，再采用收益还原法将出租纯收益转化为不动产总价。具体确定时需要估计以下几个要：单位建筑面积月租金或年租金，不动产出租费用水平，不动产还原利率，可出租的净面积。其中，租金水平可依据类似房地产而确定。

【例 4-6】 根据当前房地产市场的租金水平，与所开发不动产类似的不动产未来月租金纯收益为每建筑平方米 300 元，该类不动产的还原率为 8%，总建筑面积 5 000 平方米，出租率为 80%，计算所开发不动产的总价。

总价=300×12×5 000×80%×1/8%=18 000（万元）

（4）估算各项成本费用。

1）估算开发建筑成本费用。开发建筑成本费用（包括直接工程费、间接工程费、建筑承包商利润及由发包商负担的建筑附带费用等）可采用比较法来测算，即通过当地同类建筑物当前平均的或一般建造费用来测算，也可通过建筑工程概预算的方法来估算。

2）估算专业费用。专业费用包括建筑设计费、工程概预算费用等，一般采用建造费用的一定比率估算。

3）确定开发建设工期，估算预付资本利息。开发建设工期是指从取得土地使用权一直到不动产全部销售或出租完毕的这一段时期。根据等量资本要获取等量利润的原理，利息应为开发全部预付资本的融资成本，不仅是建造工程费用的利息，还应包括土地资本的利息。不动产开发的预付资本包括地价款、开发建造费、专业费和不可预见费等，即使这些费用是自有资金，也要计算利息。这些费用在不动产开发建设过程中投入的时间是不同的。在确定利息额时，必须根据地价款、开发费用、专业费用等的投入额、各自在开发过程中所占用的时间长短和当时的贷款利率高低进行计算。例如，预付地价款的利息额应以全部预付的价款按整个开发建设工期计算，开发费、专业费假设在建造期内均匀投入，则利息以全部开发费和专业费为基数，按建造期的一半计算。若有分年度投入数据，则可进一步细化。如建造期两年，第一年投入部分计息期为一年半，第二年投入部分计息期为半年等。开发费、专业费在建筑竣工后的空置及销售期内应按全额全期计息。

4）估算税金。税款主要指建成后不动产销售的营业税、印花税等，应根据当前政府的税收政策估算，一般以建成后不动产总价的一定比例计算。

5）估算开发完成后的不动产租售费用。租售费用主要指用于建成后不动产销售或出租的中介代理费、市场营销广告费用、买卖手续费等，一般以不动产总价或租金的一定比例计算。

（5）确定开发商的合理利润。开发商的合理利润一般以不动产总价或预付总资本的一定比例计算。投资回报利润的计算基数一般为地价、开发费和专业费三项，销售利润的计算基数一般为不动产售价。

【例 4-7】 有一宗“七通一平”的待开发建筑用地，土地面积为 2 000 平方米，建筑容积率为 2.5，拟开发建设写字楼，建设期为 2 年，建筑费为 3 000 元/平方米，专业费为建筑费的 10%，建筑费和专业费在建设期内均匀投入。该写字楼建成后即出售，预计售价为 9 000 元/平方米，销售费用为楼价的 2.5%，销售税费为楼价的 6.5%，当地银行年贷款利率为 6%，开发商要求的投资利润率为 10%，试估算该宗土地目前的单位地价和楼面地价。

1）确定评估方法。现已知楼价的预测值和各项开发成本及费用，可用剩余法评估，计算公式为：

地价=楼价−建筑费−专业费−利息−销售税费−利润

2）计算楼价。

楼价=2 000×2.5×9 000=45 000 000（元）

3）计算建筑费和专业费。

建筑费=3 000×2 000×2.5=15 000 000（元）

专业费=建筑费×10%=15 000 000×10%=1 500 000 （元）

4）计算销售费用和税费。

销售费用=45 000 000×2.5%=1 125 000（元）

销售税费=45 000 000×6.5%=2 925 000（元）

5）计算利润。

利润=（地价+建筑费+专业费）×10%=（地价+16 500 000）×10%

6）计算利息。

利息=地价×$[(1+6\%)^2-1]$+(15 000 000 +1 500 000)×$[(1+6\%)^1-1]$=0.123 6×地价+990 000

7）求取地价。

地价=45 000 000−16 500 000−1 125 000−2 925 000−0.1×地价−1 650 000−0.123 6×地价−990 000

地价=21 810 000÷1.223 6=17 824 452（元）

8）评估结果。

单位地价=17 824 452÷2 000=8 912（元/平方米）

楼面地价= 8 912−2.5=3 565（元/平方米）

4.2.5 路线价法在房地产评估中的应用

1．路线价法的含义

所谓路线价，是指对面临特定街道而接近距离相等的市街土地设定标准深度，求取的该标准深度的若干宗地的平均单价。路线价估价法是根据土地价值随距街道距离增大而递减的原理，在特定街道上设定单价，依此单价配合深度百分率表及其他修正率表，用数学方法来计算临接同一街道的其他宗地地价的一种估价方法。与市场法、收益法等估价方法相比，这种方法能对大量土地迅速估价，是评估大量土地的一种常用方法。

2．理论依据

路线价估价法认为市区各宗土地价值与其临街深度大小关系很大，土地价值随临街深度而递减。一宗地越接近道路部分价值越高，离开街道越远价值愈低。临接同一街道的宗地根据其地价的相似性，可划分为不同的地价区段。在同一路线价区段内的宗地，虽然地价基本相等，但由于宗地的深度、宽度、形状、面积、位置等仍有差异，地价相差很大，所以需制订各种修正率，对路线价进行调整。根据上述原理，路线价估价法的关键是标准宗地的确定、路线价的附设和深度修正率的确定。

3．适用范围

一般土地评估方法适用于单宗土地的评估，路线价法则适用于同时对大量土地进行评估，特别适用于土地课税、土地规划、征地拆迁等需要在大范围内对大量土地进行评估的场合。路线价估价结果的可信度，取决于路线价深度百分率及各种修正率的准确性。路线价法是否运用得当，还依赖于较为完整的道路系统和排列整齐的宗地及完善、合理的深度修正率表和其他条件修正率。

4．计算公式

路线价法的计算公式有不同的表现形式，下面是常用的一种表达式：

$$宗地总价=路线价\times深度百分率\times临街宽度$$

5．操作程序

路线价估价法的操作步骤主要包括以下内容。

（1）路线价区段划分。地价相等、地段相连的地段一般划分为同一路线价区段。路线价区段为带状地段，街道两侧接近性基本相等的地段长度称为路线段长度。路线价区段一般以路线价显著增减的地点为界。原则上街道不同的路段，路线价也不相同。如果街道一侧的繁华状况与对侧有显著差异，同一路段也可划分为两种不同的路线价。繁华街道有时需要附设不同的路线价，住宅区用地区位差异较小，所以住宅区的路线段较长，甚至几个街道路线段都相同。

路线价区段划分完毕，对每路线段求取该路线段内标准宗地的平均地价，附设于该路线段上。

（2）标准宗地的确定。路线价是标准宗地的单位价格，路线价的设定必须先确定标准宗地面积，标准宗地是指从城市一定区域中沿主要街道的宗地中选定的深度、宽度和形状标准的宗地。标准深度是指标准宗地的临街深度。临街深度是指宗地离开街道的垂直距离。标准宗地的面积大小随各国而异。美国为使城市土地的面积单位容易计算，把位于街区中间宽 1 英尺、深 100 英尺的细长形地块作为标准宗地。日本运用路线价估价法之初，正是旧东京市时代，依其土地交易行情，普通是以正街深度 5 间的平均单价为衡量标准。因此为了便于计算，日本旧复兴局规定原则上采取宽 1 间、深 5 间作为标准宗地。现在日本的标准宗地则改为宽 3.62 米、深 16.36 米的长方形土地。实际估价中的标准深度，通常是路线价区段内临街各宗土地深度的众数。

（3）路线价的评估。路线价的决定主要采取两种方法，第一种是由熟练的估价员依买卖实例，用市场法等一般市场地估价方法确定；第二种是采用路线价系数法或称评分方式，将形成土地价格的各种因素分成几种项目加以评分，然后合计，换算成附设于路线价上的点数。

第一种方法是各国通用的方法。根据选定的标准宗地的形状、大小评估标准宗地价格，根据标准宗地价格水平及街道状况、公共设施的接近情况、土地利用状况，划分地价区段，附设路线价。标准宗地价格计算适用宗地地价计算方法，如收益法、市场法等方法，或依市场买卖实例评定其价格。因此，对评价区域调查的买卖实例宗地，进行地价影响因素分析。实例宗地条件如果与标准宗地条件不同，应对不同条件部分进行因素修正，由此求得标准宗地的正常买卖价格。不同地段标准宗地价格应能反映区位差异，互相均衡。

（4）深度百分率表的制作。深度百分率又称深度指数。深度百分率表，又称深度指数表。深度百分率是地价随临街深度长短变化的比率。深度百分率表制作，是路线价法的难点和关键所在。路线价法在美国由来已久，长久以来根据丰富的实际资料，制订了各种路线价法则，著名的有四三二一法则、苏慕斯法则（克利夫兰法则）、霍夫曼法则等，英国有哈伯法则、爱迪生法则等。

（5）计算宗地价格。依据路线价和深度百分率及其他修工率表，运用路线价法计算公式，即可以计算得到宗地价格。

6．深度百分率表

临接同一街道的土地，路线价虽然相同，但由于宗地的宽度、深度、形状、面积不同，单位面积的价格不同。在影响地价的因素当中，深度对地价影响较大。现在假设有一临街宽度 m 米，深度 n 米的长方形宗地，每平方米平均单价为 A 元，则该宗地的总价格为 mnA 元，如图 4-1 所示。

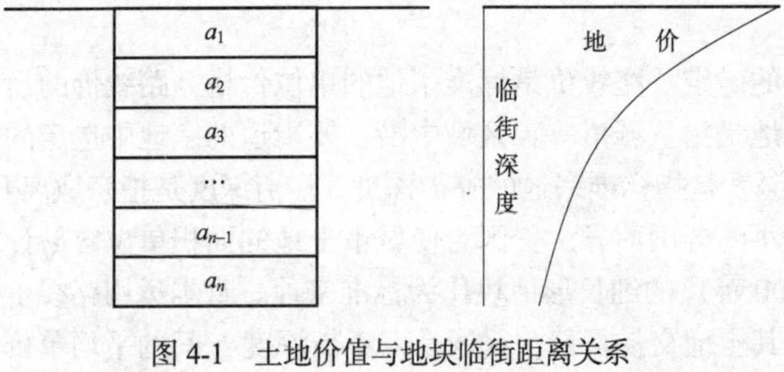

图 4-1 土地价值与地块临街距离关系

对图 4-1 中的宗地，沿道路的平行方向，将深度以某单位（在此设为 1 米）区分成 n 个细片土地，从临街方向起依次每片土地的单位面积价格为 $a_1,a_2,\ldots,a_n$，因为地块越接近道路，利用价值越高。虽然深度同为 1 米之差，但其地价不一样，即 a_1 与 a_2 之差最大，a_2 与 a_3 之差次之，依次缩小，参见图 4-1 土地价值与地块临街距离关系曲线。由此土地总价值如下：

$$mnA=ma_1+ma_2+\cdots+ma_{n-1}+ma_n$$

从而有

$$A=(a_1+a_2+\cdots+a_{n-1}+a_n)\div n$$

即土地单位面积价格等于各地块单位面积价格的面积加权平均值。如将各小地块单位面积价格以百分率表示，即为单独深度百分率。

深度百分率的表现形式有三种，分别为单独深度百分率、累计深度百分率和平均深度百分率。单独深度百分率呈递减现象，累计深度百分率呈递增现象，平均深度百分率呈递减现象。

单独深度百分率表现为：

$$a_1>a_2>a_3>\cdots>a_n$$

累计深度百分率表现为：

$$a_1<a_1+a_2<a_1+a_2+a_3<\cdots<a_1+a_2+\cdots+a_n$$

一般来说，将标准深度的平均深度百分率设为 100%，平均深度百分率与累计深度百分率之间的关系就表现为：

平均深度百分率=累计深度百分率×标准深度÷宗地深度

制作深度百分率表，要考虑确定标准深度、确定级距、确定单独深度百分率、根据需要采用累计或平均深度百分率。

根据深度百分率表制作要求，以标准宗地的平均深度百分率（平均单价），作为 100%，将单独深度百分率、平均深度百分率、累计深度百分率综合制成一表，即得到深度百分率表。下面以“四三二一”法则为例来说明深度百分率表的制作方法。

【例 4-8】标准深度为 100 英尺的宗地，每 25 英尺其单独深度百分率为 40%、30%、20%、10%、9%、8%、7%、6%，求出其深度百分率，如表 4-4 所示。

表 4-4　深度百分率

深度（英尺）	25	50	75	100	125	150	175	200
单独深度百分率（%）	40	30	20	10	9	8	7	6
累计深度百分率（%）	40	70	90	100	109	117	124	130
平均深度百分率（%）	160	140	120	100	87.5	78	70.8	65.2

累计、平均深度百分率计算示例。

50 英尺的累计深度百分率等于 25 英尺的单独深度百分率加上 50 英尺的单独深度百分率，即 40%+30%=70%。

50 英尺平均深度百分率等于 50 英尺累计深度百分率乘以标准深度 100 英尺，再除以 50 英尺，即 50 英尺平均深度百分率=70%×100÷50=140%。

其他以此类推，即可得到。

7. 几个路线价法则介绍

欧美很早就将路线价法应用于课税上，这里主要介绍欧美著名的几种路线价法则。

（1）四三二一法。四三二一法则（4-3-2-1 Rule）是将标准深度 100 英尺的普通临街地，与街道平行区分为四等分，即由临街面算起，第一个 25 英尺的价值占路线价的 40%，第二个 25 英尺的价值占路线价的 30%，第三个 25 英尺的价值占 20%，第四个 25 英尺的价值为 10%；如果超过 100 英尺，则需九八七六法则来补充。即超过 100 英尺的第一个 25 英尺价值为路线价的 9%，第二个 25 英尺为 8%，第三个 25 英尺的为 7%，第四个 25 英尺为 6%。应用四三二一法则估价，简明易记，但因深度划分过分粗略，故会有估价不准确的现象。

（2）苏慕斯法则。苏慕斯法则（Somer Rule）是由苏慕斯根据其多年实践经验，并经对众多的买卖实例价格调查比较后创立的。苏慕斯经过调查证明，100 英尺深的土地价值，前半临街 50 英尺部分占全宗地总价 72.5%，后半 50 英尺部分占 27.5%，若再深 50 英尺，则该宗地所增的价值仅为 15%。其深度百分率即在这种价值分配原则下所拟定。由于苏慕斯法则在美国俄亥俄州克利夫兰市应用最著名，因此一般将其称为克利夫兰法则（Clevpland Rule）。

（3）霍夫曼法则。霍夫曼法则（Hoffman Rule）是 1866 年纽约市法官霍夫曼所创造的，它是最先被承认对于各种深度的宗地估价的法则。霍夫曼法则认为，深度 100 英尺的宗地，最初 50 英尺的价值应占全宗地价值的 2/3。在此基础上，则深度 100 英尺的宗地，最初的 25 英尺等于 37.5%，最初的一半，即 50 英尺等于 67%，75 英尺等于 87.7%.101 英尺等于 100%。

在霍夫曼之后，有尼尔修正霍夫曼法则，由此创造所谓霍夫曼-尼尔法则（Hoffman-Neil Rule）。

（4）哈伯法则。哈伯法则（Harper Rule）创设于英国，是一种算术法则。其理论根据是一宗土地的价值与其深度的平方根成正比，即深度百分率为 100 英尺的深度平方根的十倍，即

$$深度百分率=10\times\sqrt{深度}\%$$

例如，一宗深度为 50 英尺土地价值，即相当于 100 英尺深土地价值的 70%[$(10\times\sqrt{50})\%$]。但标准深度不一定为 100 英尺，所以经修订的哈伯法则认为：

$$深度百分率=\frac{\sqrt{所给深度}}{\sqrt{标准深度}}\times100\%$$

【例 4-9】现有临街宗地 A、B、C、D、E、F，深度分别为 25 英尺、50 英尺、75 英尺、100 英尺、125 英尺和 150 英尺，宽度分别为 10 英尺、10 英尺、20 英尺、20 英尺、30 英

尺和 30 英尺。路线价为 2 000 元/英尺，设标准深度为 100 英尺，试运用四三二一法则计算各宗土地的价格。

$$A=2\ 000\times0.4\times10=8\ 000\text{（元）}$$

$$B=2\ 000\times0.7\times10=14\ 000\text{（元）}$$

$$C=2\ 000\times0.9\times20=36\ 000\text{（元）}$$

$$D=2\ 000\times1.0\times20=40\ 000\text{（元）}$$

$$E=2\ 000\times(1.0+0.09)\times30=65\ 400\text{（元）}$$

$$F=2\ 000\times(1.0+0.09+0.08)\times30=70\ 200\text{（元）}$$

4.2.6　基准地价修正系数法在房地产评估中的应用

1．基准地价修正系数法的基本思路

基准地价修正系数法是利用当地政府按级别制定的基准地价和基准地价修正系数表为基础，按照替代原则，将待估宗地的区域条件和个别条件等与其所处区域的平均条件相比较，并对照修正系数表选取相应的修正系数对基准地价进行修正，从而求取待估宗地在估价期日价格的方法。

基准地价修正系数法的基本原理是替代原理，即在正常的市场条件下，具有相似土地条件和使用功能的土地，在正常的房地产市场中，应当具有相似的价格。基准地价是某级别或均质地域内分用途的土地使用权平均价格。基准地价相对应的土地条件，是土地级别或均质地域内该类用途土地的平均条件。因此，通过待估宗地条件与级别或区域内同类用地平均条件的比较，并根据二者在区域条件、个别条件、使用年期、容积率和价格期日等方面的差异大小，对照因素修正系数表选取适宜的修正系数，对基准地价进行修正，即可得到待估宗地地价。

2．基准地价修正法的计算公式

宗地地价=基准地价×区域因素修正系数×个别因素修正系数×
年期修正系数×期日修正系数×容积率修正系数

3．基准地价修正系数法的适用范围

（1）适用于完成基准地价评估的城镇的土地估价，即该城市具备基准地价成果图和相应修正体系成果。

（2）基准地价修正系数法可在短时间内大批量进行宗地地价评估，因此，可快速方便地进行大面积的数量众多的土地价格评估。

（3）基准地价修正系数法估价的精度取决于基准地价及其修正系数的精度，因此，该方法一般在宗地地价评估中不作为主要的评估方法，而作为一种辅助方法。

4．基准地价修正系数法估价的程序

（1）收集、整理土地定级估价成果资料。土地定级估价资料是采用基准地价修正系数法评估宗地地价必不可少的基础性资料。在估价前必须收集当地土地定级估价的成果资料，主要包括土地级别图、基准地价图、样点地价分布图、基准地价表、基准地价修正系数表和相应的因素条件说明表等，并归纳、整理和分析，作为宗地估价的基础资料。

（2）确定修正系数表。根据待估宗地的位置、用途、所处的土地级别、所对应的基准地价，确定相应的因素条件说明表和因素修订系数表，以确定地价修订的基础和需要调查的影响因素项目。

（3）调查宗地地价影响因素的指标条件。按照与待估宗地所处级别和用途相对应的基准地价修正系数表和因素条件说明表中所要求的因素条件，确定宗地条件的调查项目，调查项目应与修订系数表中的因素一致。

宗地因素指标的调查，应充分利用已收集的资料和土地登记资料及有关图件，不能满足需要的，应进行实地调查采样，在调查基础上，整理归纳宗地地价因素指标数据。

（4）制定待估宗地因素修正系数。根据每个因素的指标值，查对相对应用途土地的基准地价影响因素指标说明表，确定因素指标对应的优劣状况；按优劣状况再查对基准地价修正系数表，得到该因素的修正系数。对所有影响宗地地价的因素都同样处理，即得到宗地的全部因素修正系数。

（5）确定待估宗地使用年期修正系数。基准地价对应的使用年期，是各用途土地使用权的最高出让年期，而具体宗地的使用年期可能各不相同，因此必须进行年期修正。土地使用年期修正系数可按下式计算：

$$y=\frac{1-\dfrac{1}{(1+r)^m}}{1-\dfrac{1}{(1+r)^n}}$$

式中，y 为宗地使用年期修证系数；r 为土地还原率；m 为待估宗地可使用年期；n 为该用途土地法定最高出让年期。

（6）确定期日修正系数。基准地价对应的是基准地价评估期日的地价水平，随时间迁移，土地市场的地价水平会有所变化，因此必须进行期日修正，把基准地价对应的地价水平修证到宗地地价评估期日。期日修正一般可以根据地价指数的变动幅度进行。

（7）确定容积率修正系数。这是一个非常重要的修正系数。基准地价对应的是该用途土地在该级别或均质地域内的平均容积率，各宗地的容积率可能各不相同，同时容积率对地价的影响也非常大，并且在同一个级别区域内，各宗地的容积率也可能差异很大，因此，一定要重视容积率的修正。也就是说，必须将区域的平均容积率下的地价水平修正到宗地实际容积率水平下的地价。

（8）评估宗地地价。依据前面的分析和所计算得到的修正系数，求算出待估宗地的地价水平。

4.3　建筑物评估

本章主要以建筑物中的房屋为对象说明评估思路、评估程序、评估技术等，不包含其占用范围内的土地使用权。

4.3.1　建筑物及其分类

1．建筑物

通常所说的建筑物包括建筑物和构筑物两大类。建筑物是指供人居住、生产、工作、学习和进行其他社会活动，以及储藏物品等的工程建筑，一般由基础、墙、门、窗、柱和屋顶等主要构件组成；构筑物则是指建筑物以外的工程建筑，如道路、水坝、水井、隧道、水塔、桥梁等。

2．建筑物的分类

为了便于建筑物的评估，我们将其按两种标准进行分类。

（1）按经济用途分类。按建筑物的经济用途分类，大致可划分为商业建筑、工业建筑、住宅、公共设施、公共建筑等。按经济用途的不同将建筑物划分若干种类的目的在于，不同用途的建筑物，其获利能力及影响市场价值的因素各不相同，对土地使用权的效用发挥影响也不同，在评估时应充分考虑这两点。

（2）按结构材料分类。建筑物结构材料基本上决定了建筑物的使用性能、使用寿命，以及构建成本等建筑物估价中的重要参数。掌握或基本掌握建筑物的结构材料是建筑物评估的基本要求。建筑物按其结构材料大致可分为如下几类：

1）钢结构。钢结构建筑物是指其承重构件（如梁、柱、房架等）由钢材制作。

2）钢筋混凝土结构。这是指建筑物的承重构件均以钢筋混凝土建造。

3）混合结构。混合结构还可细分为砖混结构和砖木结构等。其承重构件是由钢筋混凝土和砖以及砖和木材制作。

4）其他结构。凡不属于上述结构的建筑物都归此类，如竹结构、窑洞等。

4.3.2　建筑物在估价时需考虑的基本因素

建筑物在估价时需考虑的因素主要着眼于建筑物本身，以及与建筑物密不可分的部分，目的在于使评估人员进一步认识建筑物。从估价的角度看待建筑物，至少以下因素不可忽视。

（1）坐落位置。建筑物的坐落位置对建筑物的评估值影响很大。如果建筑物与其所占土地一并评估，坐落位置因素可在土地评估中考虑，而不必在建筑物评估中考虑。

（2）面积。这里包括建筑物占地面积和建筑物的自身面积。占地面积应在土地评估中予以考虑，建筑物面积则要注意其计算口径和内容，如建筑面积、使用面积、营业面积等。不同用途的建筑物，以及采用不同方法评估建筑物都应注意建筑物面积的口径和内容。

（3）用途。某一具体建筑物的用途可能是单一的，也可能是综合性的。评估时要注意建筑物用途，尤其是要注意建筑物用途的面积分配和楼层分配。

（4）建筑结构。

（5）建筑高度。注意待估建筑物的高度与城镇规划要求是否冲突。

（6）附属设施。附属设施的完善程度会影响建筑物主体功能的发挥。同时，附属设施的耐用年限与建筑物主体的耐用年限也可能存在差异，在计算成新率等指标时需注意这种差别。

（7）装修质量和水平。

（8）建成时间。

（9）外观。

（10）平面格局。

（11）产权。产权包括建筑物的所有权、使用权、使用权年限等。在评估时要特别注意建筑物产权是否受到限制，如是否已做抵押、担保、出租等以及是否有产权纠纷。

（12）其他。如建筑物的质量、适用性、建筑风格与城市的总体风格的吻合程度等其他因素。

4.3.3 建筑物评估的特点

作为一类评估对象，从评估的特殊性角度看，建筑物评估有其自身的特点。

1. 房地合一评估与房地分估

建筑物作为土地的地上主导“产品”，是不可以脱离土地而独立存在的。尽管我们在概念上划分了土地和建筑物，而实际上建筑物永远是与其所占用的土地在一起的，在许多场合下土地和建筑物是要合在一起评估的，尤其是商业用房、住宅等。但是，从资产评估的角度，有时也要把建筑物（主要是建筑物中的房屋）与其所占用的土地分开。分别评估土地资产和建筑物，以便准确、合理地评定地产价值和建筑物价值，避免出现由于地用性质不合理，以及占地面积不合理而造成地产价值估价失实和建筑物估价失真的情况。例如，对市中心商业繁华区内的非商业性建筑物进行评估，假如不采取房地分估的方式，极易导致低评该建筑物所占地块的价值。又如，评估 3 000 平方米厂区的唯一一幢 300 平方米的生产用厂房，假如不采用房地分估的方式，极易高评厂房的价值，等等。

2. 建筑物产权受土地使用权年限的制约

建筑物续存期虽然不能说是永续的，但是建筑物一经建成，其寿命也可达几十年甚至上百年。由于我国城镇土地使用权是有限期的，且政府规定土地使用权期满土地使用权及其地上建筑物、其他附着物所有权由国家无偿取得。这样，在评估建筑物的时候，我们不仅要注意房地分估的一面，同时又必须注意建筑物的耐用年限与土地使用权年限的吻合程度，并且只能以土地使用权剩余年限为准来估价建筑物的价值。即使建筑物的坐落位置、建筑结构、建筑风格都很好，如果建筑物所占地的使用权剩余年限极其有限，该建筑物的市场价值也要大打折扣。

3．单独评估地上建筑物可以采用重置成本法

单独评估地上建筑物可以采用重置成本法的理由如下：

（1）地上建筑物是劳动产品，从构建建筑物的投资角度及建造费用的角度评价建筑物的市场价值，在理论上是说得通的，在实际中也是可行的。

（2）地上建筑物不能脱离土地而独立存在，如果在房地产评估中采取房地分估的原则，影响房和地的市场价值的一些共同因素，在地产估价时大多已经考虑了，如地理位置、用途、环境等，那么在建筑物评估时就不应重复考虑。这样，就为采用重置成本法评估建筑物创造了条件。

基于上述理由，在单独评估地上建筑物时可以选用重置成本法。

4．建筑物评估应在合法的前提下进行

政府关于房地产方面的法令和政策是比较多的，例如：

（1）政府基于公共利益可限制某些房地产的使用，包括规定建筑用途、容积率、覆盖率等。

（2）政府为满足社会公共利益的需要，可以对任何房地产实行强制征用或收买。因此，建筑物评估应充分考虑政府法规政策因素，要在合法的前提下进行。

以上对建筑物评估的特点所作的归纳只是一种原则性的，而不是绝对意义上的。这里主要是从建筑物作为一个独立存在对象的角度来说的。其实现实中并不排除建筑物与其占用的土地一并评估，以及建筑物随同整体企业一并评估的可能。另外，建筑物产权受土地使用权年限的限制，也不能排除土地使用权出让年限续展的可能。最后，采用重置成本法评估建筑物只是一种选择。在有条件的情况下，选择市场比较法、收益现值法等其他方法进行评估可能也不错。

4.3.4　建筑物评估中的成本法

建筑物评估中的成本法是基于建筑物的再建造费用或投资的角度来考虑，通过估算出建筑物在全新状态下的重置成本，再扣减由于各种损耗因素造成的贬值，最后得出建筑物的评估值。建筑物评估中的成本法主要涉及四个基本要素（当然对某一具体建筑物在评估过程中并不一定四个要素都能涉及），即建筑物的重置成本、实体有形损耗、功能性贬值和经济性贬值。

1．建筑物价格的构成（重置成本构成）

由于建筑物不可能脱离土地而独立存在，它总是建筑在土地之上。因此，这里所列的建筑物价格构成包括了土地部分。当然，从中剔除属于土地的重置成本后，即可获得属于建筑物的成本。在评估中不能重复计算，当然也不可漏评。

建筑物价格构成项目及主要内容如下。

（1）土地取得费。土地取得费用属于地价的组成部分，具体是指企业以受让方式取得土地使用权所支付的价款（出让金和有关费用），或企业以划拨方式取得土地使用权所支付的征地拆迁及各种补偿费用。

（2）前期工程费。

1）规划和可行性研究费，按各地现行定额计算。

2）场地临时用水、电、路和场地平整费，通常按实际工程量估算。

3）测量、勘察、设计费，按定额计算。

（3）建筑安装工程费。

1）建安工程费。是按建筑安装工程预算定额计算的工程造价，包括定额系数调整和主要建筑材料差价。

2）工程附加支出。包括招投标费、工程预算编制和审计费、质量监督费、竣工质检费等。

（4）配套费。具体指各地对投资建设收取的各项费用，包括供水、供电、供气、通信、排水、排污、道路、绿化等配套工程费用。

（5）建设期利息。建设期利息要按额定的工期、平均投入资金及适当的贷款利率估算。

（6）建设单位管理费。建设单位管理费通常按建安工程费的一定比例估算。

（7）税金。税金是指在房屋开发建设过程中需交纳的各种税项，如营业税、固定资产投资方向调节税，以及其他国家规定的税费。

（8）利润。指房屋开发建设企业应得的正常利润。

2. 建筑物重置成本的测算方法

测算建筑物重置成本有许多方法，这里就较常用的方法概要地进行介绍。

（1）重编预算法。此法是按工程预算的编制方法，对待估建筑成本构成项目重新估算其重置成本。具体地说，就是根据待估建筑物工程竣工图纸，或者按评估要求绘制工程图，按照编制工程预算方法，计算工程直接费用，再按现行标准计算间接成本，二者相加后得计算出建筑物重置成本。此法的数学表达式如下：

$$\begin{matrix}\text{建筑物}\\\text{重置成本}\end{matrix}=\sum\left[\left(\begin{matrix}\text{实际}\\\text{工程量}\end{matrix}\times\begin{matrix}\text{现行单价}\\\text{或定额}\end{matrix}\right)\times\left(1+\begin{matrix}\text{工程}\\\text{费率}\end{matrix}\right)+(-)\begin{matrix}\text{材料}\\\text{差价}\end{matrix}\right]+\begin{matrix}\text{按现行标准计算}\\\text{的各项间接成本}\end{matrix}$$

就建筑物投入价值的角度来说，用这种方法估算其重置成本，准确性相对比较高。但是，此法所需的技术经济资料较多，而且费时、工作量大。因此，此法的适用范围，一是测算建筑物更新重置成本。因为此法是以采用新设计、新技术、新材料、新工艺为基础测算，评估思路及所用经济技术参数符合评估更新重置成本的要求；二是构造比较简单的建筑物，如道路、围墙、设备基础、非标构架等建筑物评估。评估这些建筑物，重编预算法的工作量不会太大。

（2）预决算调整法。此法是以待估建筑物决算中的工程量为基础，按现行工程预算价格、费率将其调整为按现价计算的建筑工程造价，再加上间接成本，估算出建筑物重置成本。运用这种方法不需要对工程量进行重新计算，它是以建筑物原工程量是合理的为假设前提。所以只需对建筑物预算价格及费率用评估基准日时的标准取代建筑物购建时的标准，计算出调整后的工程决算造价，再加上按评估基准日现行标准计算的间接成本即可。

这种方法相对于重编预算法效率更高一些。但是，此法要求委托方必须能够提供比较完整的建筑物工程预决算资料。这种方法主要适用于：其一，不宜采用价格指数调整法，以及因缺乏参照物而无法运用类比法的建筑物评估；其二，用途结构大致相同相似，且数量较多的建筑物评估。这样可以通过选择若干有代表性的典型建筑物按此法评估得出其重置成本，然后以估测出的典型建筑物的重置成本与该建筑物原决算价格比较求出一个调整系数推算其他相同相似建筑物重置成本。当然也可以采用预决算调整法测算出的典型建筑物的重置成本，通过典型建筑物与其他相同、相似建筑物进行类比分析，在典型建筑物重置成本的基础上，调整差异，推算出其他建筑物的重置成本。预决算调整法的基本步骤如下。

1）取得完整的工程竣工决算、竣工图及竣工验收文件等资料，根据分项分部工程项目按基准日的工程预算价格、材料市场价格、间接费率等计算出建筑物的工程造价。

2）根据国家和地方规定的税费标准和实际情况计算出间接成本。

3）将估算出的建筑物工程造价加上间接成本，作为建筑物的重置成本。

（3）价格指数调整法。价格指数调整法是指根据待估建筑物的账面成本，运用建筑业产值价格指数或其他相关价格指数推算出建筑物重置成本的一种方法。价格指数法由于方法本身的缘故，在推算待估建筑物重置成本的准确性方面略显不足。对于大型、价高的建筑物一般不宜采用此法。此法一般只限使用于单位价值小、结构简单，以及运用其他方法有困难的建筑物的重置成本估算。另外，待估建筑物账面成本不清、不实的，也不宜采用此法。

价格指数法能否运用好，除了委托方要提供可靠的待估建筑物账面成本外，关键在于价格指数的选择和价格变动指数的计算上。对于价格指数的选择，可参考建筑业产值价格指数，该指数基本上能反映出建筑产品价格变化的趋势。而价格变动指数的计算则要注意所选择的价格指数在所选期间每年公布的是定基价格指数，还是环比价格指数。不同性质的价格指数，在计算价格变动指数时方法有所不同。

1）对于定基价格指数，价格变动指数应按如下公式计算：

$$\text{价格变动指数}=\frac{\text{评估时点价格指数}}{\text{建筑物购建时的价格指数}}\times 100\%$$

2）对于环比价格指数，价格变动指数应按如下公式计算：

$$X=(1+a_1)(1+a_2)(1+a_3)\cdots(1+a_n)\times 100\%$$

式中，X 为价格变动指数；a 为从建筑物竣工年度后第 n 年至评估基准日年度的各年环比价格指数。

价格指数调整法用数学式表达为：

$$重置成本=账面原值\times 价格变动系数$$

【例 4-10】某企业一简易仓库，账面价值为 200 000 元，建筑面积为 1 000 平方米，竣工于 2006 年年底。要求估算 2011 年年底该仓库的重置成本。

经查询，企业所在地区建筑业产值价格环比指数分别为：2007 年 11.7%，2008 年 17%，2009 年 30.5%，2010 年 6.9%，2011 年 4.8%。

1）计算价格变动指数。

$$X=(1+11.7\%)\times(1+17\%)\times(1+30.5\%)\times(1+6.9\%)\times(1+4.8\%)\times 100\%=191\%$$

2）估算仓库重置成本。

$$重置成本=200\ 000\times 191\%=382\ 000（元）$$

3. 建筑物有形损耗率及成新率的测算

建筑物有形损耗率和成新率的测算主要采用使用年限法和打分法。

（1）使用年限法。使用年限法是指利用建筑物的实际已使用年限占建筑物耐用年限的比率作为建筑物有形损耗率，或以估测出的建筑物尚可使用年限占建筑物耐用年限的比率作为建筑物的成新率。

$$建筑物有形损耗率=\frac{建筑物实际已使用年限}{建筑物实际已使用年限+建筑物尚可使用年限}\times 100\%$$

$$建筑物成新率=\frac{建筑物尚可使用年限}{建筑物实际已使用年限+建筑物尚可使用年限}\times 100\%$$

运用使用年限法的关键在于，测定一个较为合理的建筑物尚可使用年限。关于各类建筑物的耐用年限，目前国家尚无统一的标准，这对估测建筑物的尚可使用年限不能不说是一种困难。这就要求评估人员需要有相当丰富的实践经验，结合国家以前曾制定过的固定资产折旧年限等数据，根据待评建筑物的实际状态和维修保养状况，估算待评建筑物的尚可使用年限。

（2）打分法。打分法是指评估人员借助于建筑物成新率的评分标准，包括建筑物整体成新率评分标准，以及按不同构成部分的评分标准进行对照打分，得出或汇总得出建筑物的成新率。

建筑物成新率评分标准可参考和借鉴原城乡建设环境保护部于 1984 年 11 月 8 日颁发的《房屋完损等级评定标准》。根据上述标准，按房屋的结构、装修、设备等组成部分的完好程度，划分为 5 个等级，如表 4-5 所示。

表 4-5　房屋评定部位内容、完损等级和成新率一览表（参考数据）

部位内容			完损等级	实体成新率
结　构	装　修	设　备		
地基基础	门窗	厨卫	完好房	80% ~ 100%
承重构件	外抹灰	电气	基本完好房	60% ~ 79%
非承重构件	内抹灰	暖气	一般损坏房	40% ~ 59%
屋面	顶棚	特种设备	严重损坏房	40%以下
楼地面	细部装修		危房	残值

用打分法估测建筑物的成新率可参照下列公式进行：

$$成新率=（结构部分合计得分\times G+装修部分合计得分\times S+设备部分合计得分\times B）\div 100\times 100\%$$

式中，G 为结构部分的评分修正系数；S 为装修部分的评分修正系数；B 为设备部分的评分修正系数。

不同类型房屋成新率的评分修正系数详见表 4-6（仅供参考）。

表 4-6　建筑物各部分修正系数

项　目	钢筋混凝土结构			混合结构			砖木结构			其他结构		
	结构部分（G）	装修部分（S）	设备部分（B）	结构部分（G）	装修部分（S）	设备部分（B）	结构部分（G）	装修部分（S）	设备部分（B）	结构部分（G）	装修部分（S）	设备部分（B）
单层	0.85	0.05	0.1	0.7	0.2	0.1	0.8	0.15	0.05	0.87	0.1	0.03
第 1 ~ 3 层	0.8	0.1	0.1	0.6	0.2	0.2	0.7	0.2	0.1			
第 4 ~ 6 层	0.75	0.12	0.13	0.55	0.15	0.3						
第6层以上	0.8	0.1	0.1									

【例 4-11】有一栋钢筋混凝土 5 层框架楼房，经评估人员现场打分，结构部分得分为 80 分，装修部分得分为 70 分，设备部分得分为 60 分。修正系数 G=0.75，S=0.12，B=0.13。计算该楼房的成新率。

$$成新率=(80\times 0.75+70\times 0.12+60\times 0.13)-100\times 100\%=76.2\%$$

4．建筑物功能性贬值的分析测算

建筑物功能性贬值是指由于建筑物用途、使用强度、设计、结构、装修、设备配备等不合理造成的建筑物功能不足或浪费形成的价值损失。

（1）建筑物用途和使用强度不合理。建筑物用途与使用强度不合理是相对于其所占用的土地的最佳使用而言的。如果出现了建筑物用途及使用强度与其占用土地的最佳使用不一致的时候，土地的最佳效用没有发挥出来，土地的价值就没有得到充分实现。但是，在资产评估中，土地使用权的评估通常是按其最佳用途为依据进行的，对土地与建筑物用途不协调所造成的价值损失一般以建筑物的功能性贬值体现。有时当建筑物的用途、使用强度等与其占用的土地的最佳使用严重冲突的时候，甚至可能出现建筑物的功能性贬值超过了它的剩余的价值。例如，繁华商业区内的低矮非商业用建筑物的功能性贬值可能就会很大，以至于出现建筑物部分的价值为负值，即建筑物不仅没有价值，反而由于拆迁还要扣减土地使用权的一部分价值。关于建筑物用途及使用强度与其占用土地最佳使用不一致、不协调形成的功能性贬值的量，从理论上讲，相当于建筑物所占用土地的现实用途与其最佳使用之间的价值差。当然在具体测算建筑物由于用途、使用强度形成的功能性贬值时，还要考虑建筑物是连同土地一并评估，即房地合一评估，还是房地分估合一，再来分析判定其功能性贬值。

（2）建筑物设计和结构上的缺陷。建筑物的设计以及结构上的缺陷，将导致建筑物不能充分发挥其应有的功能和最大限度地发挥其效用。不合理的设计及结构可能出现建筑物面积较大而有效使用面积却与建筑面积不成比例，从而影响了建筑物的有效利用。建筑物有效使用面积与其建筑面积的比例低于正常建筑物有效使用面积与其建筑面积的比例部分所形成的价值损失，是建筑物功能性贬值的表现。

（3）建筑物的装修、设备与其总体功能的不协调。建筑物的装修、设备与其总体功能的不协调也会造成建筑物的功能性贬值。尤其是建筑物豪华装修和设备超标准安装使用，在建筑物使用价值增加不明显的情况下，往往形成建筑物局部功能浪费，其部分价值无法实现。

无论是哪种原因形成的建筑物功能性贬值，在测算过程中都要与建筑物重置成本测算及成新率测算一并统筹考虑，避免重复考虑和漏评现象的出现。

5．建筑物经济性贬值的分析测算

建筑物经济性贬值是指由于外界条件的变化而影响了建筑物效用的发挥，导致其价值贬损。从现象上看，建筑物出现经济性贬值，一般都伴随着利用率下降，如商业用房的空房率增加、出租面积减少，工业用房大量闲置等。从建筑物出现经济性贬值所造成的后果看，最终都会导致建筑物的收益下降。所以，在测算建筑物经济性贬值时，可参照下列公式进行：

$$经济性贬值=建筑物年收益损失额\div 正常资产收益率$$

或

$$经济性贬值=\sum_{i=1}^{n} R_i(1+r)^{-1}$$

式中，R_i 为第 i 年的建筑物年收益净损失额；R 为折现率；N 为预计建筑物收益损失持续的时间，通常以年为单位。

【例 4-12】某房地产建筑面积为 2 000 平方米，占地为 1 000 平方米，建筑物于 2005 年年底建成，2010 年年底进行评估。建筑物账面价值为 400 万元，该城市建筑业价格指数以 2005 年为 100，则 2010 年为 120。建筑物尚可使用 35 年，该地区土地价格在评估基准日为 1 500 元/平方米。评估人员认为建筑物的功能性贬值为 40 万元，主要是由于设计不合理，需改建，不存在经济性贬值。用成本法评估该房地产的价值。

建筑物的重置成本=400×1.2=480（万元）

成新率=35÷(35+5)×100%=87.5%

土地价值=1 500×1 000=1 500 000（元）=150（万元）

建筑物价值=480×87.5%–40=380（万元）

4.3.5 建筑物评估中的残余法

建筑物残余估价法从评估原理的角度属于收益还原法的一种。建筑物残余估价法是指建筑物与其基地合并计算收益，在用收益还原法以外的方法能求得土地的价格时，从建筑物及其基地所产生的收益中，扣除归属于基地的纯收益，即可得到归属于建筑物的纯收益，再用建筑物的还原利率还原，便可得到建筑物的评估价。在计算属于土地的纯收益时，一般是以市场比较法或成本逼近法等求得土地价格后，乘以土地的还原利率便可得到。

这种方法适用于其他方法难以准确判断土地或建筑物的价格的情况。例如，当建筑物的用途、使用强度与土地的最佳使用不尽一致的时候，需判断因建筑物的存在而导致土地市值的减值幅度，用其他方法很难做出准确的判断。此时运用建筑物残余估价法可以给出一个比较合理的说明。

这种方法的运用要求被评估对象能获得正常收益，即只有有客观收益的房地产才能运用建筑物残余估价法。另外，运用建筑物残余估价法还要求建筑物的用途、使用强度及使用状态等与土地的最佳使用不能严重背离。例如，在建筑物已濒临倒塌，建筑物容积率过低，租金收入或收益极低，以致房地合一的租金收入难以满足土地对其纯收益的要求时，采用建筑物残余法估价建筑物市值是比较困难的。

建筑物残余估价法用公式表示如下：

$$B=\frac{a}{r+d}\left[1-\frac{1}{(1+r+d)^n}\right]$$

式中，B 为建筑物的收益价格；r 为建筑物的还原利率；d 为建筑物的折旧率；a 为建筑物的纯收益。

【例 4-13】某砖混结构单层住宅，宅基地 300 平方米，建筑面积 200 平方米，月租金 3 000 元，土地还原利率为 7%，建筑物还原利率为 8%，建筑物评估时的剩余使用年限为 25 年，取得租金收入的年总费用为 7 600 元，土地使用权价格为 1 000 元/平方米。用建筑物残余估价法评估该住宅建筑物的价格。

年房租收入=3 000×12=36 000（元）

年总费用=7 600（元）

$$年总纯收益=36\,000-7\,600=28\,400（元）$$

$$土地的年纯收益=1\,000\times300\times7\%=21\,000（元）$$

$$建筑物的年纯收益=28\,400-21\,000=7\,400（元）$$

$$建筑物折旧率=1/25\times100\%=4\%$$

$$建筑物价格=7\,400\div(8\%+4\%)\times[1-1\div(1+12\%)^{25}]=61\,667\times0.941\,2=58\,041（元）$$

$$建筑物每平方米的价格=58\,041\div200=290.2（元）$$

4.3.6 建筑物评估中的市场比较法

建筑物评估的市场比较法因参照物选取的不同有多种情形。以市场上相同或类似建筑物的交易价格作为参照，经必要的调整修正来确定待估建筑物的价格，是市场比较法的基本评估思路。具体要求与做法参见土地使用权评估中的市场比较法部分，这里不再就基本思路和内容重复说明。这里只简单介绍市场房价对照法和单位造价调整法。

1. 市场房价对照法

市场房价对照法是市场比较法在估算建筑物价格时的一种具体运用。它要求首先必须掌握与被评估建筑物相同或相似的建筑物的市场价格，以已知市场价格的建筑物作为参照物（可以是若干个）；然后以待估建筑物为标准，对比分析参照建筑物，并将两者的差异量比。在参照物市场价格的基础上做出调整和修正，得到待估建筑物的评估值。

市场房价对照法的关键在于准确获取与待估建筑物相同或相似的建筑物的市场价格。由于房屋价格通常是包含地价的，需要做必要的技术处理，得到不含地价的建筑物价格。不包含土地在内的建筑物之间的比较相对简单。如选择参照物时，参照物与被估对象在结构和用途方面应该是大致相同，需调整的主要有装修、设备、朝向、建造时间、维修保养等方面的因素。

2. 单位造价调整法

单位造价调整法是根据现行单位建筑面积的造价为基础，调整估算待估建筑物市场价格的一种方法。该方法有如下两大基本环节。

（1）收集与待估建筑物相同结构、相同用途的建筑物的现行单位造价，以此作为评估待估建筑物价格的基础。

（2）调整待估建筑物在地基处理、室内结构、装修标准、附属设施、建造时间、市场行情等方面与现行标准（现行单位造价所依据的标准）之间的差异，将搜集的建筑物现行标准单位造价调整为待估建筑物单位市价。

【例 4-14】一幢住宅楼建筑面积 1 000 平方米，2011 年建成。住宅楼与基地分属不同的产权主体。住宅楼产权主体 2012 年拟将地上建筑物部分转让给宅基地土地使用权人，试评估该住宅楼的转让价格。

评估人员经调查收集到评估基准日同类住宅楼的单位面积造价在每平方米 800 元上下

（评估时该城市中有大量同类住宅），通过对待估建筑物与现住宅相比，在室内结构、材料使用、附属设施等方面略逊一筹，估计当时造价比现行造价标准低 5%左右。加上待估建筑物在评估前一年建成，价格应下调 2%。根据现住宅市场情况，住宅的造价与住宅的市价之比大约为 1∶1.2。综合上述各种因素，待估住宅楼的市场价格如下：

$$市场价格=800\times(1-5\%)\times(1-2\%)\times1.2=893.76（元/平方米）\approx894（元/平方米）$$

$$待估住宅楼转让估价=1\,000\times894=894\,000（元）$$

4.4　在建工程评估

4.4.1　在建工程及其评估特点

在建工程指在资产评估时尚未完工或虽然已经完工，但尚未交付使用的建设项目，以及建设项目备用材料、设备等资产。

1．在建工程种类多，情况复杂

在建工程是一类范围很广的资产，以建筑工程为例，它包括建设中的各种房屋建筑物，而且建筑工程又都包含有设备安装内容，范围涉及各个行业，情况比较复杂，具有较强的专业技术性。

2．在建工程的形象进度及资产功能差别很大

在建工程涵盖了从刚刚投资兴建的工程到已完成建设但尚未交付使用的工程。这些完工程度差异巨大的在建工程，其资产功能的差异也是巨大的。这就造成了在建工程之间可比性较差，评估时不易找到合适的参照物。

3．在建工程的投资完成额与其实际完成工作量较难一致

由于在建工程的投资方式和会计核算要求，其账面价值往往包括预付材料款和预付设备款，同时也记录在建工程中的应付材料款及应付设备款等。因此，在建工程的投资并不能完全体现在建工程的形象进度，也就是说，在建工程投资与在建工程的实际完工量之间总存在着时差和量差。

4．在建工程的建设工期长短差别较大

有些在建工程如厂区内的道路、设备基础等，一般工期较短；而有些在建工程如高速公路、港口码头等的建设工期就很长。建设工期长短上的差别，直接与建造期间材料、工费价格变化、设计变化等相联系，对评估估价标准的选择有直接地影响。

4.4.2　在建工程评估的基本步骤

前面已经提到，对于已完成建设工作只是尚未投入使用或转作固定资产的在建工程，完全可以参照房屋建筑物及有关固定资产的评估思路进行评估。这里将着重介绍未完工的在建工程的评估。未完工的在建工程评估的准备工作在很大程度上接近于房屋建筑物的评估。现对在建工程评估的准备工作说明如下：

1）要求委托方提供待估在建工程详细资料。如项目名称、建筑面积、工程结构、工程预算、实际用款和完工程度，需要安装的设备名称、规格、型号、数量、合同金额、实际付款额、到货和工程安装情况等，以及在建工程批准文件、工程图纸、工程预算书、施工合同、有关账簿及原始记录等。

2）审核资料的真实性和正确性。

3）评估人员到工程现场查实工程进度和工程形象进度。

4）检查工程质量。包括在建工程的各组成部分是否存在缺陷及待修理的因素，建筑材料质量是否过关，在建工程整体布局是否合理，在建工程工期是否符合计划等。

5）收集与该项工程评估所需的有关数据资料。如有关部门规定或制定的当地建筑工程预算定额、建筑工程间接费用标准、地方建筑材料价差指数、建筑工程预备费用及其他费用标准（如在建工程贷款利率）等。

6）确定评估结果及撰写评估报告。

4.4.3 在建工程评估

1. 工程进度法

工程进度法是指以工程预算为依据，按勘察时确定的完工程度评估在建工程价值的一种方法。这种方法主要适用于施工期较短且价格变化较小的在建工程。该方法的数学表达式为：

$$\text{在建工程评估价值}=\sum\left[\text{各重置成本构成项目的预算价格}\times\text{相应的完工程度}\right]$$

这种方法的关键为：一是要分析建设项目的预算构成项目和重置成本构成项目是否一致，若不一致，需按照重置成本构成项目调整预算价格；二是要确定各重置成本的构成项目的完工程度。

【例 4-15】某混合结构的仓库建筑面积为 1 000 平方米，其工程预算总造价为 200 万元。评估基准日该仓库基础工程已完工，结构工程完成了 30%，设备安装工程、装饰工程尚未进行，工期已进行了 6 个月（总工期为 1 年），发生专业费用成本为 4 000 元，建设税费支出为 2 万元。现拟转让，评估其价值。

1）分析重置成本与预算构成的差异。

重置成本中应包含利息、利润两项，而预算构成项目中未包含。

2）确定各重置成本构成项目的完工程度。

建筑安装工程投资，其中基础工程、结构工程和装饰工程分别占 13%，60%、27%，则有

$$\text{完工程度}=13\%\times100\%+60\%\times30\%+27\%\times0=31\%$$

3）确定评估值。

$$评估值=2\ 000\ 000\times31\%+4\ 000+20\ 000+利息+利润=86\ 000+利息+利润$$

4）利息率为 6%，年投资回报率为 10%，假设已完工资金均匀投入，则有

$$利息=86\ 000\times0.5\div2\times6\%=1\ 290$$

$$利润=86\ 000\times0.5\div2\times10\%=2\ 150$$

$$评估值=86\ 000+1\ 290+2\ 150=89\ 440（元）$$

根据以上数据，可得

$$在建建筑工程完工程度=13\%+60\%\times30\%=31\%$$

$$在建建筑工程评估值=200\ 000\times31\%=62\ 000（元）$$

2．变动因素调整法

对于工期较长，设计变更及价格变化对在建工程影响较大的项目不宜采用工程进度法，不宜直接用工程预算造价作为评估的基础，而需要对设计变更的价格变化做出相应的调整。变动因素调整法就是采用对在建工程实际完成部分因价格变化和设计变更因素，分别计算各调整数额，经归集加总后与在建工程实际支出相加减，确定在建工程的评估值。其数学表达式为：

$$在建工程评估价值=在建工程实际支出\pm\sum各项调整金额\pm\sum实际支出构成项目与重置成本构成项目的差异金额$$

3．重编预算工程进度法

对于建设工期较长、设计变更较大、价格变化较大、实际工程成本与工程预算差距较大的在建工程，可采用重新编制工程预算，然后再按工程进度法估测在建工程评估值。

在建工程评估是一项比较复杂的工作，评估前应对若干问题进行研究，以便在评估过程谨慎处理。

（1）在建工程前景。在建工程项目是否具有效益性，是否具有发展前途，将直接影响评估人员对在建工程的价值判断，以及评估估价标准的选择。

（2）建设工期为依据，对超过正常建设工期所引起的贷款利息增加及其他费用超支等不能作为在建工程评估值的组成内容。

（3）在建工程贷款利率水平。利率水平基本平稳时，可根据实际贷款利率计算；如果利率水平波动很大，或存在若干种贷款利率时，原则上应选择最低的一种贷款利率来计算利息。

（4）计算贷款利息的投资额应按统一口径核算。计算资金成本的投资额，应按合理的投资额为基数。合理的投资额就构成而言，主要包括在建工程的前期费用、建筑安装工程费用和其他必须支出的费用。

4．假设开发法

用假设开发法评估在建工程，是指将待估在建工程预计开发完成后的价值，扣除后续

正常的开发费用、销售费用、销售税金以后确定待估在建工程价值的一种评估方法。该方法的计算公式为：

在建工程价值=房地产预售价–（后续工程成本+后续工程费用+正常利税）

其中，房地产预售价可以通过市场法或收益法评估。

该方法适用于那些建成后用于出售且实际完成工程量较少的在建工程，不适用于无盈利性的房地产评估。

案例分析

【案情】

G公司是一家大型商贸公司，因融通资金需要，委托C评估事务所对其所属的×商场进行评估。

一、评估对象简介

×商场坐落于W市最繁华的商业街区，是W市经商的黄金地带。建筑物共24层，其中地下1层，地上23层（裙楼5层，主体塔楼18层）。大厦的裙楼自2008年开始运营，以招商出租营业场所为主要方式。第1层为日用百货区，第2、第3层是服装、鞋帽、床上用品区，第4层为家具区，第5层为舞厅、台球等娱乐区，地下室按人防工程设计施工，现为停车场和其他出租经营。主体塔楼为写字间设计，外部的面砖贴面、铝合金窗、玻璃幕墙已经安装完工，电梯已完成采购，但内部装修尚未开始。大厦自营业以来，一直是W市经营较好的商家之一。

二、评估过程简介

C评估事务所的评估人员，按照必要的程序，在对委托评估的资产实施了必要的现场勘察、市场调查与询证的基础上对委评资产做出了评估，主要做法如下。

（一）评估思路与方法的选取

评估对象为经营性房地产，但其主体塔楼内装修尚未完工，因此对裙楼运用收益法评估，对塔楼运用重置成本法评估（注：塔楼部分按形象进度，考虑成本构成要素，采用成本法计算，此处不再详列，仅介绍裙楼的评估过程）。

（二）纯收益的求取

1．总收益

预计在今后一段时间内W市经济发展状况与前几年相比不会有大的变化，所以各年租金按前三年实际发生额的平均数计算调整，具体情况如下。

（1）第1~4层为商业经营区，实际的租金收入由于各楼层经营品种不同而有所差别。第1层经营日用百货等盈利水平低的商品，租金相对较低；第2、3层经营鞋帽、服装等盈利水平高的商品，租金收入较高；第4层经营家具，租金收入偏低。按照最佳效用原则和贡献原理，第1~4层的租金收入应从第1层至第4层递减。因此，将各层的实际收入水平调整为客观收入，即每月平均租金收入第 1 层为 67 元/平方米，第 2 层为 60 元/平方米，第 3 层为 46 元/平方米，第 4 层为 38 元/平方米。调整后的整体租金收入与调整前不发生变化。

（2）第 4 层现有部分面积用于办公，考虑也可出租营业，故第 4 层的租金收入按第 4 层总面积计算。

（3）第 5 层在未来一段时间内预计仍按现在用途使用。但是，按目前的收入水平测算，费用大于收入，所以第 5 层用成本法评估。

（4）共享大厅暂做出租营业使用。为客观反映其收益水平，比照裙楼将其收入调整为 67 元/平方米，商场豪华装修部分价值，按成本法另行计算。

（5）地下室分为两部分。一部分为停车场，另一部分尚未出租。尚未出租部分比照停车场收入按其 80%计算。

（6）通过以上分析计算调整，确定各部分租金收入：第 1 层为 2 455 416 元，第 2 层为 2 299 680 元；第 3 层为 3 081 264 元，第 4 层为 2 555 880 元，地下室为 386 064 元，共享大厅 2 999 724 元，合计 13 778 028 元。

2．总费用

总费用包括管理费、房屋保险费、维修费、税金和不可预见费五部分，经分析计算摊销到每层分别为：第 1 层为 980 925 元，第 2 层为 952 113 元，第 3 层为 1 096 707 元；第 4 层为 999 520 元，共享大厅为 1 081 622 元，地下室为 71 422 元。合计 182 309 元。

3．纯收益

纯收益为总收益与总费用的差，第 1 层为 1 474 491 元，第 2 层为 1 347 567 元，第 3 层为 1 984 557 元，第 4 层为 1 556 369 元，共享大厅为 1 918 102 元，地下室为 314 642 元。合计 8 595 719 元。

（三）折现率的确定

取国债 5 年期利率折成复利率，再加风险利率确定折现率，为 5.057%。

（四）折现期

土地使用权剩余年限为其折现期，即 34 年，这样可以得到年金系数。

$$\text{年金系数}=\left[1-1/(1+5.057\%)^{34}\right]\times 1/5.057\%=16.079$$

（五）评估结果

依据上述资料得出委评资产的评估值。

（1）裙楼评估值为 15 480 万元，其中，第 1 层为 2 371 万元；第 2 层为 2 166 万元，第 3 层为 3 191 万元，第 4 层为 2 502 万元，第 5 层为 1 302 万元（按成本法评估），共享大厅为 3 442 万元，地下室为 506 万元。

（2）塔楼评估值为 2 888 万元（按成本法评估得到）。

（3）委评资产总评估值为 18 868 万元。

【分析】

评估对象属于商业性房地产，其主要特点是能够获得收益，其价值集中体现在它的获益能力上，所以收益法是商业性房地产评估最为常用的方法。但评估对象中的塔楼尚未装修完工，目前尚无收益，且评估目的为融资需要，因此本案例分别采用收益法和成本法对裙楼和塔楼进行评估，并加和求得房地产总价值，评估思路和方法选取都是正确的。

收益法应用的关键是对评估对象年纯收益的估算和折现率的选用，因此，运用收益法进行房地产评估时，必须在获得相关可靠信息的基础上，准确地预测评估对象的年纯收益并采用合理的方法测算出折现率，才能对评估对象客观、合理的价格做出正确的判断。虽然收益法的理论和步骤是唯一的，但在具体操作过程中又要根据收益性房地产的不同类型区别对待。

收益性房地产可划分为出租型和商业、生产经营型两类。本案例中的房地产是出租型房地产，应根据租赁合同计算纯收益。C 评估事务所根据调查研究，预计在今后一段时间内 W 市经济发展状况与前几年不会有大的变化，将租金收入按前三年的租金实际发生额的平均数计算调整，技术方法合理，测算过程正确，评估结果符合实际情况。而且，商场现有的经营格局，并未反映出房地产最佳使用状况，以致使本应该获利高的楼层获利低，本应该获利较低的楼层获利反而偏高。评估人员按照最佳效用原则和贡献原理，将各楼层的实际收入水平调整为客观收入水平，并据此评估出各层的价格，既能满足房地产产权分割变动的需要，又能如实反映评估房地产的真实价格。而且×商场目前的整体收益水平基本代表了未来收益水平，因此调整后的整体租金收入与调整前不发生变化，这样就不会因对各楼层租金的调整影响委评房地产的整体价格。

出租型房地产的纯收益是按租金收入扣除维修费、管理费、保险费和税金来计算的。本案例计算总费用时，未把大厦的年折旧费包括在内，这一点是正确的。在实际评估工作中.有很多评估人员在用收益法评估房地产价格时把折旧费包括在总费用中，这种做法是错误的。因为如果扣除折旧，就已不是房地产的价格了。本案例中，扣除了一项不可预见费，这是因为建筑物主体与附属设备的使用年限不同，在经营期限内需要考虑设备重置发生的费用（如电梯、空调），另外还存在重新装修的可能，将这些费用列为不可预见费，体现了谨慎原则。

折现率的确定是运用收益法较为棘手的问题。本案例的折现率是用国债 5 年期利率折成复利率，加风险利率来确定的。这种确定方法是比较合理的。一般来说，折现率包括无风险利率、风险报酬率和通货膨胀率。在目前条件下，根据通货膨胀对收益额影响的弱相关性和不完全性，确定折现率可以不考虑通货膨胀率。这样，折现率通常用无风险利率加上风险报酬率来确定。无风险利率是投资者投资应获得的最低报酬率，国外评估机构通常以政府长期国债作为无风险利率。因此，本案例采用 5 年期国债复利率加风险利率确定折现率是可行的。

总体来看，本案例评估思路合理，选用方法适当，评估测算过程正确，评估结果符合市场实际情况，但也有以下几点值得注意的问题。

（1）本案例具备采用成本法的条件，应将成本法作为其中一种评估方法求出一个值，再与收益法相联系，最后综合确定评估值，或用成本法来验证评估结果。

（2）计算纯收益时应考虑空置率和租金损失，如果没有空置和租金损失，应予以说明。

（3）评估中未说明租金收入是否存在租约限制。如果有租约限制，租约期内的租金宜采用租约所确定的租金，而不是采用正常客观的租金。因为，如果某些评估对象附带租约，当该评估对象的产权发生转移时，依照有关法规规定应保持这些租约继续有效。评估人员对这类房地产进行评估时，应注意考虑这些因素的影响。

本章小结

房地产是指土地、建筑物和其他土地上定着物及它们所附带的各种权利。房地产评估中，评估对象有三种，即土地（地产）、建筑物、建筑物和房地合一（房产）。房地产的特点主要有位置的固定性、使用的长期性、影响因素的多样性、投资的大量性、具有保值和增值的趋势。

房地产价格，也称房地产估价，是合法获得他人的房地产所必须付出的代价。房地产价格可以分为土地价格、建筑物价格和房地产价格。土地价格简称地价，通常是指空地的价格。根据目前我国的地价体系，地价种类主要有基准地价、标定地价、交易底价、市场交易价格、课税价格等。建筑物价格是指纯建筑物部分的价格，不包含其占用的土地价格。房地价格是指建筑物连同其占用的土地的价格在一起的价格。影响房地产价格的因素可以划分为一般因素、区域因素和个别因素。房地产估价的原则为合法原则、最佳使用原则和替代原则。

房地产评估方法分为基本评估方法和应用评估方法，通常认为，市场法、收益法和成本法是三大基本评估方法，剩余法、基准地价系数修正法、路线价法被认为是应用评估方法。成本法是依据开发或建造待估不动产或类似不动产所需要的各项必要正常费用，包括正常的利润、利息和税费，而评估待估对象价格的方法。收益法是将待估土地的未来各期正常纯收益折算到估价时点，并根据其和来确定土地价格的一种方法。市场法是房地产估价方法中最常用的基本方法之一，它是在同一市场条件下，依据替代原理，以条件类似或使用价值相同的地产交易实例与待估地产加以对照比较，通过对交易情况、交易日期、区域因素和个别因素等的差别进行修正，以得出待估地产在评估期日的价格的一种方法。剩余法是将待估房地产的预期开发价值，扣除正常投入费用、正常税金及合理利润后，依据该剩余值测算待估房地产价格的方法。路线价法是根据土地价值随距街道距离增大而递减的原理，在特定街道上设定单价，依此单价配合深度百分率表及其他修正率表，用数学方法来计算临接同一街道的其他宗地地价的一种估价方法。基准地价修正系数法是利用当地政府按级别制定的基准地价和基准地价修正系数表为基础，按照替代原则，将待估宗地的区域条件和个别条件等与其所处区域的平均条件相比较，并对照修正系数表选取相应的修正系数对基准地价进行修正，从而求取待估宗地在估价期日价格的方法。

建筑物评估主要有成本法、估价法和市场比较法。建筑物评估成本法是基于建筑物的再建造费用或投资的角度来，通过估算出建筑物在全新状态下的重置成本，再扣减由于各种损耗因素造成的贬值，最后得出建筑物的评估值。建筑物评估中的成本法主要涉及四个基本要素，即建筑物的重置成本、实体有形损耗、功能性贬值和经济性贬值。建筑物残余估价法属于收益还原法的一种，是指建筑物与其基地合并计算收益，在用收益还原法以外的方法能求得土地的价格时，从建筑物及其基地所产生的收益中，扣除归属于基地的纯收益，即可得到归属于建筑物的纯收益，再用建筑物的还原利率还原，便可得到建筑物的评估价。建筑物评估的市场比较法是以市场上相同或类似建筑物的交易价格作为参照，经必要的调整修正来确定待估建筑物的价格。

在建工程评估主要有工程进度法、变动因素调整法、重编预算工程进度法、假设开发法。

练习题

1. 名词解释

地产　房地产　不动产　基准地价　标定地价　楼面地价

2. 单项选择题

（1）最佳使用是（　　）必须考虑的评估前提。

A. 地产　B. 房屋建筑物

C. 企业资产　D. 资产

（2）基准地价系数修正法所要修正的因素是（　　）。

A. 地理位置和交通条件　B. 个别因素和市场转让条件

C. 容积率和覆盖率　D. 特别利害关系和特殊动机

（3）假设开发法属于一种（　　）。

A. 加和法　B. 积算法　C. 类比法　D. 倒算法

（4）某宗地年金收益额为 8 500 元，剩余使用年限为 20 年，假定折现率为 10%，其评估价值最有可能为（　　）元。

A. 85 000　B. 12 631　C. 72 369　D. 12 369

（5）计算建筑期利息的工期应按（　　）计算。

A. 合同工期　B. 额定工期　C. 协商工期　D. 实际工期

（6）待估建筑物账面原值 100 万元，竣工于 2000 年年底，假定 2000 年的价格指数为 100%，从 2001 年到 2005 年的价格指数每年增长幅度分别是 11.7%、17%、30.5%、6.9%、4.8%，则 1995 年年底该建筑物的重置成本最有可能是（　　）元。

A．1 048 000　　B．1 910 000　　C．1 480 000　　D．19 100 000

（7）待估建筑物为砖混结构单层住宅，宅基地 300 平方米，建筑面积 200 平方米，月租金 3 000 元，土地还原利率为 7%，建筑物还原利率为 8%，评估时，建筑物的剩余使用年限为 25 年，取得租金收入的年总成本为 7 600 元，评估人员另用市场法求得土地使用权价格每平方米 1 000 元，运用建筑物残余估价法所得到建筑物的价值最有可能是（　　）元。

A．61 667　　B．925 000　　C．789 950　　D．580 41

（8）残余估价法属于（　　）中的一种具体方法。

A．收益法　　B．成本法　　C．市场法　　D．功能价值法

（9）有一宗地面积为 500 平方米，地上建有一幢 3 层的楼房，建筑密度为 0.7，容积率为 2.0，土地单价为 3 000 元/平方米，则楼面地价为（　　）元/平方米。

A．1 000　　B．1 500　　C．2 100　　D．2 800

（10）若反映宗地地价水平，（　　）指标更具说服力。

A．$\frac{建筑总价格}{土地总面积}$　　B．$\frac{土地总价格}{土地总面积}$

C．$\frac{房地总价格}{土地总面积}$　　D．$\frac{土地总价格}{建筑总面积}$

3．多项选择题

（1）影响地价的一般因素有（　　）。

A．行政因素　　B．区域因素　　C．社会因素

D．经济因素　　E．人口因素

（2）影响地价的社会因素主要包括（　　）等几个方面。

A．政治安定状况　　B．社会治安程度　　C．税收政策

D．房地产投机　　E．交通管制

（3）影响商业用地土地价格的区域因素有（　　）。

A．商业繁华程度　　B．环境优劣度　　C．规划限制

D．公有设施完善度　　E．交通便捷度

（4）影响地价的个别因素主要有（　　）。

A．位置因素　　B．地形地质因素　　C．面积因素

D．地块形状因素　　E．土地利用因素

（5）市场法中进行区域因素修正需考虑的因素有（　　）。

A．繁华程度　　B．交通状况　　C．基础设施状况

D．环境质量　　E．土地使用年限

（6）评估建筑物需考虑的因素包括（　　）。

A．产权　　B．用途　　C．建筑结构

D．建成时间　　E．装修质量和水平

（7）建筑物应在（　　）方面符合政府规定。

A．建筑结构　　B．建筑用途　　C．容积率

D．覆盖率　　E．外形设计

（8）我国房地产评估的标的物一般包括（　　）。

A．土地使用权　　B．土地所有权　　C．建筑物及其权益

D．建筑物中的水暖设施　　E．建筑物中的办公设备

（9）假设开发法中的投资利润是以（　　）为计算基础的。

A．专业费用　　B．投资利息　　C．卖楼价

D．地价　　E．建筑费用

（10）运用市场比较法评估地产，在选择参照物时应注意在（　　）方面与评估对象保持一致。

A．交易类型　　B．用地性质　　C．交易价格

D．供需圈　　E．交易时间

4．简答题

（1）土地使用权评估有哪些方法？适用范围是怎样的？

（2）什么是基准地价和标定地价？

（3）地价评估的原则有哪些？

（4）收益法、市场法、成本法和剩余法的计算方法和应用是什么？

（5）遵循房地产评估中的合法原则应具体体现在哪些方面？

（6）房地产的市场价格与房地产的评估值有什么联系和区别？

（7）建筑物的评估特点是什么？

（8）简述建筑物评估的方法及其运用。

（9）再建工程评估应注意哪些问题？

5．计算题

（1）待估宗地为待开发建设的“七通一平”空地，面积为 2 000 平方米，允许用途为住宅建设，允许容积率为 6，覆盖率为≤50%，土地使用权年限为 70 年，要求按假设开发法估测该宗地公平市场价值。有关数据如下：预计建设期为 2 年，第一年投入 60%的总建设费，第二年投入 40%的总建设费，总建设费预计为 1 000 万元。专业费用为总建设费用

的 6%，利息率为 10%，利润率为 20%，售楼费用及税金等综合费率为售楼价的 5%，假设住宅楼建成后即可全部售出，楼价预计为 3 000 元/平方米，折现率为 10%。

（2）投资者面对甲、乙两块土地。甲地容积率为 5，单价为 1 000 元/平方米，乙地容积率为 3，单价为 800 元/平方米，两块土地其他条件相同，投资者应选择哪一块土地进行投资更为经济?

（3）某房屋建筑面积为 1 200 平方米，同类型房屋标准新建单价为 970 元/平方米，但该房屋装修好，调整增加 1%；设备配置齐全，增加 2%；地段、层次、朝向增加 1.5%，其他情况同于标准房屋。经现场评定，该房屋为七成新。根据上述情况评估房屋价格。

第 5 章　无形资产评估

学习目标

※ 了解无形资产的概念和分类。

※ 熟悉无形资产评估的程序及价值影响因素，无形资产评估的成本法和市场法，其他无形资产的评估。

※ 掌握无形资产评估的收益法，专利权、商标权的评估。

学习导航

5.1　无形资产评估概述
5.1.1　无形资产及其分类
5.1.2　影响无形资产评估价值的因素
5.1.3　无形资产评估的程序

5.2　无形资产评估的收益法
5.2.1　无形资产收益功能的特点及评估前提
5.2.2　无形资产评估中收益法的应用

5.3　无形资产评估的成本法
5.3.1　无形资产的成本特点
5.3.2　无形资产评估中成本法的应用
5.3.3　无形资产评估中市场法的应用

5.4　技术型无形资产的评估
5.4.1　专利权的评估
5.4.2　非专利技术的特点
5.4.3　影响非专利技术评估值的因素及其评估方法

5.5　商标权的评估
5.5.1　商标和商标权
5.5.2　商标权评估的程序
5.5.3　商标权评估的方法

5.6　其他无形资产的评估
5.6.1　特许权的评估
5.6.2　著作权的评估
5.6.3　租赁权的评估
5.6.4　商誉的评估

导入案例

上海 B（集团）有限公司委托上海 A 资产评估有限公司对其投资的上海 C 船舶有限公司进行评估。C 公司于 1999 年 6 月 1 日正式改制运作，由 B 和 D 散货运输有限公司各出资 5 000 万元（各占 50%）投资组建的航运企业（国内合资有限责任公司）。现经营范围有大宗散货减载、国际运输、国内沿海及长江中下游各港间货物运输（含集装箱）、劳务服务、技术服务、旅游咨询服务、鱼类加工销售。现有海上减载平台、国际远洋、近洋、沿海运输等多艘船舶，经国家交通部水运司核准的运力为 21.95 万吨，具有国家海事局颁发的《符合证明》(DOD 安全管理证书)。船舶技术管理干部 86 人，其中持有 A 类证书的 41 人，船长、轮机长 20 人。

本次评估目的为股权转让。股权转让后，B 占 35%，D 散货占 5%，E 控股（香港）有限公司占 49%、上海 F 实业有限公司占 11%。

C 公司 2001—2003 年三年利润分别为 127.02 万元、366.77 万元、531.21 万元（根据评估报告给出的数据测算得出三年的净资产收益率分别为 1.27%、3.51%、4.93%）。

该评估报告存在以下疑点。

（1）航运企业有可能有“岸线”、“水域”等无形资产，评估报告未做说明。

（2）航运企业的营运证、安全管理证等航运企业的特许权无形资产在评估报告中未提及。

那么，无形资产价值应如何评估？

5.1 无形资产评估概述

5.1.1 无形资产及其分类

1. 无形资产的特点

无形资产是指由特定主体控制的，不具有独立实体，而对生产经营长期持续发挥作用并能带来经济效益的经济资源。无形资产的特点表现在以下几个方面。

（1）非实体性。无形资产没有物质实体形态，是隐形存在的资产。但是，除商誉以外的无形资产也呈现出其特定的有形表现形式，如专利证书、商标标志、技术图纸、工艺文件等，还有存储介质等。商誉则是诸多因素综合形成的一种超额收益能力，难以单独用某种有形载体明确辨认。

（2）垄断性。无形资产往往是由特定主体垄断占有，凡不能垄断或者不需要任何代价即能获得的，都不是无形资产。无形资产的这种垄断性有的是通过企业自身保护，有的则是以适当公开其内容作为代价来取得广泛而普遍的法律保护，还有的是借助法律保护并以长期生产经营服务中的信誉取得社会的公认。

（3）效益性。并非任何无形的事物都是无形资产，成为无形资产的前提是其必须能够以一定的方式直接或间接地为投资者创造效益，而且必须能够在较长的时期内持续产生经济效益。

（4）不确定性。无形资产能为所有者或占有者带来的未来经济利益具有一定的不确定性。这种不确定性与有形资产的规模和状况、市场竞争强弱、国家宏观调控政策、技术与经营服务更新、产品性能与质量等诸多因素直接有关。

2. 无形资产的分类

无形资产种类很多，可以按不同标准进行分类。

（1）按企业取得无形资产的方式，可分为企业自创（或自身拥有）的无形资产和外购的无形资产。前者是由企业自己研制创造获得及由于客观原因形成的，如自创专利、非专利技术、商标权、商誉等；后者则是企业以一定代价从其他单位购入的，如外购专利权、商标权等。

（2）按有无专门法律保护分类，可以分为有专门法律保护的无形资产和无专门法律保护的无形资产。专利权、商标权等均受到国家专门法律保护，无专门法律保护的无形资产有非专利技术等。

（3）按能否独立存在，可以分为可确指无形资产和不可确指无形资产。凡是那些具有专门名称，可单独地取得、转让或出售的无形资产，称为可确指的无形资产，如专利权、商标权等；那些不可特别辨认、不可单独取得，离开企业就不复存在的无形资产，称为不可确指的无形资产，如商誉。

此外，国外对于无形资产分类，从评估角度按其内容分为权利型无形资产（如租赁权）、关系型无形资产（如顾客关系、客户名单等）、结合型无形资产（如商誉）和知识产权（包括专利权、商标权和版权等）。从广义的角度可将无形资产分为促销/销售型无形资产、制造型无形资产和金融型无形资产等。

无形资产的分类如图 5-1 所示。

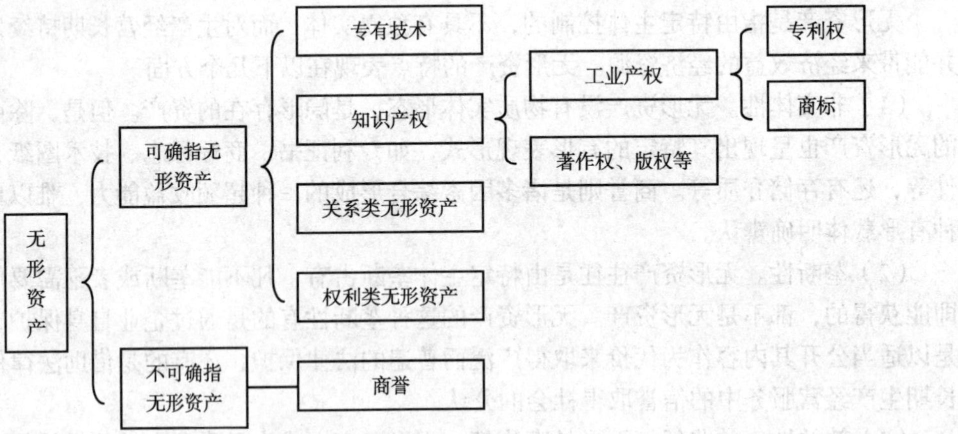

图 5-1 无形资产的分类

5.1.2 影响无形资产评估价值的因素

进行无形资产评估，首先要明确影响无形资产评估价值的因素。一般说来，影响无形资产评估价值的因素主要如下。

1．成本因素

成本因素包括取得成本和机会成本。无形资产与有形资产一样，也具有成本。只是相对有形资产而言，其成本确定不是十分明晰和易于计量。对企业无形资产来说，外购无形资产较易确定成本，自创成本计量更困难些。因为无形资产产生的一次性特点，使其在创造过程中所耗费的劳动不具有横向比较性。同时，无形资产的创造，与其投入、失败等密切结合，但这部分成本确定是很困难的。一般来说，这些成本项目包括创造发明成本、法律保护成本、发行推广成本等。

无形资产机会成本是将一项无形资产用于某一确定用途后所导致的该无形资产不能同时用于其他用途所招致的损失或丧失的收益。

2．效益因素

成本是从对无形资产补偿角度考虑的，但无形资产更重要的是其能创造收益。一项无形资产，在环境、制度允许的条件下，获利能力越强，其评估值越高；获利能力越弱，评估值越低。有的无形资产，尽管其创造成本很高，但不为市场所需求，或收益能力低微，其评估值就很低。在利用收益法评估无形资产以确定无形资产未来预期的收益额时，主要考虑以下几个因素：被评估无形资产的获利能力因素，包括技术因素、法律因素、经济因素；被评估无形资产的获利方式；被评估无形资产获利的取得与其他资产的相关性；收益与成本费用、现金流量；收益期限与收益风险因素等。

3．使用期限

每一项无形资产一般都有一定的使用期限。使用期限的长短，一方面取决于该无形资产先进程度，另一方面取决于其无形损耗的大小。无形资产越先进，其领先水平越高，使用期限越长；同样，无形资产无形损耗程度越低，其使用期限越长。考虑无形资产的期限，除了应考虑法律保护期限外，更主要的是考虑其具有实际超额收益的期限（或收益期限）。如某项发明专利保护期 20 年，但由于无形损耗较大，拥有该项专利实际能获超额收益期限为 10 年，则这 10 年即为评估该项专利时所应考虑的期限。

4．市场因素

市场因素主要表现在以下几个方面。

（1）市场供需状况。对于可出售、转让的无形资产，其评估值随市场需求的变动而变动。市场需求大，则评估值就高。市场需求小，且有同类无形资产替代，则其评估值就低。

（2）无形资产的适用程度。无形资产的适用范围越广，适用程度越高，需求者越多，需求量越大，评估值就越高。

（3）同行业同类无形资产的价格水平。无形资产评估值的高低，还取决于无形资产交易、转让的价款支付方式、各种支付方式的提成基数、提成比例等，在评估无形资产时，应综合考虑。

（4）无形资产相关产品与行业市场情况。包括产品市场容量、市场前景、市场竞争状况及产品供需情况，这些因素影响待估无形资产的获利能力，从而影响无形资产的评估值。

5. 技术因素

技术因素可以分为以下两个方面。

（1）技术成熟程度。一般科技成果都有一个发展→成熟→衰退的过程。科技成果的成熟程度如何，直接影响到评估值高低。其开发程度越高，技术越成熟，运用该技术成果的风险性越小，评估值就会越高。一项成熟程度不是很高的无形资产，在评估时应分析预计其可能的成熟程度，正确估计其风险，从而合理确定其评估值。

（2）技术生命周期长短。如上所述，任何一项无形资产都有其特定的技术生命周期，技术生命周期的长短，会直接影响到该项技术成果获利时间的长短及其总收益额，因而评估值也就有所差异。

6. 转让因素

无形资产转让有所有权转让和使用权转让。在转让过程中有关条款的规定，会直接影响其评估值。就所有权转让和使用权转让来说，所有权转让的无形资产评估值高于使用权转让的评估值。在技术贸易中，同是使用权转让，由于其许可程度不同，也影响评估值的高低。

7. 法律因素

知识产权是无形资产的主要构成部分。作为一种法律赋予的权利，知识产权的获得及其在经济活动中的运用，必然会受到相关法律条款的影响，这种影响最终会反映到知识产权的价值评定上来。当然，由于不同类型的知识产权适用的法律不同，因而具体影响方式和程度也可能不同。

8. 风险因素

无形资产从开发到受益会遇到多种类型的风险，包括开发风险、转化风险、实施风险、市场风险等。这些风险因素使无形资产价值的实现存在一定的不确定性，从而对无形资产的价值产生影响。

9. 其他因素

除了以上因素外，国家宏观政策的调整、无形资产所在行业地区发展规划和政策、行业发展前景等因素也会影响无形资产的价值。

以上列举了影响无形资产价值评估的主要因素，这些并非影响无形资产价值评估的所有因素，也不是每项无形资产评估都必须考虑的因素。在实际评估中，评估人员必须结合具体的评估对象，具体情况具体分析，从以上因素中找出影响评估对象价值的因素；同时，要考虑是否存在上面没有列举的因素影响评估对象的价值。

5.1.3 无形资产评估的程序

无形资产评估程序是评估无形资产的操作规程。评估程序既是评估工作规律的体现，也是提高评估工作效率、确保评估结果的科学、有效的保证。无形资产评估一般按下列程序进行。

1. 明确评估目的

同样的无形资产，由于评估目的不同，其评估的价值类型和选择的方法也不一样。因此，进行无形资产评估首先应当明确无形资产的评估目的。无形资产评估的具体目的有无形资产转让、无形资产投资、股份制改造、清算资产、法律诉讼中作为诉讼标的、纳税需要、保险需要及其他目的。

在明确评估目的的同时，还须了解无形资产转让的内容与契约条款，以便确定评估范围、基础数据及参数选择。

2. 鉴定无形资产

许多无形资产并未在企业财务报表中列示。因此，在对无形资产进行评估中，评估人员应首先对被评估的无形资产进行鉴定。这是进行无形资产评估的基础工作，直接影响到评估范围和评估价值的科学性。通过无形资产的鉴定，可以解决以下问题：证明无形资产的存在，确定无形资产的种类，确定无形资产的有效期限。

（1）证明无形资产的存在。可以从以下几方面进行：第一，查询其技术的内容、国家有关规定、技术人员评价情况、法律文书（如专利证书、技术鉴定书等），核实有关资料的真实性、可靠性和权威性；第二，分析无形资产运用所要求的与之相适应的特定技术条件和经济条件，鉴定其应用能力；第三，确定无形资产的归属是否为委托者所拥有，要考虑其存在的条件和要求，对于剽窃、仿造的无形资产要加以鉴别，对于有的无形资产要分析其历史渊源，看其是否符合国家的有关规定。

（2）确定无形资产的种类。主要是确定无形资产的名称，有些无形资产是由若干项无形资产综合构成，应加以确认和分离，避免重复评估和漏评估。

（3）确定无形资产的有效期限。无形资产有效期限是其存在的前提。专利权如超过法律保护期限，就不能作为专利权评估。有效期限对无形资产评估值具有很大影响，如有的商标，历史越悠久，价值越高；有的商标历史不悠久，也不见得不值钱。

3. 确定评估方法，搜集相关资料

应根据所评估无形资产的具体类型、特点、评估目的及外部市场环境等具体情况，选用市场法、收益法、成本法等评估方法。

采用市场法评估无形资产时，特别要注意被评无形资产必须确实适合运用市场法，注意掌握公开市场原则，充分重视被评无形资产的特点。当类似无形资产之间具有可比性时，可根据它们的交易条件、市场交易价格及价值影响因素的差异，调整确定评估值；当被评估无形资产曾向多个使用者转让使用权时，可结合受让者的具体情况调整确定评估值。

采用收益法时，要注意分析超额获利能力和预期收益，注意收益额的计算口径与被评估无形资产相对应，不要将其他资产带来的收益误算到无形资产收益中；要充分考虑法律法规、宏观经济环境、技术进步、行业发展变化、企业经营管理、产品更新和替代等因素对无形资产收益期、收益率和折现率的影响。

当被评估无形资产具有超额获利能力，但不宜采用市场法和收益法时，可采用成本法进行评估。要注意根据现行条件下重新形成或取得该项无形资产所需的全部费用（含资金成本）确定评估值；在评估中要注意扣除实际存在的功能性贬值和经济性贬值。

4．整理并撰写报告，做出评估结论

无形资产评估报告书，是无形资产评估过程的总结，也是评估者承担法律责任的依据。评估报告书要简洁、明确，避免误导。

5.2 无形资产评估的收益法

无形资产转让和投资价格的评估，是将无形资产作为获利能力资产进行的评估，显然，收益法是无形资产转让和投资价格评估的重要方法。

5.2.1 无形资产收益功能的特点及评估前提

1．无形资产收益功能的特点

无形资产收益性明显区别于有形资产，因而在评估时需牢牢把握其固有的特点。

（1）附着性。附着性是指无形资产往往附着于有形资产而发挥其固有功能，各种知识性的资产一般都要物化在一定的实体之中。因而，有形的资产往往成为无形资产的载体，前者渗透无形资产的范围越广泛，无形资产就越能在更大的规模上发挥作用，创造的收益也就越大。

（2）共益性。无形资产可以由不同的主体同时共享，一项先进技术可以使一系列企业提高产品质量、降低产品成本。但是，由于市场的有限性和竞争性，各主体追求自身利益的需要，对无形资产的使用还具有互斥性。

（3）积累性。科学技术的发展总是像上阶梯那样积累起来的，它的作用往往建立在一系列其他成果的基础上。作为知识产品的无形资产在生产经营中的作用，往往像跑接力一样承上启下，在一定范围内发挥特定的作用。这种作用程度关系到无形资产评估值的高低。

（4）替代性。在承认无形资产具有积累性的同时，还要考虑到它的另一面，即替代性。如一种技术取代另一种技术、一种工艺替代另一种工艺等，其特性不是共存或积累，而是替代、更新。一种无形资产总会由更新无形资产所取代，因而必须在无形资产评估中考虑它的作用期间，尤其是尚可使用年限。

2．无形资产转让、投资评估的前提

（1）能够带来超额利润。如果是一般性的无形资产，并不能使购买方增加利润，从而这种无形资产对购买方就没有吸引力，就没有支付的必要。只有该无形资产能给购买方带来追加的收益，才能根据带来的追加的收益确定无形资产的价值。

需要说明的是，无形资产能够带来超额利润是一种理论抽象，指在其他条件保持社会平均水平的条件下，能够获得高于社会平均水平的收益。而在实际生活中，由于评估参照对象并不一定保持着社会平均经营水平，因而超额利润也就不一定表现为高于社会平均水平的利润，往往表现为带来的追加利润。

（2）能够带来垄断利润。这是指购买方由于购入和运用无形资产形成市场垄断，通过垄断价格实现垄断利润。例如，有些独特新颖的产品、市场独占产品往往可以获得垄断利润，为其生产提供关键性无形资产就可以分享。在这种情况下，就可以根据市场垄断的不同条件，通过利润的测算，评估无形资产的价值。

5.2.2 无形资产评估中收益法的应用

1．收益现值法

收益现值法是通过估算被评估资产的未来预期收益并将其折算成现值，以此确定被评估资产的价值的一种资产评估方法。目前，收益现值法是使用最为普遍的一种方法。

采用收益法对无形资产进行价值评估的基本公式如下：

$$\text{无形资产评估值} = \sum_{i=1}^{n} \frac{R_i}{(1+r)^i}$$

式中，R_i 为第 i 年的预期超额收益；n 为收益期限；r 为折现率。

由上述公式可知，确定无形资产评估值时需要确定三个基本参数，即预期超额收益、收益期限和折现率。以下将分别讨论如何确定这三个参数。

（1）预期超额收益。根据被评估无形资产是否独立转让或投资，其预期超额收益可分别采用直接估算法、分成率法或剩余法加以确定。

1）直接估算法。通过未使用无形资产与使用无形资产的前后收益情况对比分析，确定无形资产带来的收益额。在许多情况下，从无形资产为特定持有主体带来的经济利益上看，我们可以将无形资产划分为收入增长型和费用节约型。

收入增长型无形资产是指无形资产应用于生产经营过程，能够使产品的销售收入大幅度增长。费用节约型无形资产是指无形资产的应用使得生产产品中的成本费用降低，从而形成超额收益。

实际上，收入增长型和费用节约型无形资产的划分，是一种为了明晰无形资产形成超额收益来源情况的人为划分方法。通常，无形资产应用后，其超额纯收益是收入变动、成本变动和销售量变动共同作用的结果。评估者在评估时，应加以综合性运用，以科学地测算超额收益。

2）分成率法。按预测的受让方实现的销售收入或利润指标及相应分成率确定预期超额收益的方法称为分成率法，该方法将技术报酬与实施技术后的利益挂钩，能较好地体现利益共享、风险共担的原则。

当无形资产独立对外转让或投资、受让方明确时，可以采用分成率法按下列公式计算预期超额收益：

无形资产超额收益=［受让方使用无形资产后预计的可实现利润−受让方未使用无形资产能可实现利润］×无形资产收益分成率

或

超额收益=受让方实现的销售收入×销售收入分成率

或

超额收益=受让方实现的利润×利润分成率

根据以上公式可以很容易推导出：

销售利润分成率=销售收入分成率÷销售利润率

对于销售收入（利润）的测算主要考虑的是无形资产本身的技术先进性、同业竞争及市场需求等因素，可以科学、合理的确定。分成率一般是按照历史统计资料，以销售收入或实现利润等分成基数为依据，采用数理统计的方法加以确定。国际惯例通常采用销售收入作为分成基数，分成率一般为 0.5% ~ 3%，我国的销售收入分成率一般为 1% ~ 5%，销售利润分成率一般为 5% ~ 30%。当然，不同的行业分成率差异很大。常见的行业统计数据如表 5-1 所示。

表 5-1　常见行业分成率统计

行业名称	分 成 率	行业名称	分 成 率
石油化学工业	0.5% ~ 2.0%	木材加工业	3.5% ~ 5.0%
日用消费品工业	1.0% ~ 2.5%	精密机器工业	4.0% ~ 5.5%
机械制造工业	1.5% ~ 3.0%	汽车工业	4.5% ~ 6.0%
制药工业	2.5% ~ 4.0%	光学及电子产品等高技术	7.0% ~ 10.0%
电气工业	3.0% ~ 4.5%		

有的情况下缺乏行业分成率的统计指标时，往往要采取边际比率法或约当产量法确定分成率的指标。

边际分析法是根据使用无形资产以后企业实现的利润增量占使用无形资产以后企业实现的总利润的比例确定分成率的一种方法，可用以下公式表示：

$$无形资产利润分成率=\frac{\sum 使用无形资产利润增量现值}{\sum 使用无形资产总利润现值}$$

约当投资分成法是根据无形资产与其他资产的作用往往水乳难分的特点，采取在成本的基础上附加相应的成本利润率，折合成约当投资的办法，按无形资产的折合约当投资与购买方投入的资产约当投资的比例确定利润分成率。其公式如下：

$$无形资产利润分成率=\frac{无形资产约当投资额}{购买方约当投资额+无形资产约当投资额}\times100\%$$

$$无形资产约当投资额=无形资产重置成本\times成本利润率$$

$$购买方约当投资额=购买方投入重置成本\times成本利润率$$

3）剩余法。直接估算法和分成率法是在无形资产独立转让时的情况使用，但在许多情况下，无形资产是同企业的其他资产一同发生产权变动的，这时，通常采用剩余法来计算无形资产能为企业带来的超额收益。剩余法是将企业总利润扣除所有有形资产及其他所有可确指资产价值以后获得的利润，作为无形资产的预期超额收益。用公式表示如下：

$$无形资产预期超额收益=企业总利润-（固定资产\times投资报酬率）-（流动资产\times投资报酬率）-（其他可确指资产\times投资报酬率）$$

（2）受益期限。无形资产收益期限或称有效期限，是指无形资产发挥作用，并具有超额获利能力的时间。无形资产在发挥作用的过程中，其损耗是客观存在的。无形资产损耗的价值量，是确定无形资产有效期限的前提。无形资产因为没有物质实体，所以它的价值不会由于它的使用期的延长发生实体上的变化，然而，无形资产价值降低是由于无形损耗形成的，具体来说，主要由下列三种情况决定产生：一是当新的、更为先进、更经济的无形资产出现，这种新的无形资产可以替代旧的无形资产，便采用原无形资产无利可图时，原有无形资产价值就丧失了；二是当其他企业普遍掌握这种无形资产，使拥有这种无形资产的企业不再具有获取超额收益的能力时，它的价值也就大幅度贬低或丧失；三是当企业拥有的某项无形资产所决定的产品销售量骤减，需求大幅度下降时，这种无形资产价值就会减少，以致完全丧失。

以上说明的是确定无形资产的有效期限的理论依据。需要强调的是，无形资产具有获得超额收益能力的时间才是真正的无形资产有效期限。资产评估实践中，预计和确定无形资产的有效期限，可依照下列方法进行：

1）法律或合同、企业申请书分别规定有法定有效期限和受益年限的，可按照法定有效期限与受益年限孰短的原则确定。

2）法律无规定有效期，企业合同或企业申请书中规定有受益年限的，可按照受益年限确定。

3）法律和企业合同或申请书均未规定有效期限和受益年限的，按预计受益期限确定。预计受益期限可以采用统计分析或与同类资产比较得出。

还应该注意的是，无形资产的有效期限要比它们的法定保护期限短得多，因为它们要受许多因素的影响，如废弃不用、人们爱好的转变及经济形势变化等。特别是科学技术发达的今天，无形资产更新周期加快，使得其有效期限越来越短，评估时都应给予应有的重视。

（3）折现率。折现率是指与投资于该无形资产相适应的投资报酬率。折现率一般包括无风险利率和风险报酬率。一般来说，无形资产投资收益高、风险性强，因此，无形资产评估时折现率往往要高于有形资产评估的折现率。评估时，评估者应根据该项无形资产的功能、投资条件、收益获得的可能性条件和形成概率等因素，科学测算其风险利率，以进一步测算出其适合的折现率。另外，折现率的口径应与无形资产评估中采用的收益额的口径保持一致。

2．绝对值计价法

绝对值计价法是无形资产转让方根据实际成本及其预期超额收益能力提出报价，受让方则根据自己预测的该项无形资产预期收益、使用成本及自身经济承受能力提出还价，双方通过谈判最终确定该无形资产的转让价格，并一次付清。

这种方法是供求双方以谈判能力为基础的讨价还价，虽然确定性较强，但存在以下缺陷：

（1）无形资产转让方对受让方不承担任何风险。

（2）无形资产受让方只能一次性获取技术，而不能获得滚动技术。

（3）无形资产转让方可以再次转让，因此会影响前一个受让方的市场份额与经济效益。

3．相对值计价法

相对值计价法是在绝对值计价法的基础上发展而来的。具体来说，无形资产转让方在转让无形资产时，转让的是滚动技术，转让行为将在未来若干年内多次发生，因此无形资产价值及受让方未来经济利益都很难预测和确定，因此只能先对未来预期收益确定一个分成的比例。被评估资产转让价格由无形资产预期获利能力、转让方与受让方谈判决定的分成比例和提成年限三个要素决定。其计算公式如下：

$$P = B\sum_{i=1}^{n}\frac{N_i}{(1+r)^i}$$

式中，P 为无形资产评估值；N_i 为第 i 年的新增利润或销售额；B 为提成率；n 为提成年限；r 为折现率。

相对值计价法适用于所转让的无形资产将使用若干年或预期未来收益存在较大的不确定性的情况，优点是受让方可以获得滚动技术。双方风险共担，因此在未来使用中，转让方还会继续提供技术支持。

提成比率 B 的确定比较困难，可以按照分成率的方法确定或者根据历史统计资料确定，国际惯例通常是按销售收入来提取，提成率为 0.5% ~ 33%，按照利润额的提取比例一般为 5% ~ 30%。提成的年限受技术水平和市场因素影响较大，一般不超过 5 年，高新技术不超过 3 年，基础工业技术不超过 10 年。

5.3　无形资产评估的成本法

5.3.1　无形资产的成本特点

无形资产成本包括研制或取得、持有期间的全部物化劳动和活劳动的费用支出。无形资产的成本特点明显区别于有形资产。

1．弱对应性

知识资产的创建经历基础研究、应用研究和工艺生产开发等漫长过程，成果的出现带有较大的随机性、偶然性和关联性。有时有这类情形发生在一系列的研究失败之后偶尔出现一些成果，由其承担所有的研究费用显然不够合理。而在大量的先行研究（无论成功还是失败）成果的积累之上，往往可能产生一系列的知识资产，然而，继起的这些研究成果是否应该及如何承担先行研究的费用也很难明断。因而，开发无形资产的费用一一对应计算是比较困难的。

2．虚拟性

既然无形资产的成本具有弱对应性的特点，因而无形资产的成本往往是相对的。特别是一些无形资产的内涵已经远远超出了它的外在形式，这种无形资产的成本只具有象征意义。如商标，其成本核算的是商标设计费、登记注册费、广告费等。而商标的内涵是标示商品内在质量信誉。这种无形资产实际上包括了该商品使用的特种技术、配方和多年的经验积累，而商标形式本身所费的成本只具有象征性或虚拟性。

5.3.2　无形资产评估中成本法的应用

采用成本法评估无形资产，其基本公式如下：

$$\text{无形资产评估值}=\frac{\text{无形资产}}{\text{重置成本}}\times(1-\text{贬值率})\times\frac{\text{转让成本}}{\text{分成率}}+\text{转让机会成本}$$

1．无形资产重置成本的估算

无形资产重置成本是指现时市场条件下重新创造或购置一项全新无形资产所耗费的全部货币总额。根据企业取得无形资产的来源情况，无形资产可以划分为自创无形资产和外购无形资产。不同类型的无形资产，其重置成本构成和评估方式不同，需要分别进行估算。

（1）自创无形资产重置成本的测算。自创无形资产的成本是由创制该资产所消耗的物化劳动和活劳动费用构成的。自创无形资产如果已有账面价格，由于它在全部资产中的比重一般不大，可以按照定基物价指数做相应的调整，即得到重置成本。在实务上，自创无形资产往往无账面价格，需要进行评估。其方法主要有如下两种。

1）财务核算法。财务核算法即按该无形资产实际发生的材料、工时消耗量，按现行价格和费用标准进行估算的方法。

$$无形资产重置成本=\sum(\frac{物质资料}{实际耗费量}\times 现行价格)+\sum(实耗工时\times 现行费用标准)$$

这里的评估无形资产重置成本不是按现行消耗量而是按实际消耗量来计算的。其原因一是因为无形资产是创造性的成果，一般不能原样复制，从而不能模拟在现有生产条件下再生产的消耗量；二是无形资产生产过程中技术进步的作用最为明显，如果按模拟现有条件下的复制消耗量来估价重置成本，必然影响到无形资产价值形态的补偿，从而影响到知识资产的创制。

2）倍加系数法。具体可以分为以下两种情况进行分析。

① 可以确定无形资产投资报酬率时，相应的评估公式如下：

$$P=\frac{(C+\beta_1 V)(1-R)}{1-\beta_2}\times(1+p)$$

式中，P 为无形资产重置成本；C 为研发无形资产的物化劳动耗费；V 为研发无形资产的活劳动耗费；β_1 为科研人员创造性劳动倍加系数；β_2 为科研平均风险系数；R 为无形资产贬值率；p 为无形资产投资报酬率。

② 无法确定无形资产投资报酬率时，相应的公式如下：

$$P=\frac{(C+\beta_1 V)(1-R)}{1-\beta_2}+\alpha\sum_{t=1}^{n}\frac{R_t}{(1+r)^t}$$

式中，α 为无形资产贡献率；R_t 为每年新增净收益；r 为折现率；n 为无形资产尚可使用年限。其他同上。

当待估无形资产为非技术型时，科研人员创造性劳动的倍加系数和科研平均风险系数可以不考虑。

（2）外购无形资产重置成本的估算。外购无形资产的重置成本包括购买价和购置费用两部分，一般可以采用以下两种方法。

1）市价类比法。在无形资产交易市场选择类似的参照物，再根据功能和技术先进性、适用性对其进行调整，从而确定其现行购买价格。购置费用可根据现行标准和实际情况核定。

2）物价指数法。它是以无形资产的账面历史成本为依据，用物价指数进行调整，进而估算其重置成本。根据付款方式的不同可以分为以下两种情形。

① 一次性付款的估算，计算公式如下：

$$无形资产重置成本=无形资产账面成本\times\frac{评估时的物价指数}{购置时的物价指数}$$

② 分期付款的估算，计算公式如下：

$$C=\sum_{t=1}^{n}[\frac{R_t}{(1+r)^t}]\omega_1$$

式中，C 为无形资产重置成本；R_t 为每期付款额；r 为折现率；n 为付款期限；ω_1 为价格变动指数。

3）成本收益法。以无形资产外购成本为基础，综合考虑该项资产运用将给企业带来的收益净增加额的现值加以确定，公式如下：

$$P = C + \alpha\sum_{t=1}^{n}\frac{R_t}{(1+r)^t}$$

式中，C 为外购成本。

2. 无形资产贬值率的估算

无形资产的贬值表现为功能性贬值和经济性贬值。功能性贬值表现为由于科学技术进步，使得拥有该项无形资产的单位或个人其垄断性减弱，降低了获取垄断利润的能力而引致的贬值。经济性贬值在于无形资产外部环境因素的变化，如某项技术的使用，尽管目前技术水平很高，但使用该项技术生产的产品可能会引致环境污染，国家有关法规禁止该项技术产品的生产。这样就使得该项无形资产报废。

通常，无形资产成新率的确定，可以采用专家鉴定法和剩余经济寿命预测法进行。

（1）专家鉴定法。专家鉴定法是指邀请有关技术领域的专家，对被评估无形资产的先进性、适用性做出判断，从而确定其贬值率的方法。

（2）剩余经济寿命预测法。剩余经济寿命预测法是由评估人员通过对无形资产剩余经济寿命的预测和判断，从而确定其贬值率的方法，计算公式如下：

$$\text{贬值率} = \frac{\text{已使用年限}}{\text{已使用年限} + \text{剩余使用年限}} \times 100\%$$

式中，已使用年限比较容易确定，剩余使用年限应由评估人员根据无形资产的特征分析判断获得。分析判断方法已有详述，这里不再赘述。

3. 无形资产转让成本分成率测算

根据无形资产的可转让性，还需要考虑无形资产转让次数与转让成本的分摊问题。从理论上讲，购买方使用无形资产，就应由购买方补充成本费用；当购买方与转让方共同使用该无形资产时，应当由双方按运用规模、收益范围等合理标准进行分摊。实际操作可按以下公式进行：

$$\text{无形资产转让成本分成率} = \frac{\text{购买方运用无形资产设计能力}}{\text{运用无形资产总设计能力}}$$

4. 无形资产转让机会成本的测算

由于无形资产的转让，可能导致企业的停业，由无形资产支撑的营业收益锐减或形成行业竞争对手，市场竞争加剧，相应降低企业的利润或增加企业研发支出等。这些由无形资产转让产生的机会成本，理应由无形资产购买方进行补偿。

5.3.3 无形资产评估中市场法的应用

虽然无形资产具有的非标准性和唯一性特征限制了市场法在无形资产评估中的使用，但这不排除在评估实践中仍有应用市场法的必要性和可能性。如果有充分的源于市场的交易案例，可以从中取得作为比较分析的参照物，并能对评估对象与可比参照物之间的差异做出合适的调整，就可应用市场法。这里不再详述。

5.4 技术型无形资产的评估

5.4.1 专利权的评估

1. 专利权的概念

专利权是国家专利机关依法批准的发明人或其权利受让人对其发明成果享有的专有权利，包括独占实施权、转让权、许可权、标记权和放弃权。专利权有时间和地域的限制，我国专利法规定，发明专利权保护期限为 20 年，实用新型专利和外观设计专利保护期为 15 年，美国的专利权保护期为 17 年。不同国家依法授予的专利权仅在该国的管辖范围内有效。

2. 专利权的种类

专利权一般包括发明、实用新型和外观设计。

（1）发明专利权。发明专利是指以发明为保护客体的专利权。所谓的发明，是指对产品、方法或者改进所提出的新的技术方案，一般分为产品发明和方法发明两类。产品发明是指人们通过研究开发出来的关于各种新产品、新材料、新物质等的技术方法，如我国四大发明中的指南针、爱迪生发明的电灯，贝尔发明的电话等。方法发明是指人们为制造产品或解决某一技术课题而研发的有关操作方法、制造方法和工艺流程等技术方案，如我国四大发明中的造纸术与印刷术。

（2）实用新型专利。实用新型专利是指对产品形状、构造或者其结合所提出的适于实用的新的技术方案。实用新型专利必须是一种产品、制造产品的方法不包括在内，它必须同时还得具备一定的形态、结构，即物理上的长、宽、高和产品内、外部的结构，因此，气体、液体、粉状物不包含在内。而且实用新型专利必须具有产业上的实用价值，装饰用的珠宝首饰等不包括在内。实用新型专利比发明专利的创造性要低，因此被称为“小发明”，如电冰箱除臭器等。

（3）外观设计专利。国外通常称外观设计为工业产品外观设计，指的是对产品的形状、色彩、图案或者其结合所做出的富于美感并适用于工业上应用的新设计。值得强调的是，外观设计专利必须与产品有关，单纯的图案不能申请外观设计专利，但是将该图案印在一定的产品之上就可以了。

在以上的三种专利中，发明专利和实用新型专利特别强调创造性、新颖性和实用性。

3．专利权的评估

测算专利权价值之前，应当认真研究以下几个问题。

（1）专利权产权，即确定专利技术究竟归谁所有，并要求相关单位或个人提供相应的法律证据。

（2）专利权所处的状态，由于专利权分为向国家专利局申请并已经得到批准和已经申请但尚未授予两种状态，而后者有相当大的不确定性，因此在评估中要特别注意，适当加大其风险系数。

（3）专利权的期限和地域范围，因为如果超越了法定保护期限或一定的地域范围，任何人都可以自由使用，专利就不是专利了，而且越临近期满，专利技术的价值就越低。

由于专利权技术的个别性，一般不采用市场比较法，目前通常采用的方法有重置成本法和收益现值法。

【例 5-1】甲企业将一项专利权转让给乙公司，拟采用对利润分成的方法，该专利是三年前从外部购入，账面成本为 80 万元，三年间物价累计上涨 25%，该专利法律保护期为 10 年，已过 4 年，尚可保护 6 年。经专业人员测算，该专利成本利润率为 400%，乙企业资产重置成本为 4 000 万元，成本利润率为 12.5%，通过对该专利的技术论证和发展趋势分析，技术人员认为该专利剩余使用寿命为 5 年。另外，通过市场供求状况及有关资料分析，乙企业实际生产能力为年产某型号产品 20 万台，成本费用每台约为 400 元，未来 5 年间产量与成本费用变动不大。该产品由于采用了专利技术，性能有较大幅度的提高，未来第一、二年每台售价可达 500 元。在竞争作用下，为维护市场占有率，第三、四年售价将降为每台 450 元，第五年降为每台 430 元。折现率为 10%。要求根据以上资料，确定该专利的评估价值（不考虑流转说因素）。

首先确定利润分成率。

$$专利的重置成本=80\times(1+25\%)=100（万元）$$

$$专利的约当投资量=100\times(1+400\%)=500（万元）$$

$$乙企业资产约当投资量=4\,000\times(1+12.5\%)=4\,500（万元）$$

$$利润分成率=\frac{500}{4\,500+500}\times100\%=10\%$$

计算该专利的评估值。

（1）确定每年的利润额。

$$第一、二年的利润额=(500-400)\times20=2\,000（万元）$$

$$第三、四年的利润额=(450-400)\times20=1\,000（万元）$$

$$第五年的利润额=(430-400)\times20=600（万元）$$

（2）确定分成额。

$$第一、二年的分成额=2\,000\times10\%=200（万元）$$

第三、四年的分成额=1 000×10%=100（万元）

第五年的分成额=600×10%=60（万元）

（3）确定评估值。

$$评估值=\frac{200}{(1+10\%)^1}+\frac{200}{(1+10\%)^2}+\frac{100}{(1+10\%)^3}+\frac{100}{(1+10\%)^4}+\frac{60}{(1+10\%)^5}\approx 528（万元）$$

5.4.2 非专利技术的特点

非专利技术是指为特定的人所知晓的尚未公开其完整形式，处于保密状态，并非申请专利的具有一定价值的知识或信息，也称为专有技术、技术秘密等，主要包括设计资料、技术规范、工艺流程、材料配方、经营诀窍和图纸、数据等技术资料。非专利技术与专利权不同，从法律角度讲，它不是一种法定的权利，而仅仅是一种自然的权利，是一项收益性无形资产。其主要特点如下。

1. 实用性

非专利技术必须是能够在生产实践过程中操作，它才有存在价值，不能应用的技术不能称为非专利技术。

2. 获利性

非专利技术必须有价值，表现在它能为企业带来超额利润，这种获利能力是非专利技术能够进行市场转让的基础。

3. 保密性

保密性是非专利技术的最主要因素。如前所述，非专利技术不是一种法定的权利，其自我保护是通过保密性进行的。如果该项技术一经泄密和公开，公开技术被众人所熟悉和掌握，这项非专利技术也就不存在了。

另外，非专利技术与专利技术的区别表现在如下方面：

（1）非专利技术具有保密性，而专利技术则是在专利法规定范围内公开的。一项技术一经公开，获取它所耗费的时间与投资远远小于研制它所耗费的时间和投资，必须要有法律手段保护发明者的所有权。而没有专利权又不公开的技术，所有者只有通过保密手段进行自我保护。

（2）非专利技术的内容范围很广，包括设计资料、技术规范、工艺流程、材料配方、经营诀窍和图纸等，专利技术通常包括三种，即发明、外观设计和实用新型。

（3）专利技术有明确的法律保护期限，非专利技术没有法律保护期限。

（4）对专利技术的保护通常按《中华人民共和国专利法》的条文进行，对非专利技术保护的法律主要有《中华人民共和国合同法》、《中华人民共和国反不正当竞争法》等。

5.4.3　影响非专利技术评估值的因素及其评估方法

1．影响非专利技术评估值的因素

在非专利技术评估中，应该注意研究影响非专利技术评估值各项因素，这些因素具体如下。

（1）非专利技术的使用期限。非专利技术依靠保密手段进行自我保护，没有法定保护期限。但是，非专利技术作为一种知识和技巧，会因技术进步、市场变化等原因，终究会被先进技术所替代。作为非专利技术本身，一旦成为一项公认的使用技术，它就不存在价值了。因此，非专利技术的使用期限应当根据由评估者根据本领域的技术发展情况、市场需求情况及技术保密情况进行估算，也可以根据双方合同的规定期限、协议情况估算。

（2）非专利技术的预期获利能力。非专利技术具有使用价值和价值，使用价值是非专利技术本身应具有的，而非专利技术的价值则在于非专利技术的使用所能产生的超额获利能力。因此，评估时应充分研究分析非专利技术的直接和间接获利能力，这是确定非专利技术评估值的关键，也是评估过程中的困难所在。

（3）分析非专利技术的市场情况。技术商品的价格也取决于市场供求情况。市场需求越大，其价格越高，反之则低。从非专利技术本身来说，一项非专利技术的价值高低取决于其技术水平在同类技术中的领先程度。在科学技术高速发展的情况下，技术的更新换代的速度加快，无形损耗加大，一项非专利技术很难持久处于领先水平；另外，非专利技术的成熟程度和可靠程度对其价值量也有很大的影响。技术越成熟、可靠，其获利能力越强，风险越小，卖价越高。

（4）非专利技术的开发成本。非专利技术取得的成本也是影响非专利技术价值的因素。评估中应根据不同技术特点，研究开发成本和其获利能力的关系。

2．非专利技术的评估方法

根据非专利技术的特点，一般采用收益现值法、成本法进行评估。当被评估技术已经成为推广应用的技术成果时，多采用收益现值法；当被评估技术为尚未推广应用的技术成果时，通常采用成本法。

（1）运用成本法对非专利技术进行评估。

【例 5-2】某特种机床厂有各种不同类型的配件加工图纸 20 000 张，需要进行评估。经评估人员分析，其中 10 000 张是正在生产的设备的配件，这类配件随时可能发生订货，图纸平均已使用 5 年，估计尚可使用 10 年；5 000 张是目前已不再生产配件的图纸，但这类设备仍在使用中，会因维修而发生订货，这些图纸已经使用了 10 年，估计尚可使用 5 年；其他图纸因设备已停止生产较长时间，存量设备很少，估计发生订货的可能性很小。这些配件加工图纸每张重置成本为 100 元。试计算这些图纸的评估值。

经分析，有继续使用价值的、可以作为评估对象的图纸是前两类，共 15 000 张。第一类的成新率为 2/3，第二类的成新率为 1/3，每张重置成本为 100 元，因此，评估值如下。

评估值=10 000×100×2÷3+5 000×100×1÷3=833 333（元）

（2）运用收益法对非专利技术进行评估。

【例 5-3】某企业将一个啤酒生产配方转让给丙企业。该配方具有一定的技术先进性，生产出的啤酒销路大增，预计可以持续三年，今后三年预计新增利润分别为 200 万元、270 万元和 180 万元。双发签订的合约规定：丙企业从使用该配方所生产啤酒的新增利润中提成 30%给转让方，作为技术转让费，时间为三年，折现率为 12%。评估该配方的转让价值。

$$评估值=\left[\frac{200}{(1+12\%)^1}+\frac{270}{(1+12\%)^2}+\frac{180}{(1+12\%)^3}\right]\times 30\% \approx 156.6（万元）$$

5.5 商标权的评估

5.5.1 商标和商标权

1. 商标及其分类

商标是商品的标记，是商品生产者或经营者为了把自己的商品与他人的同类商品区别开来，在商品上使用的一种特殊标记。这种标记一般由文字、图案或两者组合而成。

商标的作用表现在：商标表明商品或劳务的来源，说明该商品或劳务来自何企业；商标能把一个企业提供的商品或劳务与其他企业的同一类商品或劳务相区别；商标标志一定的商品或劳务的质量；商标反映向市场提供某种商品或劳务的特定企业的声誉。消费者通过商标可以了解这个企业形象，企业也可以通过商标宣传自己的商品，提高企业的知名度。

从经济学角度看，商标的这些作用最终能为企业带来超额收益。从法律角度来说，保护商标也就是保护企业获取超额收益的权利。

商标的种类很多，可以依照不同标准予以分类。

（1）按商标是否具有法律保护的专用权，可以分为注册商标和未注册商标。我国商标法规定：经商标局核准注册的商标为注册商标，商标注册人享有商标专用权，受法律保护。我们所说的商标权的评估，指的是注册商标专用权的评估。

（2）按照商标的构成，可以分为文字商标、图形商标、符号商标、文字图形组合商标、气味商标、色彩商标、音响商标、立体商标等。

（3）按商标的不同作用，可以分为商品商标、营业商标、等级商标、防御商标、制造商标、销售商标、服务商标、证明商标等。

2. 商标权及其特点

商标权是商标注册后，商标所有者依法享有的权益，它受到法律保护，未注册商标不受法律保护。商标权是以申请注册的时间先后为审批依据，而不以使用时间先后为审批依据。商标权一般包括有排他专用权（或独占权）、转让权、许可使用权、继承权等。

排他专用权是指注册商标的所有者享有禁止他人未经其许可而在同一种商品劳务或类

似商品劳务上使用其商标的权利。

转让权是商标所有者作为商标权人，将其拥有的商标转让给他人的权利。我国商标法规定：转让注册商标的转让人和受让人应当共同向商标局提出申请。受让人应当保证使用该注册商标的商品质量。转让注册商标经核准后，予以公告。

许可使用权是指商标权人依法通过商标使用许可合同允许他人使用其注册商标。商标权人通过使用许可合同，转让的是注册商标的使用权。

继承权是指商标权人将自己的注册商标交给指定的继承人继承的权利，但这种继承必须依法办理有关手续。

商标权和专利权都属于知识产权中的工业产权，但取得商标权与专利权的实质性条件不同，表现在：第一，专利法规定取得专利权的技术要求是新颖性、创造性和实用性，而商标权取得的条件是具有显著性、不重复性和不违反禁用条款；第二，专利权有法定的有效保护期限，一般不准续展，而商标权尽管在注册时有一个有效期规定，如我国商标法规定 10 年，但可以按照每一期 10 年无限续展。

商标权的价值是由商标所带来的效益决定的，带来的效益越大，商标价值就越高，反之则低。而商标带来效益的原因，在于它代表企业的产品质量、信誉、经营状况的提高。表面上看，商标价值来自设计和广告宣传，但实际并非如此。尽管在商标设计、制作、注册和保护等方面都需要耗费一定的费用，广告宣传有利于扩大商标知名度，为此需支付很高的费用，但这些花费只对商标价值起影响作用，而不是起决定作用，起决定作用的是商标所能带来的超额收益。

5.5.2　商标权评估的程序

商标权评估可按下列程序进行。

1．明确评估目的

商标权评估目的即商标权发生的经济行为。从商标权转让方式来说，可以分为商标权转让和商标权许可使用。商标权转让是指转让方放弃商标权，转归受让方所有，实际上是商标所有权出售。商标权许可使用则是拥有商标权的商标权人在不放弃商标所有权的前提下，特许他人按照许可合同规定的条款使用商标。商标权转让方式不同，评估价值也不一样。一般来说，商标所有权转让的评估值高于商标权许可使用的评估值。从股份制企业商标权评估情况来说，一般包括以商标权投资入股、商标权许可使用、商标权转让等。在股份制改造或股份公司上市时，出于股本结构、出资要求等原因，往往将商标权许可使用，这样做，既可以保证股份制企业正常生产经营，又不影响其股权结构和出资规定。在这种情况下，不仅要对商标权进行评估，还应评估出年许可使用费标准，作为签订许可使用合同的依据。

2．向委托方收集的资料

（1）委托方概况（包括经营历史、现状），经营业绩（包括前3~5年的财务报表）。

（2）商标概况，包括商标注册有关的法律性证件、注册时间、注册地点、注册证书号、保护内容、商标的适用范围、商标的种类、商标的法律诉讼情况、商标的知名度、商标有无其他协议等。

（3）商标产品的历史、现状与展望，包括市场环境、同行业情况、商标产品的信誉、市场占有率情况等。

（4）商标的广告宣传等情况。

（5）委托方未来的经营规划。

（6）未来财务数据预测，包括生产、销售预测，成本费用预测，损益预测。

（7）相关产业政策、财税政策等宏观经济政策的影响。

3．市场调研和分析

（1）产品市场需求量的调研和分析。

（2）商标现状和前景的分析。

（3）商标产品在客户中的信誉、竞争情况的分析。

（4）商标产品市场占有率的分析。

（5）财务状况分析，主要分析判断商标产品的现有获利能力，为未来收益发展趋势预测提供依据。

（6）市场环境变化的风险分析。

（7）其他相关信息资料的分析。

4．确定评估方法，搜集确定有关指标

商标权评估较多采用收益法，但也不排斥采用市场法和成本法。由于商标的单一性，同类商标价格获取的难度，使得市场法应用受到限制；商标权的投入与产出具有弱对应性，有时设计创造商标的成本费用较低，其带来收益却很大，相反，有时为设计、创造某种商标成本费用较高，比如为宣传商标投入了巨额的广告费，但带来的收益却不高，因此，采用成本法评估商标权时必须慎重。

收益法评估商标权主要是分析确定收益额、折现率和收益期限三项指标。收益额、折现率的分析测算前面已述及，不再赘述。收益期限的确定是商标权评估时十分重要的问题。按照《中华人民共和国商标法》的规定，商标权法律保护期限（注册）是10年，到期后可以续展。因此，评估实践中，有人主张商标权收益期限为10年，有人则认为商标权收益期限应为无限长。其实，上述两种做法都是欠妥的。商标权之所以有价值，是因为通过它能够带来超额收益。如果注册商标所代表的产品并不能带来超额收益，该商标同样不值钱。因此，确定商标权未来获利期限的依据是其获得超额收益的时间，注册年限仅供分析参考，不应作为直接依据。

最后，计算、分析、得出结论，完成评估报告。

5.5.3 商标权评估的方法

前已述及，商标权评估采用的方法一般为收益法，下面主要介绍说明收益法在商标权评估中的应用。

【例 5-4】某企业每年生产甲产品 100 万件，每件售价为 80 元，每件成本为 60 元，预计未来 5 年不会发生变化。现在考虑购买某著名商标 5 年的使用权。预计使用该商标后，甲产品的售价可上升为 90 元，每年可销售 120 万件，该厂现有生产能力能满足 120 万件的要求。预计未来 5 年不会发生变化。企业所得税税率为 25%，折现率为 10%。计算评估这项商标权的价值。

使用商标后，每年新增税前利润=(90−80)×100+(90−60)×(120−100)=1 600（万元）

每年新增的税后利润=1 600×(1−25%)=1 200（万元）

该商标的评估值=1 200×(P/A, 10%, 5)=1 200×3.790 8=4 548.96（万元）

【例 5-5】甲企业将“巨力”牌注册商标使用权通过许可使用合同转让与乙企业使用，合同期为 4 年。经测算，各年可带来的追加利润为 100 万元、120 万元、90 万元、70 万元。商标利润提成率为 25%，假定折现率为 10%，试评估该商标使用权的价值。

$$\text{商标使用权的价值}=\left[\frac{100}{(1+10\%)^1}+\frac{120}{(1+10\%)^2}+\frac{90}{(1+10\%)^3}+\frac{70}{(1+10\%)^4}\right]\times 25\%\approx 77\text{（万元）}$$

5.6 其他无形资产的评估

5.6.1 特许权的评估

1. 特许权的概念及特点

特许权又称为特许经营权或专营权，是指政府或企业给予其他法人或自然人的经营或销售某种特定商品的特殊权利，包括各种许可证、代理权、专营权、特许使用权等。特许权具有以下特征。

（1）时效性。特许权是以一定的物质和技术为基础的，具有较强的时效性，其价值与剩余的许可期限紧密相关。

（2）转让的限制性。某些特许权是政府权力的延伸，国家规定不能转让，也就不能评估其价值；可以转让的特许权也往往是存在期限和区域限制，这对其评估价值的大小有影响。

（3）垄断经济效益。电力、邮电、铁路等公共事业性质行业的专营权无形资产都具有垄断性质，因而可以获得垄断经济效益。

2．特许权的评估方法

特许权评估的基础是被许可方在使用特许权后所能获得的超额收益或垄断利润。对于以转让、招商、入股或联营为目的的特许权评估，一般采用收益现值法；对于作为开办费或直接作价计入股本为目的的特许权评估，通常采用重置成本法，如果能找到合适的参照物，也可采用市场比较法进行特许权价值评估。

【例 5-6】经国家批准，某进出口公司获得了 5 年内每年进口 20 000 辆某世界名牌轿车的许可证，经分析，每辆轿车可获得净利润 5 000 元，资金利润率为 20%，国内一般汽车销售企业的利润率为 10%。折现率为 12%。国家规定该进出口公司一次性缴纳一定的许可费，现要评估许可费的数额。

每年可带来的超额收益$=2\times5\,000-(2\times5\,000)\div20\%\times10\%=5\,000$（万元）

超额收益的折现值$=5\,000\times(P/A, 12\%, 5)=5\,000\times3.604\,8=18\,024$（万元）

5.6.2 著作权的评估

1．著作权的概念

著作权也称版权，是指著作权人对作品享有的权利。作品是指文学、艺术和科学领域内的具有独创性，并能够以某种有形形式复制的智力创作成果。这种作品一般通过某种物质载体来体现，如书籍、照片、录音带、录像带、光盘等。

我国著作权法所称的作品包括：文字作品，口述作品，音乐、戏剧、曲艺、舞蹈作品，美术、摄影作品，电影、电视、录像作品，工程设计、产品设计图纸及其说明，地图、示意图等图形作品，计算机软件，民间文学艺术作品，法律、行政法规规定的其他作品。

著作权人享有的著作权包括著作权中的人身权和著作权中的财产权，具体划分为：发表权，即决定作品是否公之于众的权利、署名权，即表明作者身份，在作品上署名的权利；修改权，即修改或授权他人修改作品的权利；保护作品完整权，即保护作品不受歪曲、篡改的权利；使用权和获得报酬权，即以复制、表演、播放、展览、发行、摄制电影、电视、录像，或者改编、翻译、注释、编辑等方式使用作品的权利，以及许可他人以上述方式使用作品并由此获得报酬的权利。署名权、修改权、保护作品完整权的保护期不受法律限制。公民作品的发表权、使用权和获得报酬权的保护期为作者终生及其死亡后 50 年。其他作品的发表权、使用权和获得报酬权的保护期为首次发表后 50 年，但作品在创作完成后 50 年内未发表的，著作权不再受到保护。

2．著作权的特征

（1）受法律保护。受法律保护指各种不同类型的著作权在其使用及其转让等方面与法律是紧密联系的。著作权的各项权利属于著作权的所有人，著作权的精神权利一般不会转让，使用权等经济权利的转让在得到作者许可的情况下可以使用或者转让，并且应支付给著作权人相应的费用和报酬。著作权的评估对象实质上也就是和著作权有关的经济权利。

对著作权进行保护的法律主要指国际上的《伯尔尼公约》、各国国内适用的著作权法等。

（2）地域性。由于各国对著作权进行保护的法律不尽相同，可能在一个国家或地区受保护的某种项目，在另外一个地区则不受保护，这主要取决于该地区的法律规定。需要注意的是，同一国家或地区的法律也是在不断调整和变化的。

（3）时间性。时间性指著作权中的部分权利受法律保护的时间是有限度的，而另外一部分权利则没有这种限制。一般地说，著作权的发表权、使用权和获得报酬权受法律保护的年限是有限制的。例如，《伯尔尼公约》规定，一般作品的保护期不少于作者有生之年加上 50 年，摄影作品等实用艺术作品不少于作品完成后的 25 年，电影作品不少于同观众见面起 50 年等。一旦有关的经济权利超过法律保护的期限，其权利自动失效。但是，著作权的精神权利，如署名权、修改权，保护作品完整权等往往不受保护期的限制。

（4）保护形式的局限性。保护形式的局限性是指著作权的保护范围仅限于思想的物质表现形式，而不是思想性本身。比如，一项技术的发明人如果只将该技术的内容通过论文的形式发表出来，但未申请专利，则著作权仅仅保护该论文不被复制、发行，而并未限制他人利用该技术进行生产。

（5）保护内容的独立性。保护内容的独立性指著作权保护的内容强调创作的独立性，即使创作思想是相同的，只要是由不同人分别独立地完成了作品，则都享有著作权。

3．著作权的评估方法

著作权评估实质上也就是对和著作有关的经济权利的评估。著作权的种类很多，下面以图书为例来说明著作权的评估方法。

（1）市场法。著作权由于具有不可复制性，在参照物的选择上比较困难，所以市场法的选择也受到了限制。但是按图书出版的惯例，一般有两种方式支付稿酬，一种是千字稿酬，另外一种则是版税稿酬。而千字稿酬的方式就是市场法的应用。

【例 5-7】甲写了一本审计方面的专业教材，总字数在 30 万。在和出版社商谈报酬时，双方约定采用千字稿酬的方式付费，由出版社一次性买断出版权。此时，著作权价值由字数和每千字的单价决定。参看该作者以前的著作和市场类似著作的价格，双方商定为每千字 50 元，试计算该著作权的价值。

$$著作权价值=300\ 000 \div 1\ 000 \times 50=15\ 000（元）$$

这种方法主要适合于销售量不是很大的图书，此时所有的风险一律由出版社来承担。

（2）收益法。采用收益法评估著作权时，还是有三个指标，即收益额、折现率和折现期。最难确定的是收益额，收益额取决于销售量、销售单价和版税比例，而销售单价、销售量和版税是相互影响的。图书定价高，销售量就低；反之就高。而销售量大、定价高，著作权的版税就高；反之就低。图书的定价取决于图书的印刷成本、版税成本、发行成本和印刷数量的大小。此外，对于畅销的书籍还要考虑国家法律对于盗版的打击力度及读者对于盗版的态度。

有时候为了保障作者的利益，也可以采用千字稿酬加版税的方式，出版社先按照千字稿酬的方式支付作者出版费，同时，出版社出版一定数量的图书，如果超出这个范围，需要加印时，再按照加印数量的销售额的一定比例支付给作者版税。此时先支付的千字稿酬就相当于无形资产的最低收费额。此时著作权价值的公式如下：

$$著作权价值=字数\times字数单价+加印数量\times图书单价\times版税比例$$

对于大多数图书而言，其发行量和销售量都是有一个过程的，此时就要严格按照收益法公式进行计算。

【例 5-8】预计某图书定价为 24 元/册，在著作使用权合同 10 年期内的总发行量估计能够达到 10 000 册，前 5 年的销售量为 7 000 册，后 5 年的销售量为 3 000 册，版税率（即收入提成率）为 10%，稿酬的所得税税率为 20%，折现率为 10%，试评估著作权的价值。

1）前 5 年与后 5 年的版税收入。

$$前5年的版税收入=7\,000\times24\times10\%=16\,800（元）$$

$$后5年的版税收入=3\,000\times24\times10\%=7\,200（元）$$

2）前 5 年与后 5 年的税后版税收入。

$$前5年的版税收入=16\,800-16\,800\,(1-20\%)\times20\%\times(1-30\%)=14\,918（元）$$

$$后5年的版税收入=7\,200-7\,200\,(1-20\%)\times20\%\times(1-30\%)=6\,394（元）$$

$$该著作使用权价值=14\,918\times(P/A,10\%,5)+6\,394\times(P/A,10\%,5)\times(P/S,10\%,5)=71\,495（元）$$

5.6.3 租赁权的评估

1. 租赁权的含义和分类

租赁权是指在租赁合同规定的期限内，由出租方将财产的使用权转让给承租人，承租人按照合同规定所获得的财产使用权。承租方向出租方支付一定的租金，在租赁合同期后出租方收回财产。

按照租赁权的内容划分，租赁一般分为经营性租赁和融资性租赁。经营性租赁是指出租方将财产交给承租方使用并收取租金，在租赁关系终止时收回财产。融资性租赁是指由出租方按照承租方所提出的租赁财产的规格要求及所同意的条款购买资产，而后将该资产出租给承租方使用并收取租金，在租赁合同到期时收回、续租或出售资产。对承租方来讲，这是一种以“融物”方式达到融资目的的交易方式。

2. 租赁权的评估方法

租赁权的评估并非对租赁时的租金额进行评估，而是对租赁权在租赁合同期内所能够带来的超额收益进行评估。这种超额收益一般表现为租赁权使用所带来的支付租金前的客观净收益高出合同租金的部分，或者说是市场租金高出契约租金的部分。比如，某人承租一房屋的契约租金为 500 元/月，于每月月初支付。按租赁合同，剩余的租期为 1 年，承租人不再需要租用该房屋，经出租人同意可以转租该房屋。承租人经过市场调查发现同类房屋当前的市场租金为 550 元/月。因而承租人认为向该租赁权的受让人收取 600 元的转租费比较合理。租赁权的评估通常采用收益法，其评估思路为：用收益现值法计算出各期租赁资产预计的可实现收益，减去合同规定的租金，再折现汇总。

【例 5-9】某企业向租赁公司租赁了一套设备，每年租金 130 万元，剩余租期为 5 年。预计该设备未来每年生产的产品销售收入为 1 150 万元，生产及销售总成本为 1 000 万元(包括租金支付)，企业未来 5 年的资本成本预期为 8%，所得税率为 25%。试评估该设备租赁权的价值。

$$\text{租赁权年净超额收益}=(1\,150-1\,000)\times(1-25\%)-1\,000\times8\%=32.5\text{（万元）}$$

$$\text{设备租赁权价值}=32.5\times(P/A, 8\%, 5)=32.5\times3.992\,7=129.76\text{（万元）}$$

5.6.4 商誉的评估

1. 商誉及商誉的特点

商誉通常是指企业在一定条件下，能获取高于同行业正常投资报酬率所形成的价值。这种价值的预期是由于企业所处地理位置的优势，或由于经营效率高、管理基础好、生产历史悠久、人员素质高等多种原因，与同行业企业相比较，可获得超额利润。

从历史渊源考察，20 世纪 60 年代以前所称的无形资产是一个综合体，商誉则是这个综合体的总称。20 世纪 70 年代以后，随着对无形资产确认、计量的需要，无形资产以不同的划分标准，形成了各项独立的无形资产。现在所称的商誉则是指企业所有无形资产扣除各单项可确指无形资产以后的剩余部分。因此，商誉是不可确指的无形资产，它具有如下特性。

（1）商誉与企业整体有关，它不能单独存在，也不能与企业可确指的资产分开出售。企业是商誉的载体，离开企业，商誉的价值也就不存在了，只有企业转让、兼并、收购时，商誉才会与其一起转让。

（2）形成商誉的个别因素，是不能够用任何方法或公式给予单独计量的，只能按照总额加以确认。

（3）商誉只是超过企业各项可确指资产之和的价值，本身并不能够产生收益。

（4）商誉的形成是企业长期积累起来的一项价值，而且能够长期存在，没有法定的时间限制。

2. 商誉评估的方法

商誉的特殊性决定了商誉的评估只能采用收益法。在收益法下，具体的商誉评估方法有割差法和超额收益法两种。

（1）割差法。割差法是根据企业整体评估价值与各单项资产评估值之和进行比较，确定商誉评估值的方法。基本公式如下：

$$商誉的评估值 = 企业整体资产评估值 - \begin{matrix}企业的各单项资产评估值\\之和（含可确指无形资产）\end{matrix}$$

企业整体资产评估值可以通过预测企业未来预期收益并进行折现或资本化获取；对于上市公司，也可以按股票市价总额确定。需要注意的是，企业评估价值与企业净资产价值是两个不同的概念。如果有两个企业，净资产价值大体相当，但由于经营业绩悬殊，预期收益悬殊，其企业价值自然差别很大。构成企业评估价值的净资产，包括有形资产和可确指的无形资产，由于其可以独立存在和转让，其评估价值在不同企业中趋同。但它们由于不同的组合，不同的使用情况和管理，使之运行效果不同，导致其组合的企业评估价值不同。商誉是使各类资产组合后产生的超过各项单项资产价值之和的价值。

从公式中可以看出，商誉的评估值可能是正值，也可能是负值。当商誉为负值时，有两种可能，一种是亏损企业，另一种是收益水平低于行业或社会平均收益水平的企业。商誉为负值时，对商誉的评估也就失去意义。可见，商誉价值的评估，限于盈利企业或经济效益高于同行业或社会平均水平的企业。

【例 5-10】某企业的预期年收益额为 20 万元，该企业各单项资产（含可确指的无形资产）的评估值之和为 80 万元，企业所在行业的平均收益率为 20%，根据企业风险确定的折现率也是 20%，试计算该企业商誉的评估值。

该企业整体资产评估值=20÷20%=100（万元）

该企业的商誉评估值=100−80=20（万元）

（2）超额收益法。超额收益法是把企业可预测的若干年预期超额收益进行折现，把其折现值确定为企业商誉价值的一种方法。超额收益法又可分为超额收益本金化价格法和超额收益折现法两种具体的方法。超额收益本金化价格法主要适用于经营状况一直较好、超额收益比较稳定的企业。如果企业的超额收益只能维持有限期的若干年，这类企业宜采用超额收益折现法评估商誉。

1）超额收益本金化价格法。预计企业每年的超额收益额相等，并且企业获得超额收益无限期的情况下，使用超额收益本金化价格法，计算公式如下：

商誉价值=年超额收益÷本金化率

式中：

年超额收益额=企业预计年收益额−企业的单项资产评估值之和×行业平均收益率

或

年超额收益额=企业单项资产评估值之和×超额收益率

年超额收益率=企业预计年收益率−行业平均收益率

【例 5-11】仍使用例 5-10 的资料，求该企业商誉的评估值。

商誉评估值=(20−80×20%)÷20%=20（万元）

或

商誉评估值=[80×(20/80–20%)]÷20%=20（万元）

从例题可以看出，割差法和超额收益法的本质是相同的。

2）超额收益折现法。当预计企业每年的超额收益额不相等时，并且在企业获得的超额收益有限的情况下，使用超额收益折现法，计算公式如下：

$$商誉的价值=\sum_{i=1}^{n} R_i(1+r)^{-i}$$

式中，R_i为第 i 年企业预期超额收益；r 为折现率；n 为收益年限；$(1+r)^{-i}$ 为折现系数。

【例 5-12】 某企业预计将在今后 5 年内保持其具有超额收益的经营态势。估计预期年超额收益额保持在 22 500 元的水平上，该企业所在行业的平均收益率为 12%，计算商誉的价值。

商誉的价值=22 500×0.892 9+22 500×0.797 2+22 500×0.711 8+22 500×0.635 5+22 500×0.567 4=81 108（元）

或

商誉的价值=22 500×(P/A,12%,5)=22 500×3.604 8=81 108（元）

3．商誉评估的注意事项

由于商誉本身的特性决定了商誉评估的困难性。商誉评估的理论和操作方法争议较大，现在虽然尚难定论，但在商誉评估中，至少下列问题应予以明确。

（1）商誉只存在于那些长期具有超额收益的少数企业之中。一个企业在同类型企业中超额收益越高，商誉评估值越大。因此，商誉评估过程中，如果不能对被评估企业所属行业的收益水平有全面了解和掌握的话，也就无法评估出该企业商誉的价值。

（2）商誉评估必须坚持预期原则。企业是否拥有超额收益是判断企业有无商誉和商誉大小的标志。这里所说的超额收益指的是企业未来的预期超额收益，并不是企业过去或现在的超额收益。在评估过程中，对于目前亏损的企业，经分析预测，如果其未来超额收益潜力很大，则该企业也会有商誉存在。这在评估时必须加以综合分析和预测。

（3）商誉价值形成既然是建立在企业预期超额收益基础之上，那么，商誉评估值的高低与企业中为形成商誉投入的费用和劳务没有直接的联系，并不会因为企业为形成商誉投资越多，其评估值就越高。尽管所发生投资费用和劳务会影响商誉评估值，但它是通过未来预期收益的增加得以体现的。因此，商誉评估不能采用投入费用累加的方法进行。

（4）商誉是由众多因素共同作用形成，但形成商誉的个别因素不能够单独计量的特征，决定了商誉评估也不能采用市场类比的方法进行，因为影响商誉的各项因素的定量差异调整难以运作。当然，完全相同的商誉更为鲜见。因此，在对商誉评估方法的研究中，按形成商誉的因素分解成为地缘商誉、人缘商誉、质量商誉、组织商誉合其他商誉等，然后分别测定每个因素带来的超额收益，最后分别进行收益折现和本金化后汇总计算商誉的价值。这种观点是值得商榷的。我们认为，从定性分析角度，可以将形成商誉的因素加以分解和列举，用以说明商誉形成的内涵和构成因素。但要定量分析确定，在实际操作过程中，穷尽办法也难以完成。

（5）企业负债与否、负债规模大小与企业商誉没有直接关系。有观点认为，企业负债累累，不可能有商誉，这种认识有失偏颇。在市场经济条件下，负债经营是企业融资策略之一。从财务学原理分析，企业负债不影响资产收益率，而影响投资者收益率，即资本金收益率。资本金收益率与资产收益率的关系可以进行如下表述：

$$\text{资本金收益率}=\frac{\text{资产收益率}}{1-\text{资产负债率}}$$

在资产收益率一定且超过负债资金成本的条件下，增大负债比率，可以增加资本金收益率，并不直接影响资产收益率。资产收益率受制于投资方向、规模及投资过程中的组织管理措施。商誉评估值取决于预期资产收益率，而非资本金收益率。当然，资产负债率应保持一定的限度，负债比例增大会增大企业风险，最终会对资产收益率产生影响。这在商誉评估时应有所考虑，但不能因此得出负债企业就没有商誉的结论。

（6）商誉与商标是有区别的，反映两个不同的价值内涵。企业中拥有某项评估值很高的知名商标，但并不意味着该企业一定就有商誉。为了科学地确定商誉的评估值，注意商誉与商标的区别是必要的。

1）商标是产品的标志，而商誉则是企业整体声誉的体现。商标与其产品相结合，它所代表的产品质量越好，市场需求越大，商标的信誉越高，据此带来的超额收益越大，其评估值也就越大。而商誉则是与企业密切相关的，企业经营机制完善并且运转效率高，企业的经济效益就高，信誉就好，其商誉评估值也就越大。可见，商标价值来自于产品所具有的超额获利能力，商誉价值则来自企业所具有的超额获利能力。

2）商誉作为不可确指的无形资产，是与企业及其超额获利能力结合在一起的，不能够脱离企业而单独存在。商标则是可确指的无形资产，可以在原组织继续存在的同时，转让给另一个组织。

3）商标可以转让其所有权，也可以转让其使用权。而商誉只有随企业行为的发生实现其转移或转让，没有所有权与使用权之分。

尽管商誉与商标的区别可以列举许多，但商誉与商标在许多方面是密切关联的，二者之间有时存在有相互包含的因素。例如，与商誉相对应的企业超额收益中包含商标作用的因素，这也是需要在评估中必须加以分析确定的。

案例分析

【案情】

一、委托单位

××市××实业公司。

二、评估对象

评估对象为××实业公司开发研制的“企业经营管理技能技巧评测系统”软件。该软件能在国内标准配置的 386 微机及其以上各档次主流机型上正常运行（包括便携机）。该软件使用 Clipper 5.0 编程，仿 Windows 界面，源程序量为 2 666 条，其主要功能是为企业家、经营管理者提供有关经营管理等 9 个方面、50 余面的测试及综合评定。为企业经营策划、市场营销、经济管理、行政管理等方面提供科学有序的依据。

三、评估目的

此次评估的目的是对××实业公司开发研制的“企业经营管理技能技巧评测系统”软件的市场价值进行评定估算。

四、评估基准日

2004 年 7 月 1 日。

五、评估机构

××事务所。

六、评估对象范围及简要说明

该软件已上报中国软件登记中心，评测种类较为齐全，其可扩充性、程序牢固性、意外操作或掉电时数据保护能力、容错能力、系统安全性等较好，系统不易崩溃，有在线提示和帮助功能，用户使用较方便，基本不用操作命令，操作方法较为简便，程序结构合理，兼容性高，可运行于国内流行的各种汉字系统中。该软件在功能设置上，经用户试用表明，基本能够满足用户的常用需求。

七、评估的原则

1．资产评估工作中，遵循被评估资产持续经营，资产价格具有替代性和公开市场性的操作原则。

2．资产评估机构遵循独立性、客观性、科学性的工作原则，在掌握翔实、可靠资料的基础上，根据评估的目的，采用符合实际的标准和方法、科学的评估程序，确定被评估资产在基准日的公允价值。

八、评估的依据

1．××市××实业公司开发研制的“企业家经营管理技能技巧评测系统”软件实物及使用说明书。

2．××市××实业公司产品规划书。

3．××实业公司 2002 年及 2003 年成本费用汇总表。

4．国家有关政策法规。

九、评估标准和方法说明

根据此次评估的目的，评估中按该软件开发研制中实际发生的成本费用计，按重置成本标准，参照物价变动指数和预计销售利润等对该软件的市场价值进行评定估算。因该软件刚刚面市，成新率为 100%。

十、评估过程和说明

经评估工作人员对委托方提供的账目单据等进行核查验定，研制开发期间，工资及福利费用为 74 224.11 元，原材料耗费为 445 463.18 元，低值易耗品耗用 1 725 元，办公及管理费为 64 695.86 元，差旅费为 19 389.5 元，累计折旧 98 470.42 元，装修费分摊共 37 790.68 元，房租 85 000 元，财务费用 277 062.2 元，其他费用 52 871.27 元。

研制开发成本=74 224.11+445 463.18+1 725+64 695.86+19 389.5+98 470.42+37 790.68+85 000+277 062.2+528 71.27=1 156 692.22（元）

以上成本费用数据的主要构成为人工及原材料等费用，考虑到 2002—2004 年评估基准日较开发研制日的物价指数上涨约为 20%，确定物价指数调整系数为 1.2。据估价工作人员了解，软件市场利润率较高，但考虑该软件刚刚面市，其应用方面有一定的局限性，开拓销售市场有一定的难度，参考该公司提供的产品规则书中发售计划中，薄利多销、占领市场的宗旨，暂定其产品利润率为 30%，利润调整系数为 1.3，则该软件市场总价值=1 156 692.22×1.2×1.3=1 804 439.8（元）。

十一、评估结果

评估人员对××实业公司开发研制的软件进行了实际调查，核实查验账目、票据，综合考虑该软件的市场价值及其他各项因素，确认该软件的市场总价值为 1 800 000 元（壹佰捌拾万元整）。

十二、需要说明的事项

1. 该评估报告结果是基于评估基准日之上的，其他时段时期的变化不包括在内。

2. 该评估报告未经评估机构同意，不得向委托方和估价报告审查部门之外的单位和个人提供，报告的全部或部分内容不得在任何公开媒体上发表。

3. 该评估报告的评估过程中，估价人员对委托方出具的报表、单据及账目等进行了核实，评估时完全依据账面反映情况进行评估。

十三、评估报告出具日期

2004 年 8 月 26 日。

十四、资产评估机构法定代表人（签名）（略）。

【分析】

本例采用重置成本法，并参照物价指数和销售难度调整利润率，科学合理，容易被人们接受。不足之处是本例中物价指数调整系数的确定和销售利润率的确定没有详细的市场资料，说服力不强。另外，开发期间所发生的费用不做任何分析即作为开发成本，理由也不是很充足，如果不加合理分析，很可能形成虚高成本，造成虚高定价，影响价格决策。

本章小结

无形资产是不具有独立实体，而对生产经营长期持续发挥作用并能带来经济效益的经济资源。无形资产的特点有非实体性、垄断性、效益性、不确定性。影响无形资产评估价值的因素主要有成本因素、效益因素、使用期限、市场因素、技术因素、转让因素、法律因素、风险因素、其他因素。

无形资产评估中收益法有收益现值法、绝对值计价法和相对值计价法。收益现值法是通过估算被评估资产的未来预期收益并将其折算成现值，以此确定被评估资产的价值的一种资产评估方法。绝对值计价法是无形资产转让方根据实际成本及其预期超额收益能力提出报价，受让方则根据自己预测的该项无形资产预期收益、使用成本及自身经济承受能力提出还价，双方通过谈判最终确定该无形资产的转让价格，并一次付清。相对值计价法是无形资产转让方在转让无形资产时，转让的是滚动技术，因此只能先对未来预期收益确定一个分成的比例，被评估资产转让价格由无形资产预期获利能力、转让方与受让方谈判决定的分成比例和提成年限三个要素决定。用成本法评估无形资产的基本公式如下：

$$\text{无形资产评估值}=\frac{\text{无形资产}}{\text{重置成本}}\times(1-\text{贬值率})\times\text{转让成本分成率}+\text{转让机会成本}$$

专利权是国家专利机关依法批准的发明人或其权利受让人对其发明成果享有的专有权利，包括独占实施权、转让权、许可权、标记权和放弃权。专利权技术的评估一般不采用市场比较法，目前通常采用的方法有重置成本法和收益现值法。

非专利技术是指为特定的人所知晓的尚未公开其完整形式，处于保密状态，并非申请专利的具有一定价值的知识或信息。非专利技术的评估一般采用收益现值法、成本法进行评估。当被评估技术已经成为推广应用的技术成果时，多采用收益现值法；当被评估技术为尚未推广应用的技术成果时，通常采用成本法。

商标是商品的标记，是商品生产者或经营者为了把自己的商品与他人的同类商品区别开来，在商品上使用的一种特殊标记。商标权评估采用的方法一般为收益法，

特许权是指政府或企业给予其他法人或自然人的经营或销售某种特定商品的特殊权利，包括各种许可证、代理权、专营权、特许使用权等。特许权具有时效性、转让的限制性、垄断经济效益的特征。特许权评估的基础是被许可方在使用特许权后所能获得的超额收益或垄断利润。特许权评估一般采用收益现值法；对于作为开办费或直接作价计入股本为目的的特许权评估，通常采用重置成本法，如果能找到合适的参照物，也可采用市场比较法进行特许权价值评估。

著作权也称版权，是指著作权人对作品享有的权利，具有受法律保护、地域性、时间性、保护形式的局限性、保护内容的独立性的特征。一般采用市场法和收益法评估。

租赁权是指在租赁合同规定的期限内，由出租方将财产的使用权转让给承租人，承租人按照合同规定所获得的财产使用权。租赁权的评估通常采用收益法。

商誉通常是指企业在一定条件下，能获取高于同行业正常投资报酬率所形成的价值。这种价值的预期是由于企业所处地理位置的优势，或由于经营效率高、管理基础好、生产历史悠久、人员素质高等多种原因，与同行业企业相比较，可获得超额利润。

商誉的特殊性决定了商誉的评估只能采用收益法，具体又可以分为割差法和超额收益法两种。割差法是根据企业整体评估价值与各单项资产评估值之和进行比较，确定商誉评估值的方法。超额收益法是把企业可预测的若干年预期超额收益进行折现，把其折现值确定为企业商誉价值的一种方法。超额收益法又可分为超额收益本金化价格法和超额收益折现法两种具体的方法。

练习题

1．名词解释

无形资产　　商誉

2．单项选择题

（1）某企业的预期年收益额为 320 万元，该企业的各单项资产评估价值之和为 1 200 万元，其中专利权价值为 400 万元，该企业所属行业的平均收益率为 10%，适用本金化率为 10%，其商誉的评估值为（　　）万元。

A．800　　B．400　　C．2 000　　D．2 400

（2）某甲（承租人）2009 年 1 月和某乙（房主）签订了一房屋租赁合同，原租金为 200 元 / 月，每半年的第 1 个月初支付一次，租期为 5 年，某甲于 2010 年 1 月（尚未支付房租）转让该房屋的租赁权，经调查同类房屋 2010 年 1 月的市场租金为 250 元/月，折现率为 10%。该租赁权的转让费接近（　　）元。

A．1 900　　B．2 000　　C．2 400　　D．12 000

（3）下列公式能够成立的是（　　）。

A．销售收入分成率 = 销售利润分成率 ÷ 销售利润率

B．销售利润分成率 = 销售收入分成率 ÷ 销售利润率

C．销售利润分成率 = 销售收入分成率 × 销售利润率

D．销售收入分成率 = 1 − 销售利润分成率

（4）某企业的预期年收益额为 16 万元，该企业各单项资产之和为 60 万元，企业所在行业的平均收益率为 20%，以此为适用本金化率计算出的商誉价值为（　　）万元。

A．10　　B．20　　C．30　　D．40

（5）某企业 5 年前获得一项专利，法定寿命为 10 年，现对其进行价值评估。经过专家

估算，截至评估基准日，其重置成本为 120 万元，尚可使用 3 年，则该项专利的评估价值为（　　）万元。

A．45　　B．50　　C．60　　D．72

（6）用成本法评估某项专利技术，已知在开发该专利的过程中耗费材料费用 20 万元，工资费用 30 万元，管理费用 5 万元，专用设备费 10 万元，营销费用 5 万元，咨询鉴定费 5 万元，其直接成本为（　　）万元。

A．75　　B．50　　C．65　　D．20

（7）下列阐述中正确的为（　　）。

A．商誉是能够离开企业而单独存在的

B．商标可以转让其使用权，但不能够转让其所有权

C．商标可以转让其所有权，也可以转让其使用权

D．商誉是产品的标志

（8）对无形资产进行转让、投资评估的前提条件是无形资产（　　）。

A．可以确指　　B．附着于有形资产

C．技术成熟度高　　D．可带来超额利润

（9）某企业两年前引进一项专有技术，重置成本为 100 万元，预计尚可使用 5 年，该技术产品设计生产能力为年产 1 000 件，现在准备将 40%的生产能力转让出去，由于竞争对手的增加，使得该企业减少收益的现值为 30 万元。该技术转让的最低收费额接近（　　）万元。

A．70　　B．59

C．30　　D．101

（10）预期某企业未来 5 年的净收益分别为 13 万元、14 万元、11 万元、12 万元、15 万元，第 6 年起的净收益保持在 15 万元左右。采用对各单项资产价值进行评估加总的方式确定企业价值为 90 万元，折现率为 10%。该企业的商誉价值为（　　）万元。

A．100　　B．142

C．52　　D．130

3．多项选择题

（1）专利权的许可使用形式有（　　）。

A．普通使用许可　　B．排他使用许可　　C．交互使用许可

D．独占使用许可　　E．次级使用许可

（2）专利权的转让形式有（　　）。

A．普通使用许可　　B．排他使用许可　　C．特别使用许可

D．独占使用许可　　E．全权转让

（3）无形资产转让价格的支付方式有（　　）。

A．总付　　B．提成支付　　C．分期支付

D．混合支付　　E．交互支付

（4）无形资产的最低收费额包括（　　）。

A．卖方研究开发成本中应由买方摊还的部分

B．卖方的机会成本　　C．卖方的转让成本

D．卖方分配到的经济租金　　E．买方分配到的经济租金

4．简答题

（1）影响无形资产价值的因素有哪些？

（2）如何确定无形资产转让的最低收费额？

（3）自创型无形资产的重置成本由哪些要素构成？

5．计算题

（1）企业拟转让一专利技术，与购买方商议双方利用该专利技术的生产能力分别为 800 万件和 400 万件产品。该专利技术的开发成本为 400 万元，已经使用 5 年，剩余经济使用年限为 3 年。该专利技术转让后对出让方的生产经营产生较大影响，由于市场竞争使得产品销售额下降，减少净收入的现值为 60 万元。转让后为受让方提供技术指导等转让成本为 20 万元。试评估确定该无形资产转让的最低收费额。

（2）甲企业将一项专利使用权转让给乙企业，拟采用利润分成支付的方法。该专利技术是三年前自行研制的，账面成本为 80 万元，三年间物价累计上升了 25%，该专利保护期 10 年，剩余保护期 6 年，专业人员测算认为该专利技术的成本利润率为 400%，乙企业资产的重置成本为 4 000 万元，成本利润率为 13%。专业人员通过对该专利技术的同类技术发展趋势分析，认为该专利的剩余经济使用年限为 4 年。通过对市场供求状况及生产状况分析得知，乙企业的年实际生产能力为 20 万件，成本费为每件 400 元，未来 4 年期间的产量与成本费用变动不大，使用该专利技术后产品的性能提高，预计每件产品的售价在未来第一、二年为 500 元，第三、四年为 450 元。折现率为 10%，所得税税率为 25%。试确定该专利的评估价值。

（3）某企业为了整体资产转让需要进行评估。经过预测该企业未来 5 年净利润分别为 100 万元、110 万元、120 万元、150 万元、160 万元，预计从第 6 年起每年收益处于稳定状态，即每年平均为 160 万元。该企业一直没有负债，其有形资产只有货币资金和固定资产，且其评估值分别为 100 万元和 500 万元。该企业有一尚可使用 5 年的非专利技术，该技术产品每件可获得超额利润 10 元，目前该企业每年生产产品 8 万件，经过综合生产能力和市场分析预测，在未来 5 年每年可生产 10 万件。折现率为 6%。试评估该企业的商誉价值。

（4）甲企业将其注册商标通过许可使用合同许可给乙企业使用。使用时间为 5 年。双方约定乙企业按照使用商标新增加利润的 25%支付给甲企业。根据估测乙企业使用该商标后，每件产品可新增加税前利润 10 元，预计 5 年内的生产销售量分别为 40 万件、45 万件、55 万件、60 万件、65 万件。假定折现率为 14%，所得税税率为 33%。试估算该商标许可使用权价值。

（5）甲企业将一项专利使用权转让给乙公司使用 5 年，拟采用利润分成的方式收取转让费。该专利的开发研制成本为 100 万元，专利成本利润率为 500%，乙公司的资产重置成本为 3 000 万元，成本利润率为 15%。乙公司的实际年生产能力为 20 万件，每件生产成本为 50 元，预计未来 5 年的市场出售价格分别为 90 元、90 元、85 元、75 元、75 元。折现率为 10%，所得税税率为 33%。试确定该专利的使用权转让费。

第 6 章　金融资产评估

学习目标

※ 了解金融资产的特点及评估程序。

※ 熟悉债券的价值评估和风险评估。

※ 掌握影响股价的因素及股票价值的评估。

学习导航

6.1　金融资产评估概述
- 6.1.1　金融资产的特点
- 6.1.2　金融资产评估的程序

6.2　债券的评估
- 6.2.1　债券及其特点
- 6.2.2　债券的价值评估
- 6.2.3　债券的风险评估

6.3　股票的评估
- 6.3.1　股票价格的分类及影响因素
- 6.3.2　股票的价值评估

导入案例

评估机构于 2010 年 1 月对某公司进行评估，该公司拥有甲企业发行的非上市普通股票 100 万股，每股面值 1 元。经调查，由于甲企业产品老化，评估基准日以前的几年内，该股票的收益率每年都在前一年的基础上下降 2%，2009 年度的收益率为 10%，如果甲企业没有新产品投放市场，预计该股票的收益率仍将保持每年在前一年的基础上下降 2%。已知甲企业正在开发研制一个新产品，预计 2 年后新产品即可投放市场，并从投产当年起可使收益率提高并保持在 15%左右，而且从投产后第 3 年起，甲企业将以净利润的 75%发放股利，其余的 25%用做企业的追加投资，净资产利润率将保持在 20%的水平。折现率为 15%。

该如何评估该公司所持甲企业股票 2010 年 1 月 1 日的评估值?

6.1　金融资产评估概述

金融资产是经济主体拥有的以价值形态存在的资产，是一种索取实物资产或货币的权利。金融资产也可以被认为一切能够在金融市场上进行交易，具有现实价格和未来估价的金融工具的总称。当金融工具成为投资对象时，就成了金融资产，一切金融工具都可以成为金融资产。金融工具，也称金融商品，是指金融市场上交易的对象。广义的金融工具不仅包括股票、债券等有价证券，还包括存款、贷款等各类金融资产。根据这个定义，任何资金融通的过程都可以看做资金与金融工具之间的交换过程。狭义的金融工具则是指那些已经标准化了的、在金融市场上被普遍接受和交易的金融资产。本章主要讨论的是资本市场中金融工具价值的评估，涉及债券、股票等金融资产的价值评估。

6.1.1　金融资产的特点

1. 虚拟性

金融资产作为一种"价值"储存手段，是一种索取实物资产的权利。但是金融资产不直接生产物质产品，不提供社会生产能力，它所起的作用只体现在社会资本的转移上。因而金融资产本身并没有价值。

2. 收益性

金融资产必然会带来预期收益，预期收益是凭借对未来收益的索取权获得在法律上承认的、确定的、有规则的货币收入流量。其收益性有多种表形式：一是获得的如利息、股息、红利等形式的孳息收益；二是出售金融资产获得的资本利得收益；三是衍生金融资产中合约到期时行使合约约定权利或差额结算带来的收益。多数金融资产对价值都可以通过收益途径加以确定。

3. 风险性

根据金融资产种类的不同，其风险差异很大，一般要承担信用风险、利率风险、期限风险，有可能还有汇率风险。除这些基本的风险因素以外，像股票、期货等资产的价值还会受到众多因素的影响，承担的风险较大。这些需在资产评估中充分考虑。

4. 流动性

金融资产的流动性是指金融资产在无损失状态下迅速变为金额确定的现金的能力。相对于实物资产而言，金融资产的流动性要强一些，特别是在交易所挂牌公开交易的股票、债券、期货、基金、权证等资产流动性更强一些，非常适合市场途径的要求。

6.1.2 金融资产评估的程序

1. 确定评估对象和评估范围

金融资产评估首先要验证待评估资产的基础资料，如委托方提供的资料和财务记录是否吻合，数字是否则正确等，通过审核，评估人员要明确金融资产项目有关的具体内容，如种类、原始投资额、评估基准日余额、投资收益计算方法和历史收益额，以及核算方法等。

2. 核查金融资产相关计算的合理性和正确性

评估人员首先要核实待估金融资产的财务明细账、总账余额与清单所列示余额是否相等。对于债券投资，主要核查债券名称、数量、利率、票面值、取得成本、取得日期等内容；对于股权性投资，主要核查评估基准日的财务报表、章程、协议、合同等资料，明确产权关系、持股比例、利润分配情况，以及其他问题，判断股权投资投出和收回金额计算的正确性和合理性，判断被投资企业资产负债表的准确性等。

3. 选择合适的估价依据和评估方法

可上市交易的债券和股票一般采用现行市价法进行评估，按评估基准日的收盘价确定评估值；非上市交易及不能采用现行市价法评估的债券和股票一般采用收益现值法，根据综合因素选择适宜的折现率，确定评估值。

最后，应评定测算金融资产，得出评估结论。

6.2 债券的评估

6.2.1 债券及其特点

债券是政府、企业、银行等债务人为了筹集资金，按照法定程序发行的并向债权人承诺于指定日期还本付息的有价证券。从债券发行主体看，债券是筹资的手段。对债券购买者来说，债券是一种投资工具。

1. 债券的基本要素

（1）票面价值，也叫到期价值或面值。它是债券上所记载的金额，亦是发行人同意在到期日支付的金额。

（2）债券到期日或到期期限。债券发行者按约定支付最后一笔款项的日期称为债券到期日，或简称到期日。到期期限是指距到期日的年数。

（3）票面利率，又叫息票利率，是指债券上标明的利率。例如，票面利率为 10%，表示发行人每年要向债券持有人支付的利息额等于票面值的 10%。

2. 债券的特点

（1）投资风险较小，安全性较强。相对于股票投资及其他投资而言，债券投资风险相对较小。因为国家对债券发行有严格的规定，通常要满足发行债券的一些基本要求。如政府发行债券由国家担保；银行发行债券要以其信誉及一定的资产作为后盾；企业发行债券也有严格条件，通常以其实力及发展潜力作为保证。当然，债券投资也不是一点风险都没有，一旦债券发行主体出现财务困难，债券投资者也有收不回投资的可能。但是，相对于其他投资而言，债券投资还是比较安全的。就是发行债券的企业破产，在破产清算时，债权人分配剩余财产的顺序也排在企业所有者之前。

（2）到期还本付息，收益稳定。债券利率通常是比较稳定的，在正常情况下要高于同期存款利率。只要债券发行主体不发生较大变故，债券的收益是相当稳定的。

（3）具有较强的流动性。在发行的债券中有相当部分是可流通债券，这些债券可随时到证券市场上流通变现。

6.2.2　债券的价值评估

债券作为有价证券或资本证券的一种，它的市场价格，从本质上来说是收益现值的市场反映。当债券可以在市场上自由买卖、贴现时，债券的现行市价就是债券的评估值。但是，有些债券是不能在市场上自由交易，其价格就需要通过一定的途径和方法进行评估。

1．采用现行市价法进行评估

一般用现行市价法进行评估的主要是上市交易的债券。上市交易的债券是可以在市场上流通交易、自由买卖的债券，按照评估基准日的收盘价确定评估值。如果在特殊情况下市场价格严重扭曲，不能代表实际价格，就应该按收益法进行评估。

【例 6-1】某企业对其所持有的已上市交易的 3 年期的债券进行评估，债券共 500 张，每张面值 100 元，年利率 10%。根据交易市场调查，评估基准日的收盘价为 110 元。据评估人员分析，该价格比较合理。试计算评估值。

评估值=500×110=55 000（元）

2．采用收益法进行评估

收益法评估主要适用于非上市债券的评估。对于非上市债券无法通过市价直接进行评估，只能采取其他评估方法，通常对距评估基准日一年内到期的可以根据本金加上持有期利息确定评估值；超过一年到期的，根据本利和现值确定评估值。但对于不能按期收回本金和利息的债券，应在调查取证的基础上，通过分析预测，合理确定评估值。

根据债券付息方法，可把债券分为到期一次性还本付息债券和分次付息一次还本债券两种。评估时应采用不同的方法计算。

（1）到期一次性还本付息债券的评估。评估的数学表达式如下：

$$P = F(1+i)^{-n}$$

式中，P 为债券的评估值；F 为债券到期时的本利和；i 为折现率；n 为评估基准日到债券到期日的间隔（以年或月为单位）。

本利和 F 的计算要看计息方式是单利率还是复利率。

单利率时：

$$F = A(1+mr)$$

复利率时：

$$F = A(1+r)^m$$

式中，A 为债券面值；m 为计息期限；r 为债券利息率。

债券利息率、计息期限、债券本金在债券上有明确记载，而折现率是评估人员根据实际情况分析确定的。折现率包括无风险报酬率和风险报酬率，无风险报酬率通常以银行储蓄利率、国库券利率或国家公债利率为准；风险报酬率的大小则取决于债券发行主体的具体情况。国家债券、金融债券有良好的担保条件，其风险报酬率一般较低；企业债券如果发行企业经营业绩较好，有足够的还本付息能力，则风险报酬率较低；否则，应以较高的风险报酬率来调整。

【例 6-2】某企业其持有的债券进行评估，债券为三年期一次性还本付息债券，票面价值为 500 万元，年利率 15%，单利计息，评估时点距到期日两年，当时国库券利率为 12%。经评估人员分析调查，发行企业经营业绩较好，两年后有还本付息的能力，风险不大，故取 2%的风险报酬率，以国库券利率作为无风险报酬率，折现率为 14%。试计算债券的评估值。

$$F = A(1+mr) = 500\times(1+3\times15\%) = 725 \text{（万元）}$$

$$P = F(1+i)^{-n} = 725\times(1+14\%)^{-2} = 557.89 \text{（万元）}$$

（2）分期付息一次还本债券的评估。其收益现值法公式如下：

$$P = \sum_{t=1}^{n}\left[R_t(1+i)^{-t}\right] + A(1+i)^{-n}$$

式中，P 为债券的评估值；R_t 为第 t 年的预期利息收益；i 为折现率；A 为债券面值；t 为评估基准日距收取利息日的期限；n 为评估基准日距到期还本日的期限。

【例 6-3】如果例 6-2 中不是到期一次还本付息，而是每年付一次息到期还本的债券，试计算评估值。

$$P = \sum_{t=1}^{n}\left[R_t(1+i)^{-t}\right] + A(1+i)^{-n} = 508.25 \text{（万元）}$$

6.2.3 债券的风险评估

债券作为一种有价证券，仍存在一定的风险，因此在评估债券的具体价格时，还要对其风险进行评估。债券的风险可以分为系统风险和非系统风险：系统风险影响整个市场，有时也称市场风险，是不可分散风险；非系统风险影响个别债券，有时也称特有风险，是可以通过投资组合分散的。债券的价格主要由预期债券的收益和适用的折现率决定。因此，它的风险作为确定折现率的重要因素，就成为决定其收益现值的最具有弹性的因素。

目前，大多采用信用评级制度来反映债券的风险。它是由债券评信机构根据发行者提供的信息资料，并通过调查、预测、比较等手段，运用科学的分析方法，对拟发行的债券质量、信用、风险进行公正、客观的评价定级。目前世界上较权威的债券评级标准是美国穆迪投资者服务公司、标准普尔公司、惠誉公司制定的信用等级标准（见表 6-1）。

表 6-1　信用等级标准划分

表示符号			符号含义	品质说明
穆迪	标准普尔	惠誉		
Aaa	AAA	AAA	最高级	最高级品质，本息有最大的保障
Aa	AA	AA	高级	中上品质，对本息的保障条件略逊于最高级债券
A	A	A	中高级	中级品质，目前对本息的保障尚属适当，但保障条件不及以上两种
Baa	BBB	BBB	中级	中级品质，目前对本息的保障尚属适当，但未来经济情况发生变化，约定的条件可能不足以保障本息安全
Ba	BB	BB	中低级	中下品质，具有一定的投机性，保障条件为中等
B	B	B	差,半投机性	具有投机性，且缺乏投资性，未来本息缺乏适当保障
Caa	CCC	CCC	差,明显投资性	具投机性，利息尚能支付，但无保障，经济不佳时，债息可能停付
Ca	CC	CC	显然不佳,明显投机性	比 CCC 稍差，支付利息的保障更差
C	C	C	高度投机性	信誉不佳，本息可能已经违约停付，专指无力支付本息的公司债券
		DDD	低级,低价值	品质差，已发生倒账
		DD	资产价值低	品质差，不履行债务，资产价值低
		D	无明显价值	品质差，无明显价值，前途无望

6.3　股票的评估

6.3.1　股票价格的分类及影响因素

股票投资是对股票发行企业所发行的股票进行的投资，具有高风险、高收益的特点。按不同标准，股票可分为记名股票和不记名股票，面额股票和无面额股票，普通股和优先股，上市股和非上市股。

1. 股票价格的类别

股票价格包括票面价格、发行价格、账面价格、清算价格、内在价值和市场价格。股票的价值评估通常与票面价格、发行价格和账面价格的联系并不紧密，而与股票的清算价格、内在价值和市场价格有着较密切的联系。

（1）股票的清算价格。股票的清算价格是指公司清算时，每股股票所代表的真实价格。公司的清算价格取决于股票的账面价格、资产出售损益、清算费用高低等因素。企业的许多资产在清算中只能压价，所以股票清算价格一般小于账面价格。

（2）股票的内在价值。股票的内在价值是一种理论价值或模拟市场价值。它是根据对股票未来收益的预测，经过折现后得到的股票价值。股票的内在价值主要取决于公司的财务状况、管理水平、技术开发能力以及获利风险等因素。

（3）股票的市场价格。股票的市场价格是指证券市场上交易股票的价格。在证券市场比较完善的条件下，股票的市场价格基本上是市场对公司股票内在价值的一种客观评价。当然，当证券市场发育尚未成熟之时，股票市场的投机成分太大，股票的市场价格就不能完全代表其内在价值。因此，在具体进行股票价值评估时，也就不能不加分析地将其市场价格作为股票的评估值。

对于股票的价值评估，一般分为上市交易股票和非上市交易股票两类进行。

2. 股票价格变动的影响因素

股票价格变动的影响因素大致可以从企业、行业及宏观经济三个层面进行分析。

（1）企业层面的因素分析。企业层面的因素主要体现在如下四个方面。

1）公司的经营状况。公司的经营状况决定利润水平，相应决定了红利水平，同时公司的经营状况影响了人们对股票未来盈利能力的预期。

2）公司的财务状况。公司的财务状况也是反映公司未来发展的重要特征。

3）公司的收益分配政策。如果公司的股息政策倾向于公司的长远发展，就有可能少分红派息；反之，分红派息的量就会大一些。

4）公司的人事结构。随着股票市场的发展，公司领导层的经营管理水平和公司员工的整体素质都已经成为影响股价的重要因素。

（2）产业层面的因素分析。产业层面的因素主要体现在如下三个方面。

1）产业性质。一般而言，如果企业所处的产业是朝阳产业，对投资者的吸引力就比较大，股价就相对要高或者上涨潜力较大。

2）产业生命周期。在开创期，股价相应就会因为前景不明而波动较大；在成长期，股价会进入一个不断上升的阶段；在成熟期，股价相对稳定；在衰退期，股价则重新进人波动较大的时期。

3）产业政策。政府优惠和支持政策的出台往往会引起股票价格的上涨，而政策限制会使相关股票价格下跌。

（3）宏观经济层面的因素分析。宏观经济环境会直接或间接地影响公司的利润水平和发展前景等，从而影响公司股票的价格。具体而言，宏观经济层面的因素主要有以下几个方面：

1）经济周期的变动。

2）政府的宏观经济政策，主要包括财政政策和货币政策等。

3）汇率和国际收支状况。

4）国际经济形势。

除了企业层面、产业层面和宏观经济层面的因素以外，政治因素、市场因素以及心理因素也对股票价格有重要影响。

6.3.2 股票的价值评估

对于股票的评估，一般按上市流通股票和非上市流通股票两类进行。

1. 上市股票的评估

上市股票是企业公开发行的、可以在证券交易所上市自由交易的股票。正常交易的股票随时都有市场价格。对上市股票的评估，在正常情况下一般可以采用现行市价法。按照评估基准日的收盘价确定评估值。所谓正常情况是指股市发育正常，股票自由交易，没有非法炒作现象。这样，市场价格可以代表评估时点股票价值；否则，市场价格就不能作为评估的依据，而应与非上市股票相同，以股票的内在价值为依据。通过股票发行企业的经营业绩、财务状况及获利能力，综合判断股票内在价值。另外，以控股为目的持有的上市公司股票，一般采用收益现值法进行评估。

上市股票评估值=股票股数×评估基准日该股票市场收盘价

【例 6-4】某企业进行评估，其拥有某上市公司股票 20 000 股，评估基准日股票收盘价为 15 元。试计算股票评估值。

股票评估值=20 000×15=300 000（元）

使用市场法评估需要具备两个前提条件，其中之一就是股票市场应该是一个有效市场。实际上这个假设的要求很高。在发达国家的金融市场中，由于许多高度竞争化的投资中介机构的参与，市场具备了高效率的均衡价格的发现功能和形成功能。但在我国，股票市场并不完全具备这些条件，市场很难说是一个有效市场。这样用市场法进行评估就缺乏足够的说服力，因而考虑在市场法评估公式的基础上加一个调整系数 E，E 的大小根据市场情况确定。

使用带调整系数的市场法的计算公式如下：

上市股票评估值=股票股数×评估基准日该股票市场收盘价×E

式中，E 为调整系数。公式中重要的就是 E 值的确定。在确定调整系数的大小时，首先应该对股票的内在价值进行分析，因为这是确定股票市场交易价格的基础，然后结合技术指标对股票价格的未来走势做出预测。在此基础上，再慎重地考虑是否要对股票价格进行调整，以及调整的幅度，即确定调整系数 E 的大小。

采用市场法对上市普通股进行评估，另一个前提条件是投资者进行的是短期投资，股票随时准备变现。现实情况是：一些公司持有股票是做长期性投资，有的甚至持有较大比例的股份，已经足够影响被投资公司的经营和发展，股票没有随时变现的可能，即不能满足市场法所要求的非长期性投资的假设。在这种情况下，市场法就不是一种合理和稳健的评估方法了。这时，可以根据该股票将给持有者带来的预期收益作为对股票投资评估的基础，即采用收益法进行评估，将未来各期的预期收益以某一个资本化率进行折现，以未来预期收益的现值作为评估值。采用收益法对上市普通股进行评估和采用收益法对非上市交易股票进行评估本质上是一致的，因此我们在非上市交易股票的评估中再做详细介绍。

2. 非上市股票的评估

非上市交易的股票一般采用收益现值法评估，即综合分析股票发行主体的经营状况及风险、历史利润水平和分红情况、行业收益等因素，合理预测股票投资的未来收益，并选择合理的折现率确定评估值。

非上市股票按普通股和优先股的不同而采用不同的计算方法。普通股是在股东权利上没有任何限制的标准性股票，它没有固定的股利，完全取决于企业的经营状况和盈利水平；优先股是在股利分配和剩余财产分配上优先于普通股的股票。优先股的股利是固定的，一般情况下，都要按事先确定的股利率支付股利，这一点与债券很相似。二者的区别是：债券的利息是在所得税前支付，而优先股的股利是在所得税后支付。所以，普通股的投资风险要大于优先股。

（1）普通股的评估。对非上市普通股的评估，实际是对普通股预期收益的预测，并折算成评估时点的价值。这样，就需要对股票发行企业进行全面、客观的分析。首先要了解历史上的利润水平、利润分配政策；其次要了解企业的发展前景，其行业的前途、盈利能力、企业管理人员素质和能力等方面因素。在此基础上，归类进行评估。

根据股利收益的趋势，通常把普通股分为三种类型，即固定红利模型、红利增长模型和分段式模型。

1）固定红利模型。假设的前提是企业经营稳定，分配红利固定，并且今后也能保持固定水平。在这种假设前提下，普通股股票评估值的数学表达式如下：

$$P = R \div i$$

式中，P 为股票的评估值；R 为每年固定的股利；i 为折现率。

【例 6-5】被评估企业拥有非上市普通股 20 万股，每股面值 1 元。在持股期间，每年红利一直很稳定，收益率保持在 18%左右。经评估人员了解分析，股票发行企业经营比较稳定，管理人员素质及能力较强，今后收益预测中，保持 15%的红利收益是有把握的。对折现率的确定，评估人员根据发行企业的行业特点及宏观经济情况，确定无风险利率为 8%

（国库券利率），风险利率为 4%，则折现率为 12%。根据上述资料，计算评估值。

$$P = R \div i = 20\times15\% \div 12\% = 25\text{（万元）}$$

2）红利增长模型。此假设模型适用于成长型股票的评估。成长型企业发展潜力大，收益逐步提高。其假设的前提是发行企业并未将剩余收益分配给股东，而是追加投资扩大再生产，因此，红利呈增长趋势。在这种假设前提下，普通股股票评估值的公式如下：

$$P = R \div (i-g)\ (i>g)$$

式中，P 为股票的评估值；R 为第一年的股利；i 为折现率；g 为股利增长率。

股利增长率 g 的计算方法，一是历史数据分析法，它是在对历年红利分析的基础上，利用统计学方法计算出的历史平均增长速度，以此确定股利增长率；二是发展趋势分析法，主要依据发行企业股利分配政策，以企业剩余收益中用于再投资的比率与企业净资产利润率相乘确定股利增长率。

【例 6-6】某企业进行评估，其拥有非上市普通股股票 40 万股，持有股票期间，每年股票收益率在 15%左右。据调查，股票发行单位每年以净利润的 60%发放股利，其他 40%用于追加投资。根据评估人员对企业经营状况的调查分析，认为该行业具有发展前途，该企业具有进一步发展的潜力。经发展趋势分析，公司今后净资产利润率将保持在 16%的水平，无风险报酬率为 8%（国库券利率），风险报酬率为 4%。试计算该股票的评估值。

$$P = R \div (i-g) = (40\times15\%) \div [(8\%+4\%)-40\%\times16\%] = 107.142\,8\text{（万元）}$$

3）分段式模型。前两种模型一种是股利固定，另一种是增长率固定，过于简单，很难适用所有的股票评估。在现实中，受到企业经营产品的市场周期、企业发展周期等影响，企业的盈利水平在不同阶段的差异很大，因此股票股利也会呈现出一种阶段性的变化特征，在某段时期高速增长，某段时期正常增长，或是固定增长等阶段性变化，针对这种实际情况，采用分段式模型就比较客观。

具体的计算方法是，第一段是能客观预测股票收益期间或股票发行企业的某一经营周期；第二段是以不易直接预测收益的时间为起点。将两段收益现值相加，得出评估值。实际计算时，第一段以预测收益直接折现；第二段可以采用固定红利模型或红利增长模型，收益额采用趋势分析法或客观假定。

【例 6-7】某公司拥有另一股份公司非上市普通股股票 20 万股，每股面值 1 元。在持有期间，每年股利收益率均在 15%左右。评估人员对该股份公司进行调查分析，认为前 3 年保持 15%收益率是有把握的；第 4 年由于一套大型先进生产线交付使用，可使收益率提高 5 个百分点，并将持续下去。评估时国库券利率 8%，所以风险利率确定为 4%，折现率为 12%。试计算该股票的评估值。

P=前三年的折现值+第四年后的折现值

$=20\times15\%\times(P/A,\ 12\%,3)+(20\times20\%\div12\%)\times(P/S,\ 12\%,\ 3)=30.932\,1$（万元）

（2）优先股的评估。

1）优先股的特性。优先股是相对于普通股而言的，是股份公司发行的一种股息固定并在分配红利和剩余财产时比普通股具有优先权的股份。优先股也是一种无限期的所有权权证，股东一般不能在中途向公司要求退股。优先股的优先权主要表现在如下两个方面：

① 股息领取优先权。股份公司分派股息的顺序是优先股在前，普通股在后。股份公司不论其盈利多少，只要股东大会决定分派股息，优先股就可按照事先确定的股息率领取股息，即使普通股股息普遍减少或没有股息，优先股亦应照常分派股息。

② 剩余资产分配优先权。股份公司在解散、破产清算时，优先股具有公司剩余资产的分配优先权。不过，优先股的优先分配权在债权人之后、普通股之前。即只有在还清公司债权人债务之后有剩余资产时，优先股才具有剩余资产的分配权。只有在优先股索偿之后，普通股才能参与分配。

优先股的主要特征有如下三个：

① 优先股通常预先确定股息收益率。由于优先股股息率事先固定，所以优先股的股息一般不会根据公司经营情况而增减，而且一般也不能参与公司的分红，但优先股可以先于普通股获得股息。对公司来说，由于股息固定，它不影响公司的利润分配。

② 优先股的权利范围小。优先股股东一般没有选举权和被选举权，对股份公司的重大经营决策无投票权。

③ 优先股索偿权先于普通股，而次于债券。

2）优先股评估公式。在正常情况下，优先股在发行时就已规定了股息率。评估优先股主要是判断股票发行主体是否有足够税后利润用于优先股的股息分配。这种判断是建立在对股票发行企业的全面了解和分析的基础上，包括股票发行企业生产经营情况、利润实现情况、股本构成中优先股所占的比重、股息率的高低，以及股票发行企业负债情况等。如果股票发行企业资本构成合理，利润可观，具有很强的支付能力，那么，优先股就基本上具备了“准企业债券”的性质，优先股的评估就变得不很复杂了。评估人员可以根据事先确定的股息率，计算出优先股的年收益额，然后进行折现或资本化处理，即可得出评估值，计算公式如下：

$$P=\sum_{t=1}^{\infty}\left[R_t\left(1+i\right)^{-t}\right]$$

式中，P 为优先股的评估值；R_t 为第 t 年优先股的收益；i 为折现率。

包含不同权利的优先股的评估方法有所不同，以下进行简要介绍。

① 累积优先股的评估。累积优先股每期股利是按照固定的股息率计算的，所以各期的股利是固定的，其计算方法类似于固定红利股利政策的普通股，计算公式如下：

$$P=\sum_{t=1}^{\infty}\left[R_t\left(1+i\right)^{-t}\right]=A\div i$$

式中，P 为优先股的评估值；R_t 为第 t 年的优先股的收益；i 为折现率；A 为优先股的年等额股息收益。

【例 6-8】某企业拥有 A 公司 1 000 股累积型、非参与型优先股，每股面值 100 元，股息率为年息 15%。评估人员在对 A 公司进行调查的过程中，了解到该公司的资本构成不尽合理，负债率较高，可能会对优先股股息的分配产生消极影响。因此，评估人员对 A 公司的优先股票的风险报酬率定为 5%，评估时，国库券利率为 5%。根据上述数据，计算该优先股的评估值。

$$P=A\div i=1\,000\times100\times15\%\div(5\%+5\%)=150\,000\text{（元）}$$

② 参与型优先股的评估。参与型优先股除按固定股息率分得额定的股息外，还可分得额外股息，对参与优先股的评估，可将额定股息和额外股息分别折现汇总得出。额外股息的风险大于额定股息，因此其风险报酬率也大于额定股息的风险报酬率。其计算公式如下：

$$P=\sum_{t=1}^{\infty}\left[\frac{R_t}{(1+i)^t}+\frac{R_t'}{(1+i')^t}\right]$$

式中，P 为优先股的评估值；R_t 为第 t 年的额定股息；R_t' 为第 t 年的额外股息；i 为额定股息的折现率；i' 为额外股息的折现率，一般 $i'>i$。

③ 可转换和可赎回优先股的评估。若优先股带有可转换和可赎回条款，评估时除了要将年收益折现外，还需考虑优先股转换为普通股的价格或预期的赎回价格进行折现。其计算公式如下：

$$P=\sum_{t=1}^{n}\left[R_t\left(1+i\right)^{-t}\right]+F(1+i)^{-n}$$

式中，F 为优先股的预期变现价格；n 为优先股的持有年限。

其他符号的含义同前。

案例分析

【案情】

此案例是×××公司持有的中国平安保险有限公司股票的评估案例。由于中国平安保险有限公司属于上市公司，企业持有的是非上市流通的法人股，评估时采用红利增长模型进行评估。红利增长模型适用于成长型股票的评估，该评估的假设条件是发行企业并未将剩余收益分配给股东，而是用于追加投资扩大再生产，因此红利呈增长趋势，其基本公式如下：

$$P=R\div(r-g)$$

式中，P 为股票的评估值；R 为股票下一年的每股红利；r 为折现率；g 为被评估股票的每年红利递增的比率。

该投资基本情况如下。

被投资单位：中国平安保险（集团）股份有限公司。

账面价值：12 000 000 元。

投资日期：1993 年 5 月 20 日。

投资比例为 0.220 4%。

评估人员查阅了中国平安保险（集团）股份有限公司有限公司 2005 年年度报告，从中了解了该公司 2001—2005 年度的总收入、净利润、每股收益、总资产、总负债、所有者权益、分红派息等情况（略）。

根据以上财务数据分析，结合×××公司持有中国平安保险（集团）股份有限公司股份比例仅为 0.220 4%，股份暂不能流通等因素综合考虑，以红利增长为基础采用永续年限收益法对该长期投资进行评估。该类型假设条件是发行股票的公司不将剩余收益分配给股东，而是用于追加投资扩大再生产，因此，红利呈增长趋势。红利增长模型评估计算公式如下：

$$P=R\div(r-g)$$

其中：

$$r=R_g+R_r$$

式中，R_g 为无风险报酬率；R_r 为风险报酬率；g 为被评估股票的每年红利递增的比率。

① 股票下一年的每股红利 R 的预测。根据中国平安保险（集团）股份有限公司 2005 年年度报告，2001—2005 年度每股收益增长率环比如表 6-2 所示。

表 6-2　数据　　单位：元

项目 \ 年份	2001	2002	2003	2004	2005
每股利润	0.66	0.45	0.47	0.56	0.68
环比增长率			4.45%	19.15%	21.43%
历年分红	0.06	0.06	0.10	0.12	0.14
分红率	9.09%	13.34%	21.28%	21.43%	20.59%

根据 2003—2005 年年度每股利润增长情况，中国平安保险（集团）股份有限公司的业务现处于较快增长阶段，预计 2006 年年度每股利润在 2005 年年度基础上增长 23%，同时假设其分红率保持在 2003—2005 年年度的平均水平，则 2006 年年度的每股利润及每股红利预计如下：

2006 年年度每股利润=0.68×(1+23%)=0.836（元）

2006 年年度每股分红=0.836×(21.28%+21.43%+20.59%)÷3=0.176（元）

② 折现率 r。无风险报酬率 R_g 按照 2005 年年度三年期国债利率单利 3.37%，换算为复利 R_g= 3.26%。

风险报酬率 R_r 根据风险累加原则确定，按照中国平安保险（集团）股份有限公司 2005 年年度报告财务报表附注披露，其风险主要包括保险风险、市场风险、金融风险、资产与负债的失衡风险、经营风险。

根据中国平安保险（集团）股份有限公司面临的上述各项风险情况，结合其公司近几年的实际经营情况、财务状况的分析，我们确定风险报酬率 R_r=8.5%，折现率 $r=R_g+R_r$=3.26%+8.5%=11.76%。

③ 红利增长率 g。红利增长率根据趋势分析法预测，既根据被评估企业股利分配政策，以企业剩余收益中用于再投资的比率与企业净资产收益率相乘确定股利增长率。

2003—2005 年年度平均分红率=(21.28%+21.43%+20.59%)÷3=21.1%

2003—2005 年年度平均利润留成=1−21.1%=78.9%

根据中国平安保险（集团）股份有限公司 2005 年年度报告披露的各年度净资产收益情况，公司发行 H 股后的 2004—2005 年年度净资产收益率平均如下。

净资产收益率平均值=(10.99%+12.73%)÷2=11.86%

$$g=78.9\%\times 11.86\%=9.36\%$$

④ 股票的评估值 P。

$$P=0.176\div(11.76\%-9.36\%)=7.33\text{（元）}$$

×××公司持有中国平安保险（集团）股份有限公司 13 656 798 股内资法人股股票的评估值如下。

评估值=13 656 798×7.33=100 104 329.34（元）

【分析】

本次评估中，因无合适的方法考虑该股票将来可能流通的因素对股票评估值的影响，如果在评估报告有效期内，该股票可以上市流通或者有该股票上市流通的安排或计划，则必须对该股票的价值进行调整或另行委托评估机构对该股票价值进行重新评估。

本次对×××公司持有中国平安保险（集团）股份有限公司内资法人股于评估基准日 2005 年 11 月 30 日的评估值，是基于评估时评估人员所掌握的信息和资料、评估假设及评估人员的经验得出，评估机构和评估人员不能保证该评估值就是该类股票的市场交易价格，因为评估时没有该类股票的市场交易案例可以选取比较，同时该类股票交易也存在许多可能影响其交易价格的不能准确量化的因素，例如，为取得控股权收购该类股票、为达成某种协议和计划安排，以及投资者对该股票的过分预期及偏好可能的追加出价；或者因为该类股票的持有人由于不能偿还到期债务而被强制处置该类股票的折价转让等。

本章小结

金融资产是经济主体拥有的以价值形态存在的资产，是一种索取实物资产或货币的权利。金融资产具有虚拟性、收益性、风险性、流动性的特点。

债券作为有价证券或资本证券的一种，它的市场价格从本质上来说是收益现值的市场反映。当债券可以在市场上自由买卖、贴现时，债券的现行市价就是债券的评估值。债券不能在市场上自由交易，其价格就需要通过一定的途径和方法进行评估，主要采用现行市价法和收益法进行评估。

债券的风险可以分为系统风险和非系统风险：系统风险影响整个市场，有时也称市场风险，是不可分散风险；非系统风险影响个别债券，有时也称特有风险，是可以通过投资组合分散的。债券的价格主要由预期债券的收益和适用的折现率决定。债券风险是确定折现率的重要因素，也是决定其收益现值的最具有弹性的因素。

股票投资是对股票发行企业所发行的股票进行的投资，具有高风险、高收益的特点。对于股票的评估，一般按上市流通股票和非上市流通股票两类进行。对上市股票的评估，在正常情况下一般可以采用现行市价法。非上市交易的股票一般采用收益现值法评估，即综合分析股票发行主体的经营状况及风险、历史利润水平和分红情况、行业收益等因素，合理预测股票投资的未来收益，并选择合理的折现率确定评估值。

练习题

1．名词解释

金融资产　股票的内在价格　股票的清算价格　股票的市场价格

2．单项选择题

（1）被评估债券为4年一次性还本付息债券100 000元，年利率为18%，不计复利，评估时债券的购入时间已经满2年，当年的国库券利率为10%，该企业的风险报酬率为2%，被评估债券的价值为（　　）元。

A．137 117　　B．172 000　　C．118 000　　D．153 380

（2）被评估企业拥有甲企业发行的5年期债券100张，每张面值1万元，债券利息率每年为9%，复利计息，到期一次还本付息。评估基准日至债券到期还有两年，若适用折现率为15%，则被评估企业拥有甲企业债券的评估值最接近于（　　）万元。

A．109　　B．116　　C．122　　D．154

（3）某被评估企业拥有A公司面值共90万元的非上市普通股票，从持股期间来看，每年股利分派相当于票面值的10%，评估人员通过调查了解到A公司每年只把税后利润的80%用于股利分配，另外20%用于公司扩大再生产，公司有很强的发展后劲，公司股本利润率保持在15%水平上，折现率设定为12%，如运用红利增长模型评估被评估企业拥有的A公司股票，其评估值最有可能是（　　）。

A．900 000元　　B．1 000 000元　　C．750 000元　　D．600 000元

（4）某公司在 2007 年 1 月租赁一临街房屋，租期 4 年，租金 4 万元（假定这里不考虑货币的时间价值）。2009 年 1 月该公司又向保险公司交付火灾保险费 240 元。2009 年 6 月 30 日，该公司账簿上的房租已摊销 3 万元。该公司经房主同意，愿意在 2009 年 7 月转租房屋，若市场租金自 2007 年以来没有发生变动，其转租的客观租金应为（　　）元。

A．15 120　　B．12 150　　C．20 120　　D．20 220

（5）上市公司股票的清算价格是（　　）。

A．16　　B．20　　C．35　　D．116

（6）有优先于普通股分红权利的股份叫（　　）。

A．记名股票　　B．不记名股票　　C．优先股　　D．上市股

（7）股票的内在价值属于股票的（　　）。

A．账面价值　　B．理论价格　　C．无面额价值　　D．发行价格

（8）被评估债券为 2009 年发行，面值 100 元，年利率 10%，3 年期。2011 年评估时，债券市场上同种同期债券交易价，面值 100 元的交易价为 110 元，该债券的评估值应为（　　）。

A．120 元　　B．118 元　　C．98 元　　D．110 元

（9）被评估债券为非上市企业债券，3 年期，年利率为 17%，按年付息到期还本，面值 100 元，共 1 000 张。评估时债券购入已满一年，第一年利息已经收账，当时一年期国库券利率为 10%，一年期银行储蓄利率为 9.6%，该被估企业债券的评估值最接近于（　　）。

A．112 159 元　　B．117 000 元　　C．134 000 元　　D．115 470 元

（10）被评估债券为 4 年期一次性还本付息债券 10 000 元，年利率 18%，不计复利，评估时债券的购入时间已满 3 年，当年的国库利率为 10%，评估人员通过对债券发行企业的了解认为应该考虑 2%的风险报酬率，该被估债券的评估值最有可能是（　　）。

A．15 400 元　　B．17 200 元　　C．11 800 元　　D．15 338 元

3．多项选择题

（1）债券具有（　　）等特点。

A．债券的流动性 B．债券的安全性　　C．债券的盈利性　　D．投资风险较小

（2）股票评估与股票的（　　）有关。

A．内在价值　　B．账面价值　　C．市场价值

D．清算价格　　E．票面价格

（3）非上市债券的评估类型可以分为（　　）。

A．固定红利模型　　B．红利增长模型

C．每年支付利息，到期还本型　　D．分段模型　　E. 到期后一次还本型

（4）金融资产评估是对被投资方（　　）。

A．投资品评估　B．偿债能力评估　　C．获利能力评估

D．变现能力评估　　　　　　　　　E．全部资产评估

（5）递延资产包括的项目有（　　）。

A．租入固定资产改良支出　　　　　B．预付报刊费　　　　　C．开办费

D．固定资产修理支出　　　　　　　E．预提利息支出费用

4．简答题

（1）金融资产评估具有哪些特点？

（2）金融资产评估的主要方法有哪些？

（3）设定“红利增长模型”应具备什么条件？

（4）股票的投资特点是什么？

（5）债券的投资特点是什么？

（6）简述金融资产的评估特点。

（7）普通股评估常见的四种模型是什么？

5．计算题

（1）甲企业持有乙企业发行的优先股 200 股，每股面值 500 元，股息率为 12%。当前的国库券市场利率为 8%，乙企业的风险报酬率为 2%。甲企业打算 3 年后将这些优先股出售，预计出售时市场利率将上升 2 个百分点。试评估该批优先股的价值。

（2）被评估企业拥有 D 公司共 90 万元的非上市普通股股票，从已持有期看，每年股利分派相当于票面价格的 10%左右，并且明年仍将维持这个水平。评估人员调查了解到：D 公司打算今后在所实现利润中拿出 20%用于扩大再生产，公司有很强的发展后劲，公司的股本利润率保持在 15%的水平上，折现率定为 12%。试运用红利增长模型评估被评估企业拥有的 D 公司股票。

（3）被评估债券为非上市流通企业债券，3 年期，年利率为 17%，按年付息到期还本，面值 100 元共 1 000 张。评估时债券购入已满一年，第一年利息已经收账，当时一年期国库券利率为 10%。该被评估债券的评估值是多少？

第 7 章　流动资产评估

学习目标

※ 了解流动资产的分类和特点。

※ 熟悉流动资产评估的特点及原则，债权类流动资产的评估。

※ 掌握实物类流动资产的评估方法。

学习导航

7.1　流动资产的分类和评估特点
7.1.1　流动资产的分类及特点
7.1.2　流动资产评估的特点
7.1.3　流动资产评估的程序
7.1.4　流动资产评估应遵循的原则
7.1.5　流动资产评估的一般方法

→

7.2　实物类流动资产的评估
7.2.1　材料的评估
7.2.2　在产品的评估
7.2.3　产成品及库存商品的评估

↓

7.3　非实物类流动资产的评估
7.3.1　应收账款的评估
7.3.2　应收票据的评估
7.3.3　预付费用的评估
7.3.4　现金和各项存款的评估

导入案例

上海××汽车空调有限公司委托评估机构对上海 S 汽车空调有限公司进行评估，拟收购该公司另一股东日本 S 株式会社在该公司 25%的股权。经查，该公司有 10 483.15 万元的存货，其账面价值占总资产的 34.11%，占净资产的 92.91%。其主要构成为原材料和产成品，该公司的产品主要为汽车空调用压缩机，每台售价约为 1 000 元。

对如此大量的存货，评估机构应如何进行了清查核实?

7.1　流动资产的分类和评估特点

7.1.1　流动资产的分类及特点

流动资产是指企业可以在一年内或者超过一年的一个营业周期内变现或者耗用的资

产。流动资产不同于固定资产，它只能一次或短期地使用于生产和消费过程中，并在一个经营周期的使用中全部消耗掉。

1．流动资产的分类

（1）按照现行的会计制度划分。

1）现金。企业的库存现金，其中包括企业内部各部门周转使用的备用金。

2）各项存款。企业的各种不同类型的银行存款。

3）应收账款。企业因销售商品、提供劳务等应向购货和受益单位收取的款项，是购货单位所欠的短期债务。

4）预付款。企业按照购货合同规定预付给供货单位的购货定金或部分货款，以及企业预交的各种款项，如预缴税、费等。

5）存货。企业的库存材料、在产品、产成品、商品等。

6）短期投资。企业购人的各种能随时变现、持有时间不超过一年的投资，包括不超过一年的股票、债券、基金等有价证券和其他投资。

7）其他。除以上资产之外的流动资产。

（2）按照流动资产在资产评估中表现的不同形态划分。

1）货币类流动资产，是指现金和各项存款等具有现金等价物性质的流动资产。它通常表现为一个固定的金额，因此在评估时无须考虑物价变动的影响和货币购买力变化的影响。

2）债权类流动资产，包括各种应收及预付款项、短期投资和其他费用等具有债权性质的流动资产。它们没有一定的实物形态，而且其价值不能直接以账面价值反映。

3）实物类流动资产，又称存货资产，是指企业在生产经营过程中为销售或者耗用而储备的具有实物形态的资产，包括产成品、库存商品、在产品、自制半成品、原料及主要材料（包括各种外协件）、辅助材料、燃料、修理用备件、包装物（库存物资）和低值易耗品等。在物价变动的情况下，其价值不固定，可能会随着物价水平的变化而有所变动，因此，在评估时必须考虑物价变动因素对其价值的影响。

2．流动资产的特点

（1）周转速度快。流动资产在使用中经过一个生产经营周期，就改变其实物形态，并将其全部价值转移到所形成商品中去，构成成本费用的组成部分，然后从营业收入中得到补偿。可见，判断一项资产是否是流动资产，不仅仅是看资产的表面形态，而应视其周转状况而定。

（2）变现能力强。各种形态的流动资产都可以在较短的时间内出售和变卖，具有较强的变现能力，是企业对外支付和偿还债务的重要保证。变现能力强是流动资产区别于其他资产的重要标志。但各种形态的流动资产，其变现速度是有区别的。按其变现的快慢排序，货币形态的流动资产本来就是随时可用的资金，其次是可在短期内出售的存货和近期可变现的债权性资产，再次是生产加工过程中的在产品及准备耗用的物资。一个企业拥有的流动资产越多，企业对外支付和偿还债务的能力越强，企业的风险性就越小。

（3）形态多样化。流动资产在周转过程中不断改变其形态，依次由货币形态开始，经过供应、生产、销售等环节，从一种形态转化为另一种形态，最后又变成为货币形态。各种形态的流动资产在企业中同时并存，分布于企业的各个环节。这些流动资产按其存在形态可以归结为四种类型，即货币类流动资产，包括现金和各项存款；实物类流动资产，包括各种材料、在产品、产成品等；债权类流动资产，包括应收账款、预付款等；其他流动资产。

（4）存量波动大。由于企业的流动资产一般要不断地经历购买和售卖的全过程，因此它受市场商品供求变化和生产、消费的季节性影响较大。另外，还会受到外部经济环境、经济秩序等因素的制约，从而导致其占用总量以及不同形态构成比例呈现波动性。

（5）市价与成本相接近。由于流动资产具有较强的流动性，一般来说，在企业滞存的时间不长，市价与成本不会相差很大。

7.1.2　流动资产评估的特点

1．流动资产评估是单项评估

它是以单项资产为对象进行的资产评估。因此，它不需要以其综合获利能力进行综合性价值评估。

2．必须选准流动资产评估的基准时间

流动资产与其他资产的显著不同在于其流动性和波动性。不同形态的流动资产随时都在变化，而评估则是确定其某一时点上的价值，不可能人为地停止流动资产的运转。因此，所选评估基准日应尽可能在会计期末，必须在规定的时点进行资产清查、登记和确定流动资产数量和账面价值，避免重复登记和漏登记现象的发生。

3．既要全面，又要分清主次，掌握重点

流动资产评估之前必须进行认真仔细的资产清查，否则会影响评估结论的准确性。但是，流动资产一般具有数量大、种类多的特点，清查工作量很大，所以流动资产清查应考虑评估的时间要求和评估成本。对流动资产评估往往需要根据不同企业的生产经营特点和流动资产分布的情况，对流动资产分清主次、重点和一般，选择不同的方法进行清查和评估，做到突出重点，兼顾一般。清查采用的方法是抽查、重点清查和全面清查。当抽查核实中发现原始资料或清查盘点工作可靠性较差时，要扩大抽查面，直至核查全部流动资产。

4．流动资产周转速度快，变现能力强

在价格变化不大的情况下，资产的账面价值基本上可以反映出流动资产的现值。因此，在特定情况下，也可以采用历史成本作为评估值。同时，与其他长期资产不同的是，评估流动资产时无须考虑资产的功能性贬值因素，而资产的有形损耗（实体性损耗）的计算也只适用于低值易耗品及呆滞、积压流动资产的评估。

7.1.3　流动资产评估的程序

（1）确定评估对象、评估范围和评估基准日。进行流动资产评估前，首先要确定被评估资产的对象、范围和评估基准日，这是节约工作时间、保证评估质量的重要条件之一。被评估对象和评估范围应依据经济活动所涉及的资产范围而定。同时，应做好下列工作。

① 鉴定流动资产。弄清被评估流动资产的范围，必须注意划清流动资产与其他资产的界限，防止将不属于流动资产的机器设备等作为流动资产，也不得把属于流动资产的低值易耗品等作为其他资产，以避免重复评估和漏评估。

② 查核待评流动资产的产权。企业中存放的外单位委托加工材料、代保管的材料物资等，尽管存在于该企业中，但不得将其列入流动资产评估范围。此外，根据国家有关规定，抵押后的资产不得用于转让和再投资，如该企业的流动资产已作为抵押物，则不能将其转让或投资，这类流动资产也不得列入评估范围。

③ 对被评估流动资产进行抽查核实，验证基础资料。一份准确的被评估资产清单是正确估价资产的基础资料，被评估资产的清单应以实存数量为依据，而不是以账面记载情况为标准。

流动资产评估基准日的选择应考虑以下几个因素：一是为利用会计信息的方便，评估基准日的选择应与会计报表的时间尽可能接近；二是应选择在评估期或是与它邻近的某个时点；三是为保证评估结果的可用性、减少价格调整的工作量，评估基准日的选择应尽可能地与资产业务发生或生效的时间相接近。

（2）对有实物形态的流动资产进行质量检测和技术鉴定。对企业需要评估的材料、半成品、产成品、库存商品等流动资产进行检测和技术鉴定，目的是为了了解这部分资产的质量状态，以便确定其是否尚有使用价值，并核对其技术情况和等级状态与被估资产清单的记录是否一致。对被估资产进行技术检测是正确估价资产价值的重要基础。特别是对那些有时效要求的各种存货，如有保鲜期要求的食品和有效期要求的药品、化学试剂等，技术检测尤为重要。存货在存放期内质量发生变化，会直接影响其市场价格。因此评估必须考虑各类存货的内在质量因素。对各类存货进行技术质量检测，可由被评估企业的有关技术人员、管理人员与评估人员合作完成。

（3）对企业的债权、票据、分期收款发出商品等基本情况进行分析。根据对被评估企业与债务人经济往来活动中的资信情况的调查了解和每一项债权资产的经济内容、发生时间的长短及未清理的原因等因素，综合分析确定这部分债务、票据等回收的可能、回收的时间、回收时将要发生的费用及风险。

（4）合理选择评估方法。评估方法的选择，一是根据评估目的；二是根据不同种类流动资产的特点。如前所述，根据不同流动资产的特点，从评估角度将流动资产划分为四种类型，不同类型的流动资产在评估方法选择上有很大的影响。对于实物类流动资产，可以采用市场法和成本法。对存货中价格变动较大的要考虑市场价格。对购入价较低的要按现价调整；对购入价较高的，除考虑市场价格外，还要分析最终产品价格是否能够相应提高，或存货本身是否具有按现价出售的现实可能性。对于货币类流动资产，其清查核实后的账面价值本身就是现值，不需采用特殊方法进行评估，只是对外币存款应按评估基准日的国家外汇牌价进行折算。对于债权类流动资产评估只适用于按可变现值进行评估。对于其他流动资产，应分别不同情况进行，其中有物质实体的流动资产，则应视其价值情形，采用与机器设备等相同的方法进行。

（5）评定估算流动资产，出具评估结论。

7.1.4　流动资产评估应遵循的原则

由于流动资产存在形态的不同，评估时的价格标准也就有所不同，为了公正、客观地得出评估结论，评估时应遵循以下原则。

1．根据具体情况界定流动资产范围的原则

流动资产与固定资产在概念方面的界限很明确，但是由于企业规模大小不同，固定资产与流动资产的界限标准也有所不同。

2．根据所有权和产权确定评估范围的原则

下列流动资产虽然在评估时为企业所占用，但因其所有权并不属于企业，故不应评估。

（1）承接代加工的材料、客户交来的材料半成品等（不论是否加工）。

（2）外单位寄存本企业或委托本企业代销、寄销、代管的材料、产品、商品等。

（3）借入材料、包装物、商品等。

（4）已开出发货票，但在评估基准日仍存放在企业的在产品，已销未提的材料、半成品、产品、商品，以及销货退回待返工、待退换的产品和商品等。

（5）租入的包装物等（若租期已过，暂付押金已被没收者应列入评估盘存数）。

（6）错发到本企业或来源不明的材料。

3．根据不同种类流动资产的特点选用适当的评估方法的原则

从评估的角度看，可将流动资产划分为三大类：第一类是存货，又可称之为有实体形态的流动资产，它包括企业库存原材料、辅助材料、半成品、修理用配件、产成品、在产品、低值易耗品以及商业企业的库存商品、陈列品等，对这类流动资产进行评估时，成本法、市场法和清算价格法均可以采用；第二类是货币，包括企业的库存现金、银行存款，这一类流动资产的账面价值本身就是现值，无须采用特殊方法进行评估，只是对外币存款需按评估当日的国家外汇牌价进行折算；第三类是应收账款、应收票据、发出商品等没有物质实体的流动资产，这一类资产的评估只适用清算价格法，即按可变现价值进行评估。

4．根据不同种类流动资产的特点选择计价依据的原则

对原材料、辅助材料、修理用配件、低值易耗品、包装物等各类存货的评估，应以其质量状态为基础，充分考虑不同等级存货的市场价格水平、购进过程中支出的各种合理税费、存量大小、库存周期的长短，以及资产变现风险的大小等，并以此作为评估中的计价依据。

7.1.5 流动资产评估的一般方法

选择流动资产的评估方法，一是基于评估目的，二是依据不同种类流动资产的特点。目前我国的流动资产评估通常有以下四种评估计价标准和评估方法可供选择。

1. 历史成本法

历史成本法是以企业流动资产的账面净值为重估价值。一般来说，在物价水平比较稳定且被评估对象购入企业的时间不长的情况下，可以采用历史成本作为计价标准，企业的长期资产，由于单位价值较大、变现周期长，历史成本与市场价值相差很大，一般不适用历史成本作为评估计价标准。这是流动资产与长期资产评估的重要区别之一。

2. 重置成本法

重置成本法是企业在评估资产时按照被评估资产的现时完全重置成本减去应扣损耗或贬值来确定被评估资产价值的一种评估方法。这种评估方法的估价标准是以被评估资产的重置净值作为重估价值，其核心是通过一系列运算得出被评估资产的现时成本。在物价水平变化较大、币值不稳定的条件下，这种评估方法得出的评估结论具有真实性和公允性。

3. 现行市价法

现行市价法是指通过与被评估资产相同或相似的资产市场价格的对比分析，来确定被评估资产价值的一种评估方法。

运用该方法一般应具备两个条件，一是必须有一个充分发育、完善活跃的资产交易市场，且市场所反映的资产价格真实、准确、正常；二是被评估资产的市场参照物及相比较的指标、技术参数等资料能够收集且比较经济。

4. 清算价格法

清算价格法是以清算价格为标准，对资产进行评估的一种方法。所谓清算价格，是指企业由于破产或其他原因，要求其在一定期限内将企业或资产变现，在企业清算之日预期出卖资产可收回的快速变现价格。

7.2 实物类流动资产的评估

如前所述，实物类流动资产包括各种材料、在产品、产成品及库存商品等，实物类流动资产评估一般采用成本法、市场法和清算价格法。

7.2.1　材料的评估

1．材料评估的内容与步骤

企业中的材料，可以分为库存材料和在用材料。在用材料在再生产过程中形成产品或半成品，已不再作为单独的材料存在，故材料评估是对库存材料评估。

库存材料包括各种主要材料、辅助材料、燃料、修理用备件、包装物、低值易耗品等。

库存材料的特点是品种多，金额大，而且性质各异，计量单位、计价、购进时间、自然损耗各不相同。根据库存材料的特点，评估时可按下列步骤进行。

（1）账、表与实物数量应相符，并查明有无霉烂、变质、毁损的材料，有无超储呆滞的材料等。

（2）根据不同评估目的和待估资产的特点，选择适应的评估方法。在方法应用上，更多的是采用成本法、市场法。因为材料等流动资产，其功效高低取决于其自身，而且是生产过程中的“消费性”资产，所以，即使在发生投资行为情况下，仍可采用市场法和成本法。就这两种方法而言，如果在某种材料市场畅销、供求基本均衡的情况下，二者可以替代使用。但如不具备上述条件，则应分析使用。

（3）运用企业库存管理的 ABC 管理法，按照一定的目的和要求，对材料排队，分清重点，着重对重点材料进行评估。

2．材料评估的方法

对材料进行评估时，可以根据材料购进情况选择相适应的方法。

（1）近期购进库存材料的评估。近期购进的材料库存时间短，在市场价格变化不大的情况下，其账面值与现行市价基本接近。评估时，可以采用历史成本法，也可以采用市场法。

【例 7-1】 企业中某材料系两个月以前从外地购进，数量 2 000 千克，单价 500 元，当时支付的运杂费为 1 200 元。根据原始记录和清查盘点，评估时库存尚有 500 千克材料。根据上述资料，试计算该材料的评估值。

$$材料评估值=500\times(500+1\ 200\div2\ 000)=250\ 300（元）$$

评估时对于购进时发生运杂费的处理，如果是从外地购进的原材料（本地没有这种材料），因运杂费发生额较大，评估时应将由被评估材料分担的运杂费计入评估值；如果是本市购进，运杂费发生额较少，评估时则可以不考虑运杂费。

（2）购进批次间隔时间长、价格变化大的库存材料评估。这类材料评估时，可采用最接近评估基准日的市场价格或直接以现行价格作为评估值。

【例 7-2】 某企业要求对其库存的甲材料进行评估。该材料是分两批购进的，第一批购进时间是 2009 年 10 月，购进 600 吨，每吨 3 500 元；第二批是 2010 年 4 月，购进 200 吨，每吨 4 000 元。2010 年 5 月 1 日评估时，经核实上年购进甲材料尚库存 100 吨，2010 年 4 月购进的尚未使用。因此，需评估甲材料数量是 300 吨，价格可采用 4 000 元计算。试计算甲材料的评估值。

$$甲材料的评估值=300\times4\ 000=1\ 200\ 000（元）$$

本例的评估中，因评估基准日 5 月 1 日与今年 4 月购进时间较近，直接采用 4 月购进材料价格。如果近期内该材料价格变动很大，或者评估基准日与最近一次购进时间间隔期较长，其价格变动很大，评估时应采用评估基准日的市价。另外，由于材料的分期购进，且购价各不相同，各企业采用核算方法不同，如个别计价法、先进先出法、加权平均法等，其账面余额就不一样。但核算方法的差异不应影响评估结果。评估时关键是核查库存材料的实际数量，并按最接近市场的价格计算确定其评估值。

（3）购进时间早，市场已经脱销，没有准确市场现价的库存材料评估。这类材料的评估，可以通过寻找替代品的价格变动资料来修正材料价格；也可以在市场供需分析的基础上，确定该项材料的供需关系，并以此修正材料价格；还可以通过市场同类商品的平均物价指数进行评估。具体有以下三种方法可供选择。

1）通过寻找替代品的现行价格修正材料进价。其基本公式如下：

$$材料评估值=库存数量\times替代品现行市价\times调整系数-减值$$

2）用同类商品的平均物价指数修正材料进价。其基本公式如下：

$$材料评估值=库存数量\times进价\times同类商品物价指数-减值$$

3）在市场供需分析的基础上，确定价格趋势，并以此修正材料进价。其基本公式如下：

$$材料评估值=库存数量\times进价\times市场供需升降指数-减值$$

【例 7-3】某企业 2009 年 9 月购进甲材料 30 吨，单价 2 000 元/吨。由于当时该材料属于紧俏物资，价格较高，而且该种材料的供应有明显的季节性，在 2010 年 12 月进行评估时，市场上已无大量的交易活动。经清查核实，此种材料的库存尚有 10 吨，因保管等原因造成的减值因素占材料原值的 3%，评估时根据不同情况可选择不同的评估方法测算该材料的评估值。

① 市场上另有一种乙材料与甲材料功能类似，可作为甲材料的替代品，乙材料的现行市价为 1 500 元/吨，根据历史数据可知甲、乙材料的价格之比为 1：0.8。

② 按照同类商品的物价指数进行评估。据调查，同类商品的物价指数 2009 年 9 月为 100%，2010 年 12 月为 104%，即甲材料的价格上升了 3%左右。

③ 通过分析市场供需趋势，甲材料价格目前基本稳定，但需求略有上升，将价格拉动上升了 5%左右。

根据以上资料分别采用不同的评估方法得出：

$$甲材料的评估值=10\times1\ 500\times1/0.8-2\ 000\times10\times3\%=18\ 150（元）$$

$$甲材料的评估值=10\times2\ 000\times104\%-2\ 000\times10\times3\%=20\ 200（元）$$

$$甲材料的评估值=10\times2\ 000\times105\%-2\ 000\times10\times3\%=20\ 400（元）$$

（4）超储积压物资的评估。超储积压物资是指从企业库存材料中清理出来，需要进行处理的那部分资产。由于长期积压，时间较长，可能会因为自然力作用和保管不善而造成使用价值的下降。对这类资产的评估，首先应对其数量和质量进行核实和鉴定，然后区别不同情况进行评估。对其中失效、变质、残损、报废、无用的，应通过分析计算，扣除相应的贬值额后，确定评估值。

根据会计账面反映的库存材料，还有盘盈、盘亏材料，评估时应以有无实物存在为原则进行评估，并选用相适应的评估方法。

（5）盘盈材料的评估。盘盈的材料由于没有历史成本数据，因此应采用成本法和市场法进行评估。若盘盈材料能取得同种材料的现行市价，以市价评估。其公式如下：

盘盈材料评估值=盘盈材料数量×该种材料现行市场单价−损耗

若无法取得现行市价，则应以类似材料的交易价格为参照物进行评估。其公式如下：

盘盈材料评估值=盘盈材料数量×参照物价格×（1+调整系数）−损耗

3. 低值易耗品的评估

低值易耗品是指单项价值在规定限额以下或使用期限不满一年，但能多次使用而基本保持其实物形态的劳动资料。低值易耗品与固定资产都是企业中的劳动资料，所不同的是固定资产是主要劳动资料。尽管财务制度规定了划分固定资产和低值易耗品的一般标准，但不同行业对二者划分却是不一样的。例如，作为服装行业主要劳动资料的缝纫机，在机械工业企业中通常是作为低值易耗品看待。因此，在评估过程中判断劳动资料是否为低值易耗品，原则上视其在企业中的作用而定，一般可尊重企业原来的划分方法。同时，低值易耗品又是特殊流动资产，与典型流动资产相比，它具有周转时间长、不构成产品实体等特点。

低值易耗品种类很多，为了评估需要，可以对其进行分类，分类方法有如下两种。

（1）按低值易耗品用途分类，可以分为一般工具、专用工具、替换设备、管理用具、劳动保护用品和其他。

（2）按低值易耗品使用情况分类，可以分为在库低值易耗品、在用低值易耗品。

上述第一种分类的目的在于可以按大类进行评估，简化评估工作；第二种分类则是考虑了低值易耗品的具体情况，直接影响评估方法的选用。在库低值易耗品的评估，可以根据具体情况，与库存材料评估相同的方法，可以采用历史成本、重置成本、现行市价或清算价格等方法。在用低值易耗品的评估，可以采用成本法进行评估。计算公式如下：

在用低值易耗品评估值=全新成本价值×成新率

全新成本价值可以直接采用其账面价值（价格变动不大），也可以采用现行市场价格，有时还可以在账面价值基础上乘以其物价变动指数确定。低值易耗品分外购和自制两种形式，确定评估价值时，在细节分析上有所不同，应视具体情况分析计算。

在对低值易耗品评估时，由于其使用期限短于固定资产，一般不考虑其功能性损耗和经济性损耗。其成新率的计算公式如下：

成新率=（1–低值易耗品实际已使用月数÷低值易耗品可使用月数）×100%

低值易耗品的价值采用摊销的方式。摊销的目的在于有效地计算成本、费用，基本不反映低值易耗品的实际损耗程度。评估者在确定低值易耗品成新率时，应根据其实际损耗程度确定，而不能按照其摊销方式确定。

【例 7-4】某企业某项低值易耗品，原价为 7 000 元，预计使用 1 年，现已使用 9 个月，该低值易耗品现行市价为 6 500 元。试计算其评估值。

在用低值易耗品的评估值=6 500×(1–9/12)×100%=1 625（元）

7.2.2 在产品的评估

这部分流动资产包括制作过程中的在产品、已加工完成入库但不能单独对外销售的半成品（可直接对外销售的自制半成品视同产品评估，在此不做介绍）。在对这部分资产进行评估的难点在于：一是数量不容易清查核实；二是由于尚未加工或装配完毕，需要顾及其完工程度。因此在具体评估中，应结合在产品的特点，按照重置时的合理费用进行估价。具体方法有以下两种。

1．成本法

成本法是根据技术鉴定和质量检测的结果，按评估时的相关市场价格及费用水平重置同等级在产品及自制半成品所需投入合理的料工费计算评估值。这种评估方法只适用于生产周期在半年以上或一年以上，仍需继续生产、销售并且有盈利的在产品等的评估。对生产周期短的在产品主要以其发生成本为计价依据，在没有变现风险的情况下，可根据其账面值进行调整。具体方法有以下几种。

（1）按价格变动系数调整原成本。对生产经营正常、会计核算水平较高的企业在产品的评估，可参照实际发生的原始成本，根据到评估日的市场价格变动情况，调整成重置成本。评估的方法如下：

1）对被评估在产品进行技术鉴定，将其中超出正常范围的不合格在产品成本从总成本中剔除。

2）分析原成本，将非正常的不合理费用从总成本中剔除。

3）分析原成本中材料从其生产准备开始到评估日止市场价格变动情况，并测算出价格变动系数。

4）分析原成本中的工资、燃料、动力等制造费用从开始生产到评估日，有无大的变动，是否做了调整，并测算出调整系数。

5）根据技术鉴定、原始成本的分析及价格变动系数的测算，调整成本，确定评估值，必要时还要从变现的角度修正评估值。

基本计算公式如下：

某项或某类在产品、自制半成品评估值=原合理材料成本×（1+价格变动系数）+

原合理工资、费用×（1+合理工资、费用变动系数）

需要说明的是，在产品成本包括材料、工资和其他费用三部分。其他费用属间接费用，工资费用尽管是直接费用，但也同间接费用一样较难测算。因此评估时将工资和其他费用合为一项费用。

【例 7-5】某企业准备继续生产已入库的某系列在产品，具体资料如下。

① 至评估日止该系列在产品账面累计总成本为 250 万元，该系列中有一种在产品 150 件报废，账面单位成本为 100 元/件，估计可回收的废料价值为 1 500 元。

② 该系列在产品的材料成本占总成本的 60%，所有材料为有色金属材料，从其生产准备始到评估日止有半年时间，从市场价格看，同类材料在半年内价格上涨 10%。

③ 费用分析表明，本期在产品的单位产品费用偏高，主要是前期漏转费用 6 万元计入本期成本，其他费用在半年内未变化，

试用价格变动系数调整原成本的方法对该系列在产品进行评估。

该系列在成品总成本 250 万元。

减：	废品成本	1.5 万元[1 500×100]
	前期漏转成本	6 万元
加：	材料涨价增加的成本	14.91 万元[(250–1.5)×60%×(1+10%)]
	废品残值	0.15 万元
	评估值	257.56 万元(250–1.5–6+14.91+0.15)

（2）按社会平均工艺定额和现行市价计算评估值。即按重置同类资产的社会平均成本确定被评估资产的价格。用这样的方法对在产品等进行评估需要掌握以下资料：

1）被评估在产品的完工程度。

2）被评估在产品有关工序的工艺定额。

3）被评估在产品耗用物料的近期市场购买价格。

4）被评估在产品的合理工时费率（这个数据要采用正常情况下生产经营的工时费率）。

计算评估值的基本公式如下：

$$\frac{\text{某在产品}}{\text{评估值}}=\frac{\text{在产品}}{\text{实有数量}}\times\left(\frac{\text{该工序单件材}}{\text{料工艺定额}}\times\frac{\text{单位材料}}{\text{现行市价}}+\frac{\text{该工序单件}}{\text{工时定额}}\times\frac{\text{正常工}}{\text{资、费用}}\right)$$

对于工艺定额的选取，如果有行业的平均物料消耗标准的，可按行业标准计算；没有行业统一标准的，按企业现行的工艺定额计算。

（3）按在产品的完工程度计算评估值。因为在产品的最高形式为产成品，因此，计算确定在产品评估值，可以在计算产成品重置成本基础上，按在产品完工程度计算确定在产品评估值。计算公式如下：

在产品评估值=产成品重置成本×在产品约当量

在产品评估值=产成品重置成本×在产品完工率

在产品约当量、完工率可以根据其完成工序与全部工序比例、生产完成时间与生产周期比例确定。当然，确定时应分析完成工序、完成时间与其成本耗费的关系。

【例 7-6】某产品需要经过 5 道工序加工制成。原材料是在第一道工序一次性投入。评估时，在每道工序上均有 10 件在产品，从第一道工序到第五道工序的完工率分别为 20%、40%、65%、80%、95%，该产品的单位定额成本为：材料 200 元，工资及附加费 50 元，其他各项费用 5 元。试评估该在产品的价值。

在产品的约当量=10×20%+10×40%+10×65%+10×80%+10×95%=30（件）

在产品材料成本=50×200=10 000（元）

在产品工资费用及附加费=30×50=1 500（元）

在产品其他费用=30×5=150（元）

在产品评估值=10 000+1 500+150=11 650（元）

2．市场法

市场法是按同类在产品和半成品的市价，扣除销售过程中预计发生的费用后计算评估值。这种方法适用于因产品停产，在产品和自制半成品只能按评估时的状态向市场出售情况下的评估。一般来说，被估资产通用性好，尚能用于产品配件更换或用于维修，评估的价值就比较高。对不能继续生产，又无法通过市场调剂出去的专用配件只能按废料回收价格进行评估。计算评估值的基本公式如下：

某在产品评估值=该种在产品实有数量×可接受的不含税的单位市场价格−预计在销售过程中发生的费用

如果在调剂过程中有一定的变现风险，还要考虑设立一个风险调整系数，计算可变现的评估值。

某报废在产品评估值=可回收废料的重量×单位重量现行的回收价格

【例 7-7】某企业因产品技术落后而全面停产，准备并入另一家企业，现就这个企业的在产品进行评估。有关评估资料如下。

在产品原账面记载的成本为 250 万元，按在产品的状态及通用性的好坏分为如下三类。

一类：已从仓库中领出但尚未进行加工的原材料，可按实有数量、技术鉴定情况、现行市场价格计算评估值，计算结果为 85 万元。

二类：已加工成部件、可通过市场调剂、流动性较好的在产品，可根据市场可接受价格、调剂过程中的费用、调剂的风险确定评估值。本例中在半年内能直接销售的在产品有 103 万元，预计销售费用 5 万元。

三类：加工过程中无法调剂出去，又不能继续加工，只能报废处理的在产品，分别按报废的在产品名称、实有数量、可回收废料数量、单位回收价格，计算总回收价格为 50 万元。

试确定在产品的评估值。

在产品的评估值=85+（103−5）+50=233（元）

7.2.3　产成品及库存商品的评估

这部分流动资产包括完工入库和已完工并经过质量检验但尚未办理入库手续的产成品、商业企业的库存商品等，应依据其变现的可能和市场接受的价格进行评估，适用的方法有成本法和市场法。

1．成本法

采用成本法对生产及加工工业的产成品评估，主要根据生产、制造该项产成品全过程中发生的成本费用确定评估值。具体应用过程中，可分以下两种情况进行。

（1）当评估基准日与产成品完工时间较接近，成本升降变化不大时，可以直接按产成品账面成本确定其评估值。计算公式如下：

产成品评估值=产成品数量×单位产成品账面成本

（2）当评估基准日与产成品完工时间相距较远，制造产成品的成本费用变化较大时，产成品评估值可按下列两式计算：

产成品评估值=产成品实有数量×（合理材料工艺定额×材料单位现行价格+合理工时定额×单位小时合理工时工资、费用）

产成品评估值=产成品实际成本×（材料成本比例×材料综合调整系数+工资、费用成本比例×工资、费用综合调整系数）

【例 7-8】 某企业进行产成品进行评估。经核查，该企业产成品实有数量为 5 000 件，根据该企业的成本资料，结合同行业成本耗用资料分析，合理材料定额为 3 千克/件，现行市价为 15 元/千克，合理工时定额为 2 小时，每小时的标准工资率为 6 元/小时。根据上述分析和有关资料，试计算该企业的产成品评估值。

产成品评估值=5 000×(3×15+2×6)=210 000（元）

【例 7-9】 某企业产成品实有数量 200 件，每件实际成本 150 元，根据会计核算资料，生产该产品的材料费用与工资、其他费用的比例为 2∶3，根据目前价格变动情况和其他相关资料，确定材料综合调整系数为 1.25，工资、费用综合调整系数为 1.05。试计算该产成品的评估值。

产成品评估值=200×150×(40%×1.25+60%×1.05)=33 900（元）

2．市场法

市场法是指按不含价外税的可接受市场价格，扣除相关费用后计算被评估产成品评估值的方法。一般的计算公式如下。

产成品评估值=产成品数量×（不含税出厂单价–销售税金–销售费用–所得税–适当利润）

应用市场法评估产成品，在选择市场价格时应注意考虑下面几项因素：第一，产品及库存商品的使用价值。根据对产品本身的技术水平和内在质量的技术鉴定，确定产品是否具有使用价值以及产品的实际等级，以便选择合理的市场价格。第二，分析市场供求关系和被评估产成品的前景。第三，所选择的价格应是在公开市场上所形成的近期交易价格。

非正常交易价格不能作为评估的依据。第四，对于产品技术水平先进，但产成品外表存有不同程度的残缺，可根据其损坏程度，通过调整系数予以调整。

在实际评估工作中，对于十分畅销的产品，根据其出厂销售价格减去销售费用和全部税金确定评估值；对于正常销售的产品，根据其出厂销售价格减去销售费用、全部税金和适当数额的税后净利润确定评估值；对于勉强能销售出去的产品，根据其出厂销售价格减去销售费用、全部税金和税后净利润确定评估值。

【例 7-10】某企业生产的甲产品很畅销，目前库存数量为 200 件，正常的出厂含税价格为 468 元/件，销售费用率为 2.5%，销售税金及附加率为 15%，利润率为 15%，所得税税率为 25%。试根据以上资料评估该产品的价值。

产成品评估值=库存数量×（不含税出厂单价–销售税金–销售费用–所得税–适当利润）

产成品评估值=200×(468÷1.17)×(1–2.5%–15%–25%–15%)=34 000（元）

7.3 非实物类流动资产的评估

非实物类流动资产包括应收账款、预付账款、应收票据等，货币类流动资产包括现金和各项存款。

7.3.1 应收账款的评估

应收账款主要指企业在经营过程中由于赊销原因而形成的尚未收回的款项。这些应收账款属于企业债权性流动资产。但由于存在回收风险，因此，在对这些资产估算时，一般应从两方面进行，一是清查核实应收账款数额；二是判断估计可能的坏账损失。确定应收账款评估值的基本公式表示为：

应收账款评估值=应收账款账面价值–已确定坏账损失–预计坏账损失

首先，确定应收账款账面价值。除了与账表核对外，一般尽可能地要求按户发函核对，查明各项应收账款的真实性和金额，以及每一笔账款是否具有合法、有效的原始凭证。此外，还要注意查明各笔款项发生的时间，并作记录，作为在评估时考虑其坏账损失的一种依据。

其次，确认已确定的坏账损失。已确定的坏账损失是指评估时债务人已经死亡或破产倒闭而确实无法收回的应收账款。对于已确定坏账损失，应严格按照有关经济合同法的有关条款进行。

再次，确定预计坏账损失。即对应收账款回收的可能性进行判断。一般可以根据企业与债务人的业务往来和债务人的信用情况将应收账款分为几类，并按分类情况估计应收账款回收的可能性。详细分类情况如下。

（1）业务往来较多，对方结算信用好。这类应收账款一般能够如期全部收回。

（2）业务往来少，对方结算信用一般。该类应收账款收回的可能性很大，但回收时间不确定。

（3）一次性业务往来，对方信用情况不太清楚。这类应收账款可能只收回一部分。

（4）长期拖欠或对方单位已撤销，这类应收账款可能无法收回。

上述分类方法既是对应收账款坏账损失可能性的判断过程，也是对预计坏账损失定量分析的准备过程。

对预计坏账损失定量分析的方法如下。

（1）坏账估计法。即按坏账的比例，判断不可回收的坏账损失的数额。坏账比例的确定，可以根据被评估企业前若干年（一般为 3 ～ 5 年）的实际坏账损失额与其应收账款发生额的比例确定。计算公式如下：

$$坏账比例=\frac{评估前若干年发生的坏账数额}{评估前若干年应收账款}\times 100\%$$

【例 7-11】对某企业进行整体资产评估，经核实，截至评估基准日的账面应收账款余额为 800 万元，其中包含实际已发生的坏账损失为 6 万元，前 3 年的坏款损失合计为 80 万元，前 3 年应收账款余额合计为 1 500 万元。试计算应收账款的评估值。

$$前3年的平均坏账损失率=80\div 1\,500\times 100\%=5.3\%$$

$$预计坏账损失=(800-6)\times 5.3\%=92.082（万元）$$

$$应收账款的评估值=800-6-92.082=701.918（万元）$$

（2）账龄分析法。即按应收账款拖欠时间的长短，分析判断可收回的金额和坏账。一般来说，应收账款账龄越长，坏账损失的可能性越大。因此，可将应收账款按账龄长短分成几组，按组估计坏账损失的可能性，并进而计算坏账损失的金额。

【例 7-12】某企业评估时，经核实该企业应收账款实有额为 520 万元，其中账龄在 4 年以上为 30 万元，3～4 年的 60 万元，2～3 年的 110 万元，1～2 年的 140 万元，一年以下为 180 万元，根据以往经验，账龄在 4 年以上的，基本无法收回，3～4 年账龄的回收率为 40%，2～3 年账龄的回收率 70%，1～2 年账龄的回收率为 85%，1 年以下的回收率为 95%。预计坏账损失为多少？

$$预计坏账损失=30+60\times(1-40\%)+110\times(1-70\%)+140\times(1-85\%)+180\times(1-95\%)=129（万元）$$

$$应收账款评估值=520-129=391（万元）$$

应收账款评估时，账面上的“坏账准备”科目按零值计算，因为“坏账准备”科目是应收账款的备抵账户，是按会计制度规定的一定比例（3%～5%）计提的。对应收账款评估时，是按照实际可收回的可能性进行的。因此，应收账款评估值就不必再考虑坏账准备数额。

7.3.2　应收票据的评估

由于票据有带息和不带息之分，所以对不带息票据，其评估值即是其票面额。对于带息票据，应收票据的评估值应由本金和利息两部分组成。本金是指出票人承诺的债务金额，利息则为债务到期时所应支付的资金使用成本。应收票据评估可采取下列两种方法。

（1）按本金加利息确定。计算公式如下：

应收票据评估值=本金×（1+利息率×时间）

【例 7-13】某企业拥有一张期限为半年的票据，本金 60 万元，年利率为 6%，截至评估基准日离付款期尚差一个月的时间。试确定评估值。

评估值=60×(1+6%×5/12)=61.5（万元）

（2）按应收票据的贴现值计算。指对企业拥有的尚未到期的票据，按评估基准日到银行可获得的贴现值计算确定评估值。计算公式如下：

应收票据评估值=票据到期价值–贴现息

贴现息=票据到期价值×贴现率×贴现期

【例 7-14】某企业有一张面值为 100 万元，期限为 3 个月，票面利率 8%的票据，至评估基准日，已经持有 2 个月，贴现率为 6%。试计算该票据的评估值。

贴现息=100×6%/12=0.5（万元）

应收票据评估值=100×(1+8%×3/12)–0.5=101.5（万元）

与应收账款相类似，如果被评估的应收票据系在规定的时间尚未能收回的票据，应按应收账款的评估方法，在分析调查其原因的基础上，做坏账处理。

7.3.3 预付费用的评估

预付费用之所以作为资产，是因为这类费用在评估日之前企业已经支出，但在评估日之后才能产生效益，如预付的报刊费、预付保险金、预付租金等。因而，可将这类预付费用看成未来取得服务的权利。

预付费用的评估主要依据其未来可产生效益的时间。如果预付费用的效益已在评估日前全部实现，只因发生的数额过大而采用分期摊销的办法，这种预付费用不应在评估中作价。只有那些在评估日之后仍将发挥作用的预付费用，才是评估的对象。

【例 7-15】现就某企业预付费用进行单项评估，评估基准日为 2010 年 6 月 30 日。有关资料如下：企业截至评估基准日账面费用余额为 68 万元（不含车间在产品成本），其中有预付一年的保险金 15 万元，已摊销 3 万元，余 12 万元；尚待摊销的低值易耗品余额 8 万元；预付的房租租金 25 万元，已摊销 5 万元，余 20 万元。根据租约，始租时间为 2008 年 6 月 30 日，租约终止期为 2013 年 6 月 30 日；以前年度应结转因成本高而未结转的费用 20 万元。试该企业进行评估。

评估人员根据上述资料进行如下评估。

（1）预付保险金的评估，根据保险金全年支付数额计算每月应分摊数额为 15÷12=1.25（万元）。

应预留保险金（评估值）=1.25×6=7.5（万元）

（2）低值易耗品根据实物数量和现行市场价格评估，评估值为 7 万元。

（3）租入固定资产的评估，按租约规定的租期和五年总租金计算，每年的租金为 5 万元，租赁的房屋尚有 3 年使用权。

评估值=5×3=15（万元）

（4）以前年度应结转费用由于是应转未转费用，因此评估值为零。

最终评估值=7.5+7+15=29.5（万元）

7.3.4 现金和各项存款的评估

众所周知，资产评估主要是对非货币性资产而言，货币性资产不会因时间的变化而发生差异。因此，对于现金和各项存款的评估，实际上是对现金和各项存款的清查确认。首先，通过清查盘点及与银行对账，核实现金和各项存款的实有数额；然后，以核实后的实有额作为评估值。如有外币存款，可按当时的国家外汇牌价折算成人民币值。

案例分析

【案情】

红星科技公司为股份制改造进行流动资产评估，通过对库存部分流动资产清理和有关资料收集，得到库存流动资产评估申报表（见表 7-1）。

表 7-1 流动资产评估申报表

流动资产的序号	流动资产的名称	流动资产的数量（吨、件、平方米）	账面单价（元）	各流动资产价值（元）
1	A-15	50	3.00	150
2	A-34	1 000	1.05	1 050
3	A-41	475	2.00	950
4	B-7	10	10.00	100
5	B-15	2 600	0.50	1 300
6	B-28	600	5.00	3 000
7	B-81	1 000	0.25	250
8	CD-84	2 000	11.00	22 000
9	CD-91	3 000	0.10	300
10	G-4	100	0.40	40
11	G-5	600	0.10	60
12	G-25	440	2.50	1 100

续表

流动资产的序号	流动资产的名称	流动资产的数量（吨、件、平方米）	账面单价（元）	各流动资产价值（元）
13	H-10	2 000	0.25	500
合计总价值				30 800

在具体评估过程中，需要对该企业库存中13项流动资产进行ABC分类。

评估基准日为2010年10月30日。2010年11月5日评估人员在账、表、单核对一致的基础上对13项流动资产进行分类。并对AB类进行调查，发现并无盘盈、盘亏、变质、毁损等情况，材料购销存单齐全，实物类全部存放在各类仓库中。

因企业进行股份制改造，委估资产A-15、A-34、A-41、B-7、B-15、B-28、B-81、CD-84八种材料属于在用续用，其他5种材料属于转用续用。

CD-84材料购置时间为2010年2月，据评估基准日较早，价格发生变动。据评估人员市场调查，每件价格上升15%。

其他材料价格并无多大变化。

试确定该批材料的评估值。

【分析】

解：由题意，对AB类材料进行调查，发现并无盘盈、盘亏、变质、毁损等情况，材料购销存单齐全，实物类全部存放在各类仓库中可知，AB类材料的损耗价值为0。

因为CD-84材料购置时间2010年2月，据评估基准日较早，价格发生变动。据评估人员市场调查，每件价格上升15%，所以：

CD-84材料的评估价值=库存数量×进价×市场供需升降指数−价值损耗

$$=2\,000\times11.00\times(1+15\%)-0$$
$$=25\,300（元）$$

因为其他材料价格并无多大变化，所以：

该批材料的评估值=30 800+25 300−22 000=34 100（元）

本章小结

流动资产是指企业可以在一年内或者超过一年的一个营业周期内变现或者耗用的资产。

流动资产具有周转速度快、变现能力强、形态多样化、存量波动大、市价与成本相接近的特点。流动资产评估的一般方法历史成本法、重置成本法、现行市价法、清算价格法。

实物类流动资产包括各种材料、在产品、产成品及库存商品等，实物类流动资产评估一般采用成本法、市场法和清算价格法。

非实物类流动资产包括应收账款、预付账款、应收票据等；货币类流动资产包括现金和各项存款。应收账款评估值的基本公式如下。

应收账款评估值=应收账款账面价值–已确定坏账损失–预计坏账损失

应收票据评估可采取按本金加利息确定，按应收票据的贴现值计算。

预付费用的评估主要依据其未来可产生效益的时间。

现金和各项存款的评估，实际上是对现金和各项存款的清查确认。

练习题

1．名词解释

流动资产　实物类流动资产　债权类流动资产　货币类流动资产

2．单项选择题

（1）评估流动资产时有时会考虑其（　　）。

A．经济性贬值　B．功能性贬值　C．实体性损耗　D．各种贬值

（2）在用低值易耗品的评估一般采用（　　）。

A．成本法　B．市场法　C．收益法　D．清算价格法

（3）企业中 A 材料为一个月前从外地购进，数量为 5 000 千克，单价为 200 元，当时付运杂费 500 元。评估时清查盘点尚有 1 500 千克 A 材料，则该材料的评估值为（　　）元。

A．30 000　B．300 150　C．300 500　D．以上都不对

（4）某低值易耗品原价 700 元，预计可使用 1 年，现已使用 6 个月。据调查，该低值易耗品的现行市价为 1 100 元，则其评估值为（　　）元。

A．1 100　B．1 000　C．800　D．550

（5）采用成本法对在用低值易耗品评估时，成新率的确定应根据（　　）。

A．已使用月数　B．已摊销数额　C．实际损耗程度　D．尚未摊销数额

（6）某企业在评估基准日止，经核实的应收账款余额为 200 万元，前 5 年有关资料如表 7-2 所示。

表 7-2　资料　单位：万元

年　份	应收账款余额	坏账金额
第 1 年	30	0.25
第 2 年	35	0.5
第 3 年	60	0.8

续表

年　份	应收账款余额	坏账金额
第 4 年	90	8
第 5 年	105	20

根据上述资料，该企业应收账款的评估值应为（　　）元。

A．200　　B．190.45　　C．181.6　　D．175.5

（7）确定应收账款评估值的基本公式是：应收账款的评估值等于（　　）。

A．应收账款账面值–已确定坏账损失–预计坏账损失

B．应收账款账面值–坏账准备–预计坏账损失

C．应收账款账面值–已确定坏账损失–坏账损失

D．应收账款账面值–坏账准备–坏账损失

（8）一般来说，应收账款评估后，账面上的"坏账准备"科目应为（　　）。

A．零　　B．应收账款的 3‰ ~ 5‰

C．按账龄分析确定　　D．评估确定的坏账数字

（9）某企业向甲企业售出一批半成品，贷款金额 500 万元，约定半年后付款。采用商业承兑汇票结算。该企业 6 月 10 日开出汇票，并经甲企业承兑。汇票到期日为 12 月 10 日。现对该企业进行评估。评估基准日为 8 月 10 日，月贴现率为 5‰，则应收票据的评估值应为（　　）万元。

A．500　　B．490　　C．510　　D．495

（10）某企业 3 月初预付 6 个月的房屋租金 90 万元，当年 5 月 1 日对该企业评估时，该预付费用评估值为（　　）万元。

A．35　　B．60　　C．45　　D．30

3．多项选择题

（1）流动资产具有（　　）的特点。

A．周转速度快　　B．变现能力强　　C．形态多样化　　D．占用数量的固定性

（2）在产品的评估一般可以采用（　　）。

A．成本法　　B．市场法　　C．收益法　　D．清算价格法

（3）流动资产的实体性贬值可能会出现在（　　）。

A．在产品　　B．应收账款　　C．在用低值易耗品　　D．呆滞、积压物资

（4）产成品及库存商品的评估，一般可采用（　　）。

A．年金法　　B．成本法　　C．市场法　　D．分段法

（5）对低值易耗品进行评估时，应考虑的因素主要有（　　）。

A．市场价格　　B．实体性损耗　　C．功能性损耗　　D．经济性损耗

（6）对于购进时间长，市场已脱销，没有准确市场现价的库存材料评估，可以采用的

评估方法有（　　）。

A．通过寻找替代品的价格变动资料来修正材料价格

B．在市场供需分析的基础上，确定该项材料的供需关系，并以此修正材料价格

C．把材料的账面价值作为评估值

D．通过市场同类商品的平均物价指数进行评估

（7）在预付费用的评估中，正确的说法是（　　）。

A．预付费用在评估基准日前已经支付，但在评估基准日后才能产生效益的价值，才能成为预付费用的评估值

B．预付费用在评估基准日前已经支付，其产生的效益在评估基准日前已全部体现的，其预付费用的评估值应为零

C．预付费用的评估应按核实后实际支付值为其评估值

D．对评估基准日前已经支付的预付费用的评估，应区别其在评估基准日之前和之后发生效益的情况，分别按零值和预留值（评估值）进行评定

（8）关于流动资产的评估，下列说法正确的有（　　）。

A．实物类流动资产的评估方法通常采用市场法和成本法

B．通常情况下，货币类流动资产以账面原值作为评估值最为合理

C．债权类流动资产按可变现净值进行评估

D．评估流动资产一般不需考虑资产的功能性贬值因素

4．简答题

（1）如何进行库存材料、在产品、产成品等实物类流动资产的评估？

（2）如何评估应收账款？

5．计算题

（1）企业中某材料是两个月以前从外地购进，数量为 300 千克，单价为 150 元，当时支付的运杂费为 1 500 元。根据原始记录和清查盘点，评估时库存尚有 100 千克这种材料。试评估该材料的价值。

（2）某企业要对其库存的某种钢材进行评估。该种钢材是分两批购进的，第一批购进时间是上年 10 月，购进 1 000 吨，每吨 3 800 元；第二批是今年 4 月购进的，数量 100 吨，每吨 4 500 元。今年 5 月 1 日评估时，经核实去年购进的此种钢材尚存 500 吨，今年 4 月购进的尚未使用。因此，需评估的钢材数量是 600 吨，价格可采用每吨 4 500 元计算，试计算其评估值。

（3）某企业向甲企业售出材料，价款为 1 000 万元，商议 9 个月后收款，采取商业承兑汇票结算，该企业于 3 月 10 日开出汇票并将甲企业承兑。汇票到期日为 12 月 10 日。现对该企业进行评估，评估基准日为 6 月 10 日。贴现率为月利息 6‰，试评估该汇票的价值。

（4）截至评估基准日，某企业应收账款余额为 1 500 000 元，通过函证并报经批准的坏

账损失为 600 000 元，前五年应收账款坏账情况如表 7-3 所示。

表 7-3　数据　　单位：元

年　　份	应收账款余额	处理坏账额
第 1 年	1 200 000	180 000
第 2 年	1 480 000	50 000
第 3 年	1 400 000	100 000
第 4 年	1 600 000	80 000
第 5 年	1 520 000	200 000
合　计	7 200 000	610 000

根据上述资料，确定该企业应收账款的评估值。

第 8 章 资源资产评估

学习目标

※了解资源资产的概念、分类和特点。
※熟悉资源资产评估的内涵、对象、原则，森林资源的评估。
※掌握矿产资源资产的评估方法。

学习导航

8.1 资源资产概述
8.1.1 自然资源及其分类
8.1.2 资源资产的概念
8.1.3 资源资产的基本特征
8.1.4 资源资产评估的内涵与外延
8.1.5 资源资产评估的对象与范围
8.1.6 资源资产的评估原则

8.2 矿产资源资产的评估方法
8.2.1 贴现现金流量法
8.2.2 市场比较法
8.2.3 重置成本法
8.2.4 地勘加和法
8.2.5 地学排序法

8.3 森林资源资产的评估
8.3.1 森林资源及其价值
8.3.2 林木资产的评估
8.3.3 林地资产的评估

导入案例

某县林业主管部门工程师常某在对某山场森林资源资产进行评估时，不按照规定操作，使该山场的评估面积和价值与实际不符。山场承包人持该份评估报告及林木产权证书获贷款 100 万元，期满后至今未能足额偿还，给金融机构造成重大损失。

森林资源的评估有什么特点？应当如何评估？

8.1 资源资产概述

8.1.1 自然资源及其分类

资源是人类赖以生存和发展的物质基础，是可供人类利用的宝贵财富。资源包括自然资源、经济资源和人文社会资源。

自然资源是指在现代技术经济条件下，自然环境中能被人类利用并能为人类当前和未来生存与发展所需的一切物质和能量，如土地、海洋、草地、森林、野生动植物、矿藏、水资源、阳光、地质遗迹资源等。那些已被发现但不知其用途，又不能用现代科学技术提取的，或虽然有用，但与需求相比因数量过大而没有稀缺性的物质（如空气等）不能称为自然资源，而是自然物。

根据自然资源的属性，可以将自然资源分为以下几类。

1. 可再生资源与不可再生资源

在自然资源中，有些资源如生物资源，它吸收了流动的太阳能和水资源，再消耗土壤里的养分。在太阳能量一定、生物繁殖能力一定，以及在人类自我约束的条件下，这种具有很强生命力的生物资源，是可以再生的。对这类资源，我们称为可再生资源。相反，矿产资源受地质作用及生成空间的限制，数量是有限的，人类利用和开采它，使它的数量逐渐减少，最终耗竭，在人类生命期间内，是无法恢复的。这类资源被称为不可再生资源。

2. 耗竭性资源与非耗竭性资源

对于人类社会而言，可以被用尽的自然资源称为耗竭性资源，如矿产资源；可以永续利用的自然资源是非耗竭性资源，如土地，无论人类如何利用它，土地都会永远存在。但是，人类如不能合理地利用它，土地会沙化或盐碱化，变成不能利用的土地。如果人类加强治理，沙化、盐碱化了的土地便可恢复利用。所以，土地是可恢复的非耗竭性资源。

3. 现时可利用资源与潜在资源

在现时技术经济条件下可以开发利用，并在经济效益、社会效益和生态效益上是有利的，称做现时可利用资源，反之则称为潜在资源。可利用资源与潜在资源是相对的，随着科学技术的发展和提取有用成分技术的提高，暂时不可利用的潜在资源也会变成可利用资源。

4. 有机资源与无机资源

构成资源的物质成分属于无机物，即除碳以外的各种元素的化合物：氧化物、酸、碱和盐四大类，称为无机资源。土地资源、矿产资源、气候资源等属于无机资源；构成资源的物质成分为有机物，即现在所指的含碳化合物（过去一般所指的构成动植物体的化合物，泛指的生物资源），称为有机资源。

根据上述自然资源的属性，可将自然资源划分若干种类。由于自然资源属性上的差异，便自然资源具有各自不同的特征。自然特性的不同带来社会使用目的的不同，在法律上、经济上的表现方式也不相同，从而使进化为资源资产的性质、表现特征也有很大差异。因而在资源资产评估中，不能笼统地用一种模式来评估不同种类的资源资产。

8.1.2 资源资产的概念

自然物无论发现与否，都是自然存在的。只有当人类确实查明了、探明了、确认了自然物是有使用价值的物质，这时才能说它是自然资源。人类可以通过这些自然力作用下所生成的自然资源，作为生产过程中的投入，为使用者的未来获得更大的利益。如果我们把这些资源再赋予权利，它就会成为资产，即资源资产。然而，不是所有的自然资源都能成为资产，能够成为资源资产的必须具备如下六个必要条件。

1．必须处于静态的存置空间

任何一项资产都有存置空间，而且这种空间必须是静态的，以便为人们提取使用，这是作为资产的前提。当人们不知道自然资源的生成空间时，虽然客观上存在，但它是处在隐形动态存置空间，所以，它是自然资源不是资产。当查明并确定了其存置空间，而被人们所拥有和控制，空间位置不会发生变化而处于静态，这时它才成为资源资产。

2．必须处于使用状态

没有探明的矿产资源，没有开发利用的原始森林，没有捕捞上来的海洋鱼类等自然状态下的资源，因其不能进入社会生产过程，不处于使用状态而不能成为资产。只有进入社会再生产过程而被利用的自然资源，才能成为资源资产。

3．必须能用货币计量

资源在自然状态下既无实物量，也无法以货币进行计量，所以，它只能是自然资源而不是资产。只有当资源被查明了蕴藏量，计算出潜在的实物量，这时我们可以用特殊方法计算出以货币量反映的价值量，资源则成为资产。

4．必须能为特定主体所拥有和控制

资源资产必须是能为特定主体所拥有和控制。拥有和控制赋有权利的含义。凡是能被拥有和控制的自然资源，一定是处于静态的存置空间和可以使用的状态，任何产权主体都不会拥有没有被控制的自然资源。

5．可为特定主体的未来经营带来收益

自然资源作为自然生产要素原先并没有耗费或很少耗费，但当它以自身的自然力和自然有用要素同劳动相结合时，将会产生特别高的劳动生产力，创造超过自身价值的超额收益。也就是说，只有那些以其本身固有的使用价值，消耗自身的价值，创造超过自身价值的超额收益时的自然资源，才可称为资源资产。

6．能够用现代科学技术取得

这里专指矿产资源而言。已经探明了的矿产资源，若由于矿物组合成分复杂，选冶性能差，不能用现代科学技术取得，就不能成为人类的财富。相反，现代科学技术越先进，取得可供使用的矿产资源就越多。所以，只有能用现代科学技术取得的自然资源，才能称为资源资产。

综上所述，资源资产是指在现行技术经济条件下，能够进入社会生产过程并能带来经济效益的自然资源。

8.1.3 资源资产的基本特征

资源资产与自然资源相比，其物质内涵是一致的，除了具有自然资源的基本特征外，根据资产的含义，还具有经济属性和法律属性。

1. 资源资产的自然属性

（1）天然性。是指资源资产完全由自然物质组成，并处于自然状态。

（2）有限性。人类认识自然、利用和改造自然是有阶段性和渐进性的。索取的自然资源在一定时期或一定时点上是有限的，如矿产资源。对于森林资源，如果人们不进行培植补充，长期无节制地利用，也会逐渐耗竭。

（3）区域性。资源资产依附于一定的区位条件，具有区位固定性。随着区位的不同，经济环境、地理环境上差异，资源资产的使用价值也不同。因此，评估资源资产必须考虑区位条件对价值的影响。

（4）生态性。各种资源，如太阳、大气、地质、水文、生物等构成了一个复杂的生态体系，不同的资源互相依存，具有一定的生态平衡规律。如果毫无顾忌地开采和获取资源，使生态失去平衡，会导致资源的毁灭，从而导致自然资源难以持续利用。

2. 资源资产的经济属性

（1）自然资源具有使用价值。自然资源具有使用价值和物质效用，才能够转化为经济资源，成为人类生活资料和生产资料。经济增长与经济发展必然要消耗一定的资源，所以自然资源是人类发展的物质基础。

（2）资源性资产能够以货币计量。资源性资产除了能够用实物计量外，还可以用货币计量，这是资源性资产评估的基础。对于无法用货币计量的自然资源，如空气、太阳等就不能成为资产。

（3）资源性资产具有获益性。只有具有经济价值的自然资源才能成为资产，没有经济价值或在当今知识与技术条件下尚不能确定其有经济利用价值资源不能成为资产。

3. 资源资产的法律属性

（1）资源性资产产权在法律上具有独立性，它必须能够为特定的产权主体所拥有和控制。

（2）资源性资产的使用权可以依法交易。我国实行资源性资产的所有权和使用权相分离的制度，法律不允许资源性资产的所有权转让，但使用权可以依法转让。

8.1.4 资源资产评估的内涵与外延

资源资产评估是在现时条件下，对资源资产在某一时点上的有偿使用价值进行估算和评定。资源资产包括资源的实体（有形）资产和由所有权派生出来的使用权（无形）资产。

资源资产评估，不仅为国民经济资源价值核算服务，还可以在资源资产产权的出让、转让、资产经营、抵押、环保等经济活动中为有关权益各方提供专业服务。资源性资产评估的方法也是三种：收益法、成本法、市场法。但在具体方法运用及参数确定上，不同类型的资源性资产具有派生性的适合各类资源性资产评估的特定方法。

资源性资产具有自然属性、经济属性和法律属性，因而与其他资产相比，其评估具有一定的特点。

1．资源性资产价值是资产资源的使用权价格

我国自然资源大部分属于国家所有，只有一部分属于集体所有，并实行所有权和使用权相分离的制度。按照法律规定，我国资源资产的所有权是不能转让的。因此资源性资产评估对象并不是物质实体的本身，而是资源性资产的使用权，是对资源性资产权益的价值评估。

2．资源性资产价值一般受资源的区位影响较大

由于资源性资产的有限性，稀缺性和区域性，资源性资产价值受自然资源所在区位影响很大。

3．资源性资产评估必须遵循自然资源形成和变化的客观规律

资源条件包括资源的质量品位、资源的开采条件和产地至销地的运输距离和运输条件等。资源性资产类别多样，不同的资源条件、经营方式、市场供求等都不相同。例如，矿产资源是经过一定地质过程形成的，森林资源是一种生物资源，因此，对矿山的开发，森工企业的营林生产等都具有自身的客观规律。因此，在资产评估中要充分了解资产实体和资产使用权的专业特点，以合理评估资源性资产的价值。

8.1.5　资源资产评估的对象与范围

资源资产评估对象是使用权无形资产及其所依托的实物资源资产。资源资产所涉及的无形资产包括资源资产调查成果、资源资产经营权（如矿业权、土地使用权），还包括资源资产作为环境的组成元素、生态环境平衡不可或缺的生态效益资产（如森林的水源涵养、防风固沙、水土保持等）专有技术无形资产。其他还有自然景观旅游资源资产、生物多样性及基因保存等专有技术无形资产。由于有些无形资产计量还不够明确，没有开展评估。目前开展评估的有矿产资源资产、森林资源资产和旅游资源资产。

1．矿产资源资产

矿产资源资产评估范围包括：矿产资源实物资产、矿业权、地质勘察成果专有权，而主要评估对象为矿业权。矿业权分为探矿权、采矿权、矿产发现权。

（1）探矿权和采矿权。探矿权、采矿权是矿产资源资产所有权派生出来的他物权，是所有者特许勘察出资人勘察矿产资源的权利。勘察出资人成为矿业权人，其法律文件是勘察许可证、采矿许可证。勘察许可证、采矿许可证又是行为产权，当矿业权发生租赁、抵押行为时，“两证”成为独立的评估对象。这里需要指出的是，探矿权和采矿权评估必须依托矿产资源实物资产，而矿产资源实物资产评估，在特定的评估目的下，可以不依托矿业权，成为独立的评估对象。

（2）矿产发现权。矿产发现权属于知识产权。地质勘察是对地质规律和地质科学的具体运用，其发现对象可能是某种矿产，或者是某种成因类型的矿床，或者是某个成矿区带。这些对象都是客观自然现象的具体体现。所以，对发现主体应给予享有矿产发现权的权益，从而使矿产发现权成为独立的评估对象。

2．森林资源资产

森林资源资产是林地上各种资源资产的总称，包括林地资产、林木资产、森林野生动植物资产、森林景观资产以及林地经营权、林木采伐权等无形资产。森林资源资产具有多样性和多效性，有时对它们很难确切地定量实际价值。但森林资源资产的大部分经济效益是从林地资产和林木资产中来的，因而森林资源资产评估通常是对林地资产和林木资产的评估。

（1）林木资产。林木资产是指林地内所有的林木，包括幼龄林、中龄林和未成林造林地上的幼树；按林木的用途又可分为用材林、经济林、薪炭林、防护林、特种用途林和竹林。人工林和天然林统一纳入林木资产内评估。

（2）林地资产。林地资产是森林生长的承载体，林地资产是指国家法律确认的用于林业用地中具有货币表现属性的资产。包括林地、疏林地、未成林造林地、灌木林地、采伐迹地、火烧迹地、苗圃地和国家规划的宜林地。

（3）林地经营权无形资产。

（4）森林景观资产。森林景观资产是指风景林（含森林公园）、部分名胜古迹和革命纪念林、古树名木等。

3．旅游资源资产

旅游资源是所有进入旅游经济范围内的资源。从广义上讲，旅游资源包括一切可供游客观赏、休闲、娱乐的各种自然景物、基础设施和历史文化古迹，以及对现代社会有重要影响的景物；从狭义上讲，旅游资源是指旅游景点的自然景物和人文设施。旅游资源的评估一般指狭义上的旅游资源的评估。

4．其他资源资产

（1）浅海及大陆架水域，包括海洋动植物，但不包括海底矿产。

（2）滩涂、退海荒地、利用程度很低的海滨土地、盐田等。

（3）草地、草山及其上的动植物。

8.1.6 资源资产的评估原则

资源性资产在评估时除遵循一般的资产评估原则外，还应遵循以下原则。

1．各种假设条件要尊重自然科学及客观规律的原则

资源资产具有隐伏的或者生长期较长的特点，对未来的收益计算，要做各种参数预测。这种预测是在一定的科学假设条件下进行的。如矿产资源资产开采规模，是在矿产赋存状态探明的基础上，假设储量不会发生变化的条件下做出的；森林资源资产蓄木量，是在科学预测生态环境的基础上，假设生长期一定的条件下做出的。

2．最佳使用原则

资源资产具有用途多样性，利用方式的不同，获得收益的大小也不同。资源资产的权利人都期望获得更大的收益，这一目的指导着资源资产的利用方式。所以，资源资产评估也应以最大地发挥效用的利用方式为前提，获得预期的最大收益。

3．资源价值递增原则

资源性资产的递增原则是指在评估资源性资产的价值时，必须充分考虑自然资源的稀缺性。自然资源估价递增原则的基本含义是评估时序越后的资源，其价格越高。对资源性资产评估坚持价值递增原则的原因有：一是特殊的供求矛盾决定的，自然资源在自然界的绝对量是不断减少的，而社会经济的发展，人们的需求量有不断的增加，是供求矛盾日益尖锐，这一矛盾很难通过人为的方式增加，由此在资源评估上反映出来就是不断提高的资源价格；二是资源环境中人类劳动的积累增多决定的，人类改造自然的活动改善了资源开发的环境和条件，这种追加的劳动必然会增加与之相联系的自然资源的价值，从而使自然资源的价值呈现递增趋势。

8.2 矿产资源资产的评估方法

矿产资源资产评估需求很广，但主要需求是产权交易和经营活动，其评估对象多是探矿权和采矿权。适合探矿权、采矿权的评估方法目前有八种，其中适合采矿权评估的有贴现现金流量法和市场比较法；适合高精度勘察阶段探矿权评估的有约当投资——贴现现金流量法、地勘加和法；适合低精度勘察阶段探矿权评估的有重置成本法、地学排序法、联合风险勘察协议法、粗估法。这里只介绍贴现现金流量法、市场比较法、重置成本法、地勘加和法和地学排序法。

8.2.1 贴现现金流量法

贴现现金流量法的基本思路是：根据矿山企业现有的或设计的矿山设备、生产条件和方案等，预计矿山企业在预测收益期内各年开发利用矿产资源所取得的预期收益额，扣除生产经营成本和税费后折算成现值，即为采矿权的价值。其计算公式如下：

$$P=\sum_{t=1}^{n}\left[(W_{at}-W_{bt})\frac{1}{(1+r)^{t}}\right]$$

式中，P 为采矿权价值；r 为贴现率；n 为计算年限；W_{at} 为年剩余利润额；W_{bt} 为社会平均收益额；W_{at} =年销售收入–年经营成本–年资源补偿费–资源税金–其他税金；W_{bt}=年销售收入×社会销售收入平均利润率。

应当注意，矿业权交易活动包括从地质预查开始，经营普查、详查、勘探评价到矿山设计，进入矿山建设、生产、直至闭坑结束的全过程。贴现现金流量法既可以用于采矿权各个时期，也适用于达到详查以上的探矿权的评估。因此，矿业权评估随所处矿业活动阶段的变化，现金流量的内容会有一定的变化。

8.2.2 市场比较法

市场比较法，又称现行市价法和可比销售法，它的主要思路是：首先通过调查，选择两个以上与评估对象相类似的矿业权作为参照物，然后分析参照物矿业权与被评估矿业权的内在条件、地质特征、油藏地质条件、地质工作程度、开发利用技术条件、外部建设条件、市场条件、地区差别等方面的差异，然后对差异要素进行灵敏度分析，确定需调整的参数和调整幅度，最后调整计算得出待评估矿业权的价值。采用市场比较法评估矿业权价值。其计算公式如下：

$$P=\frac{\sum_{i=1}^{n}\left(P_x\mu\omega\theta\right)_i}{n}$$

或

$$P=\frac{\sum_{i=1}^{n}\left(P_x\mu\omega\varphi\tau\right)_i}{n}$$

式中，P 为待估矿业权价值；P_x 为参照矿业权的成交价格或评估值；μ 为可采储量调整系数；ω 为品位调整系数；θ 为成本调整系数；φ 为价格调整系数；τ 为差异调整系数；i 为年度；n 为参照矿业权的项数。

其中：

$$\mu=\frac{\text{待评估矿业权探明储量}}{\text{参照矿业权探明储量}}$$

$$\omega=\frac{\text{待评估矿业权精矿平均品位}}{\text{参照矿业权精矿平均品位}}$$

$$\theta=\frac{\text{待评估矿业权的总成本费用}}{\text{参照矿业权的总成本费用}}$$

$$\varphi=\frac{\text{待评估矿业权差异要素评判总值}}{\text{参照矿业权差异要素评判总值}}$$

在利用市场比较法进行矿业权评估时，需要调整的因素很多，在评估时，应选择主要的影响因素进行调整，在影响矿业权价值的因素中，选择最主要的矿产储量、矿石品位、价格、成本或差异因素作为基本调整参数，但在具体的评估中还应具体选取调整参数。

采矿权差异调整要素的主要内容如表 8-1 所示。

表 8-1 采矿权的主要差异要素

采矿权差异调整要素	具体差异要素
交通条件	公路类型
	与国道距离
	距火车站距离
	距公共设施距离
自然条件	地形环境
	水源状况
	气候环境
	土地状况
经济环境	劳动力状况
	供电供气状况
	农业状况
	所在地国民收入
	地方经济政策
地质采选条件	埋藏深度
	矿床工业类型
	矿石选冶性能
	水文、工程地质条件
	开采方式
	采选规模

8.2.3 重置成本法

重置成本是通过成本途径评估采矿权的方法之一，适合对找矿前景不明的预查、普查阶段的探矿权的评估，也可以用于对地勘成果资产的评估。重置成本法的评估思路：探矿权的价值由已投入的勘察成本及其所取得的效果两个因素决定。成本要素是指勘察时所采用的各种技术方法所投入的工作量和工程量的现值，而不是原始实际成本，因此要对勘察投入进行重置计算。勘察有效性及有望系数是对勘察投入的有效性及今后勘察远景有望程度所做的判断，在具体评估方法中称为“勘察效望系数”，通过地质专家和评估人员的评判加以确定。根据重置成本法的原理，得到以下表达式：

$$P_{\mathbf{a}} = P_{\mathbf{b}}\ F + \text{探矿权使用费}$$

或

$$P_{\mathbf{a}} = \left[\sum_{i=1}^{n} U_{\mathbf{bi}} P_{\mathbf{ui}} \left(1+\varepsilon\right)\right] F + \text{探矿权使用费}$$

式中，P_a 为探矿权价值；P_b 为探矿权重置全价；U_{bi} 为各类地质勘察实物工作量；P_{ui} 为各类地质勘察实物工作量相对应的现行市价；F 为勘察效望系数；ε 为其他地质工作、综合研究、编写报告、岩矿试验、工地建筑四项费用分摊系数；n 为地质勘察实物工作量项数。

式中，探矿权使用费=勘察区块面积×第一年至评估基准日探矿权使用费之和。

式中，勘察效望系数是指在待评估探矿权的勘察区内已完成的各类勘察工作及其成果对受让方利用价值及今后该地区找矿有望程度的大小，主要根据评估对象的蕴藏情况、矿化特征、施工效果及对后续勘察工作的指导意义等因素，对各类已实施的工程量的价值做出评判，其取值范围一般为 0.5 ~ 2。

8.2.4 地勘加和法

地勘加和法是利用地勘投入的重置成本加上地勘投入所分配的超额利润来确定探矿权价值，是重置成本法和贴现现金流量法相结合的一种评估方法。计算公式如下：

$$W_{\mathbf{p}} = P_{\mathbf{x}} + L_{\mathbf{n}}$$

$$L_{\mathbf{n}} = M \frac{T}{T+G}$$

式中，W_p 为探矿权评估价值；P_x 为不含勘察风险的探矿权净价，可按照重置成本法求得；L_n 为应分配的超额利润；M 为超额利润总额；T 为地勘总投资；G 为矿山建设总投资。

在勘察阶段，一般很难寻求计算超额利润参数，如果能求得的，则完全可以通过收益的途径来评估。考虑到一项只有地勘成果资产的探矿权价值受各种因素的影响，单从成本途径评估也会偏离资产的真实价值。所以综合考虑收益和成本的因素，把探矿权看成相当于整体资产的评估，会比较接近于资产的真实价值。该方法适用于单独以高精度勘察阶段地勘成果资产投资为目的的评估。

8.2.5 地学排序法

地学排序法是由澳大利亚矿产经济学家在加拿大地质学家基尔伯恩 1990 年提出的“地质工程法”的基础上进行改进而形成的。基尔伯恩认为地质工程因素、矿产品市场、矿业权市场、矿业金融市场（信贷与股票市场）四个基本因素影响着探矿权价值。这些因素中，地质工程师和地质学家只能对地质工程因素加以评估，评估该探矿权的找矿技术前景；而后三个因素必须借助于矿产经济学家才能解决。基尔伯恩将地质工程因素划分为四个主要特征，并将这四个主要特征分为 19 个亚范畴，依据其重要性排序，评估人员可以根据自己的经验确定相应的价值指数。澳大利亚的矿产经济学家在此基础上，对一些价值指数及基础购置成本重新进行了测算，同时对原方法未考虑到的三个因素——矿产品市场、矿业权市场和矿业金融市场——进行了研究，弥补了原地质工程法的不足，使地学排序法对探矿权价值评估的运用更加客观、全面。

根据地学排序法的原理，得到如下数学表达式：

$$P = \mathbf{CR}a = \mathbf{CR}a_1a_2a_3\cdots a_n$$

式中，P 为探矿权的评估价值；CR 为基础购置成本；a_i 为价值指数；a 为调整系数（探矿权价值指数乘积，即 $a = a_1a_2a_3\cdots a_n$）。

基础购置成本=（基础工作单位成本+探矿权使用费）×待评估探矿权面积

地学排序法主要适用于与预查及普查工作阶段的探矿权评估业务，它与重置成本法的异同在于：二者均适用于预查及普查阶段的探矿权评估；倘若勘察区内投入了一定的勘察工程。除了面积工作外，还投入了少量的轻型或重型山地工程，如槽探、钻探工程，但是待评估探矿权的找矿前景不明朗或很不明确时，使用重置成本法评估较为合理；然而在有的勘察区内勘察工作即使投入不多，其找矿前景却较为明朗甚至前景很好时，使用地学排序法评估就更为合适。

8.3 森林资源资产的评估

8.3.1 森林资源及其价值

1．森林资源的特点

森林资源是以多年生木本植物为主体并包括以森林环境为生存条件的林内动物、植物、微生物等在内的生物群落，它是具有一定的生物结构和地段类型并形成特有的生态环境。森林资源具有以下特征。

（1）森林资源的系统性。森林资源的各个组成部分在太阳辐射、热量、水分和土壤等环境下共同组成一个复杂的既相互联系又相互制约的森林生态系统或森林资源系统。在这个系统中任何一个成分的改变都会影响系统的结构和功能，并引起其他成分在系统中的地位和作用的变化。

（2）森林资源功能的多样性。森林资源不仅具有多种多样的经济功能、生态功能，而且具有极大的社会功能。森林除了能够为工农业生产提供丰富的资源，而且还能对自然生态环境起到保护作用。

（3）森林资源生产力的可更新性和高效性。一方面，森林资源具有不断更新和增值的能力，只要不受外力破坏和超负荷开发利用，可供人类持续使用；另一方面，森林资源由于具有复杂的立体结构，拥有 50 倍于土地面积的叶面，因而可以充分利用阳光、空气、水分和养分，具有其他生物群落无可比拟的高效生产能力。森林同期内生产的物质比一年生植物高 10 倍，消耗的养分却只有一年生植物的 1/10。

（4）森林资源的可再生性。森林资源的可再生性表现为：当林木被采伐后，可以通过人类劳动培育其再生，也可以在没有人为的干预下自然再生，只是后者时间更长一些。由于森林资源的可再生性，就可以通过人类劳动作用于自然，促进其生产和再生产，因此森林资源又不完全是纯粹的自然资源。

2．森林资源的价值

森林资源的价值是在生物群体的物质生产、能量储备及其对周围环境的影响所表现的价值，其价值主要表现在以下三个方面。

（1）经济效益，即提供木材、能源、食物、药材、物种基因及其他原料所带来的价值。

（2）生态效益，即由于森林环境的调节作用而产生的有利于人类和生物种群生息、繁衍的效益，一般包括调节气候、保持水土、预防灾害和改良土壤等方面。

（3）社会效益，即森林对人类生存、生育、居住、活动，以及人的心理、情绪、感觉、教育等方面所产生的作用。

上述三种效益本质上说，最终都会物化为经济利益，不过有的是直接的经济利益，有的是通过转化为经济效益，因此森林资源预期给人类带来的经济利益实际上总的经济利益。

森林资源资产按其形态可以划分为林木资产、林地资产和森林景观资产等。我们着重讲述林木资产和林地资产的评估。

8.3.2　林木资产的评估

在进行林木资产评估时，要根据不同的林种选择适用的评估方法和林分质量调整系数进行评定估算。目前主要的评估方法有市场法、剩余法、收益法和成本法等。在林木资产评估中，林分质量调整系数需综合考虑林分的生长状况、立地质量和经济质量等来确定。

1．市场法

该方法是以相同或类似林木资产的现行市价作为比较基础，评估待估林木资产价值的方法。计算公式如下：

$$P = Kk_{\mathrm{b}}GQ$$

式中，P 为林木资产评估值；Q 为被估林木资产的蓄积量；K 为林分质量调整系数；G 为参照物单位蓄积的交易价格；k_{b} 为物价指数调整系数。

林分指的是内部特征大体一致而与相邻地段又有明显区别的一片林子。一个林区的森林可以根据树种组成。林相、林龄、疏密度、地位级、林型及其他因素的不同，划分为不同的林分。不同的林分常要求采取不同的森林经营措施。

2．剩余法

剩余法，又称市场价倒算法，是用被评估林木采伐后所得的木材市场销售总收入扣除木材经营所耗费的成本（含有关税费）及合理利润后，将剩余部分作为林木资产评估价值的方法。计算公式如下：

$$P = W - C - F + S$$

式中，P 为林木资产评估值；W 为销售总收入；C 为木材经营成本；F 为木材经营合理利润；S 为林木资源的再生价值。

林木经营成本包括采运成本、销售费用、管理费用、财务费用及有关税费等。

3．收益法

收益法又称为收益净现值法，是指将被评估林木资产在未来经营期内各年的净收益按一定的折现率折现为现值，然后累计求和得出林木资产评估值的方法。计算公式如下：

$$P = \sum_{t=1}^{n} \frac{A_t - C_t}{(1+r)^t}$$

式中，P 为林木资产评估值；A_t 为第 t 年的收入；C_t 为第 t 年的营林生产成本；n 为经营期；r 为资本化率。

4．重置成本法

重置成本法是指按现时工价及生产水平重新营造一块与被评估林木资产相类似的林分所需的成本费用作为被评估林木资产价值的方法。计算公式如下：

$$P = K \sum_{t=1}^{n} C_t (1+r)^{n-t}$$

式中，P 为林木资产评估值；K 为林分质量调整系数；C_t 为过去第 t 年以现时工价及生产水平为标准计算的生产成本；n 为林分年龄；r 为资本化率。

从理论上讲，市场法适用于各种有交易的森林资源资产的评估，采用该方法时，至少应选择三个以上的参照物进行测算。但是由于生产条件的限制，在有些情况下，如防护林的评估，市场法就不适用。剩余法特别适用于成熟龄林木资产评估。收益法适用于有经营性收益的林木资产，如经济林资产、竹林资产、实验林资产、母树林资产等。幼龄林常用成本法评估。

8.3.3 林地资产的评估

林地资产既有土地评估的特点，又有自身的特点。根据《森林资源评估技术规范》的规定，对林地资产评估使用的主要方法有现行市价法、林地期望价法、年金资本化法和林地费用价法四种。

1．现行市价法

现行市价法是以具有相同或类似条件林地在活跃市场的现行交易价格作为参照，经过调整后得到林地资产价值的方法。计算公式如下：

$$B_{\mathbf{u}} = K_1 K_2 K_3 K_4 G S$$

式中，B_{u} 为林地价；K_1 为林地质量调整系数或林分质量调整系数；K_2 为地利等级调整系数；

K_3为物价指数调整系数；K_4为其他因素的综合系数；G为参照林地的单位面积林地交易价格；S为被评估林地面积。

现行市价法要求选取三个以上的评估案例进行比较调整后，依据参照物的相对权重综合确定评估值。

2．林地期望价法

林地期望价法以实行永续轮伐为前提，并假定每个轮伐期林地上的收益相同，支出也相同，从无林地造林开始进行计算，将无穷多个轮伐期的纯收入全部折为现值，累加后作为被评估林地资产的评估值。计算公式如下：

$$B_{\mathrm{u}}=\frac{A_u+D_a(1+p)^{u-a}+D_b(1+p)^{u-b}+\cdots-\sum_{i=1}^{n}C_i(1+p)^{u-i+1}}{(1+p)^u-1}-\frac{V}{p}$$

式中，B_{u}为林地价；A_u为现实林分u年主伐时的纯收入；D_a、D_b为第a年、第b年间伐的纯收入；C_i为各年度营林直接投资；V为平均营林生产间接费用；p为利率；n为轮伐期的年数。

林地期望价法是评估用材林林地支出的主要方法，该方法是按照复利将无穷多个轮伐期的收入和支出全部折现为现值的累加求和得到。

主伐收入是指木材销售收入扣除采运成本、销售费用、管理费用、财务费用、相关税金、木材经营的合理利润后剩余部分。间伐收入的计算与主伐收入相同，只是产量小、规格小、价格低，在进行第一次间伐时常常出现负收入。间伐的时间、次数和间伐的强度一般按森林经营类型表的设计确定。营林生产成本包括清杂整地、挖穴造林、幼林抚育、劈杂除草、施肥等直接生产成本和护林防火、病虫害防治等按面积分摊的间接成本。管理费用摊入各类成本中，直接生产成本根据森林经营类型设计表设计的措施和技术标准，按照评估基准日的工价和物价水平确定它们的重置值；按面积分摊的间接成本必须根据近年来营林生产中实际发生的分摊数、并按物价变动指数进行调整确定。

3．年金资本化法

林地资产评估中的年金资本化法是以林地每年稳定收益（地租）作为投资资本的收益，在按适当的投资收益率作为折现率得到林地资产的价值的方法。计算公式如下：

$$E=\frac{A}{P}$$

式中，E为评估值，A为年平均地租，P为投资收益率。

使用该方法时要注意，在确定平均地租时用近年的平均值，并尽可能将通货膨胀因素从平均地租中扣除；在确定投资收益率时也最好将通货膨胀率扣除，否则会产生较大的偏差。

4．林地费用价法

林地费用价法是用取得林地所需要的费用和把林地维持到现在状态所需的费用来确定林地价格的方法。计算公式如下：

$$B_{\mathbf{u}} = A(1+p)^n + \sum_{i=1}^{n} M_i (1+p)^{n-i+1}$$

式中，A 为林地购置费；M_i 为林地购置后，第 i 年林地改良费；n 为林地购置年限；p 为利率。

林地费用价法主要用在林地的购入费用较为明确且购入后仅采取了一些改良措施，使之适合林业用途，但又尚未经营的林地。该法在一般的土地资产评估中较常使用，而在林地资产中，由于林地购入后仅维持、改良而不进行经营的情况极少，因而该法在林地投资评估中用得较少。在该法的应用中，由于林地的购置年限一般较短，各项成本费用大多比较清晰，故其利率一般采用商业利率，而各年的改良费一般也采用历史的账面价值，而用不着重置成本。如果林地的购置费和各年的林地改良费均采用基准日的重置成本，则利率用不含通货膨胀的利率。

案例分析

【案情】

某农场林业用地面积 31 269 公顷，有林地面积 18 858 公顷，疏林地 91 公顷，灌木地面积 256 公顷，未成林造林地面积 2 565 公顷，苗圃 6 公顷，无林地面积 9 492 公顷。

一、对被评估小班的核实

（略）

二、技术经济指标的确定

（一）营林成本：① 造林成本：整地费 450 元/公顷，苗木费 675 元/公顷、栽植费 1 125 元/公顷，合计造林成本为 2 250 元/公顷。② 幼林抚育成本：1～3 年抚育费 150 元/公顷，4～5 年抚育费 45 元/公顷。③ 管护成本：管护费 30 元/公顷，护林防火费 3 元/公顷，未考虑其他管护成本。

（二）木材销售有关成本费用：① 调查设计费 6 元/立方米；② 采伐成本：80 元/立方米。③ 运输成本（场内平均运距）35 元/立方米；④ 销售成本 5 元/立方米；⑤ 育林基金原木 25 元/立方米，小径木 15 元/立方米。

（三）商品材销售价格（主伐期）。根据《黑龙江省林业厅锯切用原木价格表（中准价格）》，确定以下材种在主伐期的销售价格：落叶松为 630 元/立方米。

（四）商品材出材率。商品材出材率是假定主伐小班皆伐后经过实际造材所得到的实际出材率，已扣除了因木材缺陷、采伐、集材及运输等所造成的损耗。商品材综合出材率为 85%。

（五）龄组划分与主伐年龄、主伐期。

幼龄林　1~20 年

中龄林　21~30 年

近熟林　31~40 年

成、过熟林　41 年以上

主伐期　40 年

（六）经营利润率及投资收益率：经营利润率为 10%；投资收益率为 4%。

【分析】

1．评估方法及评估说明

根据国家国有资产管理局和原林业部规定，不同龄组分别采用不同的评估方法进行评估。本案例中，幼龄林采用重置成本法，中龄林、近熟林采用收获现值法，成熟林、过熟林采用市场价倒算法。

① 林地价格及林地使用权价格的计算。用收益现值法计算林地价格与林地使用权价格。

单位面积林地价格=主伐期单位面积蓄积×商品材出材率×（商品材价格–育林基金及维简费–调查费–采运费–销售费）÷（1+投资收益率）×主伐期］

=200×0.85×(630–25–6–115–5)÷(1+4%) 40=16 961（元/公顷）

林地使用权价格=该立地等级的单位面积林地×投资收益率

=16 961×0.04=678.44（元/公顷·年）

② 林木价格的计算。

1）幼龄林林木基准价格的计算。对于幼龄林林木基准价格采用重置成本法，其计算公式如下。

第 1 年林木重置价格=（造林成本+幼林抚育成本+管护成本+林地使用权价格）×（1+利润率）

以后各年林木重置价格=上一年林木重置价格+（该年幼林抚育成本或抚育间伐成本+管护成本+林地使用权价格）×（1+利润率）

2）中龄林和近熟林林木基准价格的计算。中龄林和近熟林林木基准价格采用收获现值法。用收获现值法计算林木价格的公式如下：

第 i 年林木的价格=［单位面积蓄积×商品材出材率×（商品材价格–育林基金及维简费–调查费–采运费–销售费）–（主伐期–i）×（管护成本+林地使用权价格）×（1+利润率）÷（1+投资收益率）］÷（1+投资收益率）×（主伐期–i）

3）林木价格修正系数的确定。考虑各项因子对森林生长影响，对被评估小班进行系数调整，计算公式如下：

各被评估小班的修正系数=小班单位面积蓄积÷小班林龄对应的平均面积蓄积

为求各年的修正系数，需确定各年龄的平均蓄积量。

考虑到当地的林木资源条件，取主伐期时的单位面积蓄积为 200，小班各林龄对应的平均面积蓄积按 7%的递减率考虑。

4）森林经营风险率的确定。林木在生长经营中，受自然灾害（如野火、水灾、旱灾等）影响而造成的损失是不可控制的。因此，要考虑森林经营中因受自然灾害影响引起的风险，根据以往资料，确定森林经营风险率为 3%。

5）幼龄林、中龄林和近熟林林木评估价格的计算。

幼龄林、中龄林和近熟林林木评估价格=幼龄林、中龄林和近熟林林木基准价格×修正系数×（1+森林经营风险率）

6）成、过熟林林木评估价格的计算。成熟林及过熟林评估采用市场价倒算法，市场价倒算法是用被评估林木采伐后取得木材的市场销售总收入，扣除木材经营所消耗的成本及应得的利润后，剩余部分作为林木资产评估价值。其计算公式如下：

$$E=W-C-F$$

式中，E 为林木资产评估值；W 为销售总收入；C 为木材经营成本（包括采运成本、销售费用、管理费用、财务费用及有关税费）；F 为木材经营合理利润。

具体计算结果（略）。

2. 评估结果与分析

采用上述方法得出各小班的评估结果汇总如下：

根据上面按单位面积评估平均单价进行分析，幼林龄阶段单位面积评估值偏低，原因是在低龄阶段的林木的蓄积量较小，林木评估值较低。按单位蓄积量评估值进行分析，三个龄段的单位蓄积量评估平均单价为 329 元/立方米、453 元/立方米、473 元/立方米。按三种方法得出的评估结果比较接近。

本章小结

资源资产是指在现行技术经济条件下，能够进入社会生产过程并能带来经济效益的自然资源。资源资产评估是在现时条件下，对资源资产在某一时点上的有偿使用价值进行估算和评定。目前开展评估的有矿产资源资产、森林资源资产和旅游资源资产。

矿产资源资产评估主要需求是产权交易和经营活动，其评估对象多是探矿权和采矿权。适合探矿权、采矿权的评估方法主要有贴现现金流量法、市场比较法、重置成本法、地勘加和法、地学排序法等八种方法。

林木资产评估目前主要的评估方法有市场法、剩余法、收益法和成本法等。

林地资产既有土地评估的特点，又有自身的特点。根据《森林资源评估技术规范》的规定，对林地资产评估使用的主要方法有现行市价法、林地期望价法、年金资本化法和林地费用价法四种。

练习题

1. 名词解释

资源资产　探矿权　采矿权　地勘加和法　地学排序法　林分　主伐收入　林地期望价法　林地费用法

2. 单项选择题

（1）下列关于资源资产的说法中，不正确的是（　　）。

A. 资源资产具有天然性、有限性、稀缺性和生态性

B. 自然资源具有使用价值，是经济发展的基础，其就等同于资源资产

C. 资源资产能够以货币计量

D. 资源资产具有获益性

（2）在对矿产资源进行评估时，利用地勘投入的重置成本加上以地勘投入所分配的超额利润来确定探矿权的价值，是重置成本法和贴现现金流量法相结合的一种评估方法。以上说法是（　　）。

A. 地质要素评序法　　B. 地勘加和法

C. 联合风险勘察协议法　　D. 可比销售法

（3）下列选项中不属于影响矿产资源资产价值的因素的是（　　）。

A. 矿产资源本身的稀缺程度和可替代程度

B. 矿产品的供求状况

C. 矿床自然丰度和地理位置

D. 矿产品本身的使用价值

（4）耗竭性资源的主体是（　　）。

A. 水资源　B. 经济资源　C. 人文社会资源　D. 矿产资源

（5）资源性资产与自然资源相比，二者（　　）。

A. 等同　B. 本质不同　C. 物质内涵一致　D. 物质内涵不一致

3. 多项选择题

（1）矿产资源的经济寿命取决于（　　）。

A. 设计能力　B. 生产规模　C. 矿产储量　D. 开采难度

（2）受条件限制，目前对森林资源资产评估通常是对其中的（　　）进行评估。

A. 森林野生动植物资产　　B. 森林景观资产

C. 林地所有权　D. 林木资产　E. 林地资产

（3）高精度勘察阶段的探矿权评估方法主要有（　　）。

A. 重置成本法　　B. 约当投资—贴现现金流量法

C．地质要素评序法　　　　　　　　　D．地勘加和法

（4）影响矿产资源资产价值的因素主要包括（　　）。

A．科技进步　　　　　　　　　　　B．矿床自然丰度和地理位置

C．稀缺程度和替代程度　　　　　　D．矿产品的供求状况、社会平均利润水平

（5）采用现行市价法评估林木资产时，需要对参照物单位蓄积的交易价格进行系数调整（　　）。

A．林分质量调整系数　　　　　　　B．品位调整系数

C．物价指数调整系数　　　　　　　D．林地质量综合调整系数

（6）资源资产评估目的有（　　）。

A．使用权出让　B．融资　　　　　C．所有权转让　　　D．企业兼并

（7）采用可比销售法评估采矿权时，需要对已知采矿权转让中的市场成交价进行若干系数调整，这些系数包括（　　）。

A．品位调整系数　　　　　　　　　B．规模调整系数

C．价格调整系数　　　　　　　　　D．差异要素调整系数

（8）低精度勘察阶段的探矿权评估方法主要包括（　　）。

A．联合风险勘察协议法　　　　　　B．地质要素评序法

C．粗估法　　　　　　　　　　　　D．地勘加和法

4．简答题

（1）资源资产必须具备哪些要素？

（2）不可再生资源资产是以什么形式转让的?为什么？

（3）资源资产的个别性质与特征是什么？

（4）资源资产评估的实质是什么？哪些可以作为评估对象？

（5）矿产资源资产评估方法有哪些？要掌握哪些要点？

5．计算题

拟对某采矿权价值进行评估。已知某可参照的采矿权成交价格为 2 000 万元，规模调整系数为 1.10，品位调整系数为 1.15，价格调整系数为 1.20，差异调整系数为 0.95。试对该采矿权的价值进行评估。

第 9 章　企业价值评估

学习目标

※ 了解企业、企业价值及企业价值评估的特点，企业价值评估应考虑的因素、范围界定。

※ 熟悉企业价值的市场法及成本法的应用。

※ 掌握企业价值的收益法评估。

学习导航

9.1　企业价值评估概述
9.1.1　企业及企业价值
9.1.2　企业价值评估的特点
9.1.3　企业价值评估应考虑的因素
9.1.4　企业价值评估的范围界定

9.2　企业价值评估的收益法
9.2.1　收益法的数学表达式及其说明
9.2.2　企业收益及其预测
9.2.3　折现率、资本化率及其估测
9.2.4　收益额与折现率口径一致问题
9.2.5　运用收益法评估企业的个案及其说明

9.3　企业价值评估中的市场法和成本法
9.3.1　企业价值评估中的市场法
9.3.2　企业价值评估中的成本法

9.4　关于负债的评估与审核
9.4.1　负债的评估
9.4.2　负债的审核

导入案例

一个经营不到一年、处于亏损状态、净资产不到 200 万元人民币的油气供应站，其使用的土地还是租赁来的，资产评估竟达 3 100 万元。这是一起由“联营”引发的投资合同纠纷案。上海申苑贸易有限公司（简称申苑）、国有全资的上海九环华鑫油气销售有限公司及其相关企业华鑫油气销售公司与“申苑”三方曾签过一份“联营协议”，在杨浦区松花江路建一座加气站，“申苑”投资 135 万元，拥有拟建油气站 30%的股权的内容。但这份“联营协议”由于种种原因未得到实际履行。“申苑”认为上述两方是违约侵权行为，为此，“申苑”于 2000 年 7 月提起诉讼，其自估油气站资产为 3 773 万余元并以此将 30%的股权折价，索赔近 1 132 万元。

这样的评估值是怎样得出的？依据是什么？

9.1　企业价值评估概述

9.1.1　企业及企业价值

1．企业

企业是为满足社会需求并获取盈利而从事生产、流通、服务等经济活动，独立核算、自主经营、自负盈亏，具有法人资格的经济组织。企业是市场经济的基本元素，企业作为一类特殊的资产，有其自身的特点。

（1）独立性。企业的独立性是指企业会根据市场变化自主地组织生产和经营活动，而不受某种组织或机构的约束，具体体现在自主经营和独立核算。

（2）盈利性。企业作为一类特殊的资产，其经营目的就是盈利。为了达到盈利的目的，企业需具备相应的功能。企业的功能是以企业的生产经营范围为依据，以其生产工艺为主线，将若干要素资产有机组合起来形成的。

（3）持续经营性。企业要获取盈利，必须进行经营，而且要在经营过程中努力降低成本和费用。为此，企业要对各种生产经营要素进行有效组合并保持最佳利用状态。影响生产经营要素最佳利用的因素很多，持续经营是保证正常盈利的一个重要方面。如果企业生产经营打打停停、断断续续，由于其固定费用不会因经营间断而减少，必然相对加大经营费用，影响盈利。所以，持续经营就成为企业的一个重要特征。

（4）整体性。构成企业的各个要素资产虽然各具不同性能，但它们是在服从特定系统目标前提下而构成企业整体。构成企业的各个要素资产功能可能不会个个都很健全，但它们可以综合在一起，成为具有良好整体功能的资产综合体。当然，即便构成企业的各个要素资产的个体功能良好，但如果它们之间的功能不匹配，由此组合而成的企业整体功能也未必很好。企业强调它的整体性。

2．企业价值

企业价值是该企业所有的投资人所拥有的对于企业资产索取权价值的总和。在企业评估中，企业的价值到底由什么决定，要从企业评估目的这一个大前提来考虑。企业评估从根本上讲是服从或服务于企业的产权转让或产权交易。在企业产权转让或产权交易中需要的是企业的交换价值或公允市场价值。企业作为一种特殊的商品，之所以能在市场中进行转让和交易，不仅因为企业也是劳动产品，有社会必要劳动时间凝结在其中，更重要的是企业具有获利能力，这种获利能力是企业具有交换价值的根本所在。在这里，我们强调资产评估中的企业价值是一种交换价值，并且其交换价值是由其获利能力所决定，目的在于提醒评估人员在企业评估过程中把握住企业评估的关键，即企业的获利能力。

在评估实践中，不仅对一个持续经营中的企业进行的评估称做企业评估，有时对破产清算中的企业评估也称做企业评估。这就要求评估人员在企业评估中必须说明评估的前提条件，即持续经营或非持续经营。本章所谈的企业评估，主要是针对持续经营企业而言的。

3. 企业价值的表现形式

根据评估目的，以及评估结果的不同用途，企业价值可以通过不同的层面表现。

（1）企业的资产价值。

（2）企业的投资价值。

（3）企业的股东权益价值。

企业的资产价值是指构成企业的全部有形资产与无形资产的价值。企业的投资价值是企业所有的投资人所拥有的对于企业资产索取权价值的总和，它是企业的资产价值减去无息流动资产价值，或者权益价值加上付息债务价值。企业权益价值代表了股东对企业资产的索取权，它等于资产价值减去负债价值。在续用前提下，企业的价值并不是由构成企业的各个有形资产和无形资产评估值的简单相加，而是由它们对整体企业的贡献所决定的价值。

由于企业评估价值的多层次性，在评估企业价值时，应当根据评估目的不同、委托方的要求等谨慎区分本次评估的价值类型。

9.1.2 企业价值评估的特点

企业价值评估是指把由多个或多种单项资产有机组成的资产综合体所具有的整体获利能力作为评估对象，根据其获利能力来评定、估算企业价值的资产评估方法。

当把企业作为独立的评估对象进行评估时，它有以下特点。

1. 整体性

企业价值的评估对象是企业的整体资产或企业某一部分资产有机构成的资产组合，这是企业价值评估的一个重要特征。从评估对象和内容上看，企业价值评估不再是单一的机器、设备、厂房或单项的专利，而是由各类资产组合而成的资产整体。整个企业的资产或一部分资产虽由可分割的各项单项资产构成，但整个资产组合的价值并不简单等于各单项资产价值之和。如果各类资产在各个生产经营环节配置得比较合理，整体资产的价值必然大于各单项资产价值之和；反之，就会低于各项单项资产价值之和。

2. 预测性

企业价值评估是对企业整体资产的未来收益和风险的预测来估算整体资产价值的，因此，在整个评估中预测不仅是不可或缺的环节，而且对整个评估活动乃至评估结果都会产生重要影响。预测性是企业价值评估中十分重要的特征。

3. 动态性

企业价值评估的动态性表现在对评估对象采用动态的视角和方法，来估算企业的整体价值。所谓的动态，是指将被评估对象置于不断变化的现实环境中考察资产的价值，充分预计到在未来期间影响资产价值的因素，并对它们进行货币化处理，以尽可能客观反映被评估资产的未来收益和风险。

4．增值性

企业价值评估的增值性是指整体资产的评估值在正常情况下要高于体现企业构建成本的各个单项资产价值的总和，其差额就表现为增值性。企业整体资产的增值性，取决于各项单项资产的配置效率、企业内部运行效率和外部市场环境，也就是取决于被评估资产组合的价值创造力。

5．持续性

企业价值评估的持续性体现在被评估对象是能够持续使用的、具有获利能力的资产有机组合体。

9.1.3　企业价值评估应考虑的因素

企业价值评估在评估目的、评估对象及计价标准方面都存在着很大的差异，因此企业价值评估需要考虑的因素与单项资产评估也有很大的不同，具体来说，应考虑以下几个方面的因素。

（1）企业的整体技术情况。两个企业在单项资产总价值量相同的情况下，技术较为先进或者机器设备的成新率较高的企业，整体评估值较高。这是因为，技术进步有利于企业提高产品质量、提高劳动生产率从而获得较多的竞争优势和利润。企业整体技术情况主要体现在企业可移动长期资产方面，因为社会技术水平进步对不动产的影响相对较小。

（2）企业全部资产价值量的大小。一般而言，随着竞争的加剧，社会资产平均利润率逐渐平均化，这种情况下，企业资产价值量与企业获利能力呈正相关关系。企业全部价值量的大小既可以通过单项资产评估价值的加总得到，也可以通过账面净值利用物价指数调整的方法得到。

（3）企业资产匹配状况，即企业资源配置效率。企业各类资产通过一定的匹配方式能否最大限度地发挥出生产能力，资源配置效率是一个非常重要的方面。企业资产配置状况直接影响资源配置效率的高低。

（4）企业经营者及员工的素质。它主要包括经营者的经营管理理念、思想、策略、领导方式及员工的思想觉悟、文化修养和技术水平等。人是企业中最活跃的因素，也是最为重要的生产要素，他们的素质直接关系到企业的竞争能力和获利能力。

（5）企业文化及企业信誉。企业文化是企业长期形成的一系列价值观念和行为规范。良好的企业文化能显著加强企业的凝聚力，极大地调动员工的工作积极性，为企业创造出更多的价值。企业信誉是企业生产经营或提供产品、劳务在客户心目中的形象，它是企业商誉的重要来源之一。

（6）国家政策、企业所处地理环境、企业所处宏观经济形势等因素的影响。企业所处的地理位置和交通条件直接影响着企业的运输成本和其他额外的成本，而产业政策则直接影响着企业未来的发展潜力和获利能力。

9.1.4 企业价值评估的范围界定

评估范围界定是任何一项资产评估必须做的工作。就绝大部分有形可确指的单项资产评估而言，其评估范围的界定相对比较容易。而对于企业来讲，情况可能会复杂一些。企业评估的范围至少包括以下两个层次。

1. 企业价值评估的资产范围

企业价值评估的资产范围，从产权的角度界定，企业评估的范围应该是企业的全部资产。包括企业产权主体自身占用及经营的部分，企业产权权力所能控制的部分，如全资子公司、控股子公司，以及非控股公司中的投资部分。在具体界定企业评估的资产范围时，应根据以下有关数据资料进行。

（1）企业的资产评估申请报告及上级主管部门批复文件所规定的评估范围。

（2）企业有关产权转让或产权变动的协议、合同、章程中规定的企业资产变动的范围。

（3）涉及国有资产的企业评估，可参照其评估立项书中划定的范围。

2. 企业价值评估的有效范围

企业价值评估的有效范围，是指评估人员具体实施评估的资产范围，它是在评估的资产范围的基础上，经合理、必要的重组后的评估范围。前面已经提到，企业的价值及其高低取决于企业的获利能力，而企业的获利能力是企业中有效资产共同作用的结果。将企业中的有效资产与非有效资产进行合理必要的划分，是进行企业价值评估的重要前提。

在划定企业评估的具体范围时，应注意以下几点。

（1）对于在评估时点一时难以界定的产权或因产权纠纷暂时难以得出结论的资产，应划为“待定产权”，暂不列入企业评估的资产范围。

（2）在产权界定范围内，对企业中存在的生产能力闲置或浪费，以及某些局部资产的功能与整体企业的总体功能不一致等情况，按照效用原则，应提醒委托方进行企业资产重组，重新界定企业评估的具体范围，以避免造成委托人的权益损失。

（3）资产重组是形成和界定企业价值评估具有范围的重要途径。在企业改制、上市的过程中，资产重组是形成方案都应以企业正常设计生产经营能力为限，不能人为地缩小或扩大企业的生产经营能力。而且评估人员应充分了解和掌握资产重组方案，但无权决定资产重组方案。

9.2 企业价值评估的收益法

在运用收益法对企业价值进行评估时，一个必要的前提是判断企业是否具有持续的盈利能力。只有当企业具有持续的盈利能力时，运用收益法对企业进行价值评估才有意义。

运用收益法对企业进行价值评估，关键在于对以下三个问题的解决。

首先，要对企业的收益予以界定。企业的收益能以多种形式出现，包括净利润、净现金流、息前净利润和息前净现金流。选择以何种形式的收益作为收益法中的企业收益，直接影响对企业价值的最终判断。

其次，要对企业的收益进行合理的预测。要求评估人员对企业的将来收益进行精确预测是不可能的。但是，由于企业收益的预测直接影响对企业盈利能力的判断，是决定企业最终评估值的关键因素，所以，在评估中应全面考虑影响企业盈利能力的因素，客观、公正地对企业的收益做出合理的预测。

最后，在对企业的收益做出合理的预测后，要选择合适的折现率。由于不确定性的客观存在，对企业未来收益的风险进行判断至关重要。能否对企业未来收益的风险做出恰当的判断，从而选择合适的折现率对企业的最终评估值具有较大影响。

9.2.1 收益法的数学表达式及其说明

收益法是指根据企业未来的预期收益，通过收益还原将企业未来收益按适当的折现率或本金化率折算为现值，并以现值作为整体资产评估值的一种评估方法。

1．企业持续经营假设前提下的收益法

在企业持续经营的前提下，对企业价值进行评估时，又可分为年金法和分段法。

（1）年金法。年金法是把企业未来的各年预期收益年金化然后再将已年金化的企业预期收益进行本金化处理，以得出企业价值的一种评估方法。基本公式如下：

$$P=\frac{A}{r}$$

式中，P 为企业价值评估值；A 为企业未来每年的年金收益；r 为资本化率。

用于企业价值评估的年金法，是将已处于均衡状态、其未来收益具有充分的稳定性和可预测性的企业的收益进行年金化处理，再把已年金化的企业预期收益进行收益还原，估测企业的价值。因此，上述公式又可写成：

$$P=\sum_{i=1}^{n}\left[F_i(1+r)^{-i}\right]\div\sum_{t=1}^{n}(1+r)^{t}\div r$$

式中，$\sum_{i=1}^{n}\left[F_i(1+r)^{-i}\right]$ 为企业前 n 年的预期收益折现值之和；$\sum_{t=1}^{n}(1+r)^{t}$ 为年金现值系数；r 为折现率及资本化率。

【例 9-1】某企业未来 5 年的预期收益额分别为 100 万元、120 万元、110 万元、130 万元、120 万元，假设企业永续经营，不改变经营方向、经营规模和管理模式，折现率为 10%，试用年金法确定企业价值。

$$P=\sum_{i=1}^{n}\left[F_i\left(1+r\right)^{-i}\right]\div\sum_{t=1}^{n}\left(1+r\right)^{t}\div r$$

P=(100×0.909 1+120×0.824 6+110×0.751 3+130×0.683 0+120×0.620 9)÷3.790 8÷10%

=(91+99+83+89+75)÷3.790 8÷10%

=1 153（万元）

（2）分段法。分段法是将持续经营的企业的收益预测分为前后段。对于前段企业的预期收益采取逐年预测折现累加的方法。而对于后段的企业收益，则针对企业具体情况假设它按某一规律变化，并按企业收益变化规律，对企业后段预期收益进行还原及折现处理。将企业前后两段收益现值加在一起便构成了整体企业的收益现值。

假设以前段最后一年的收益作为后段各年的年金收益，分段法的公式可写成

$$P=\sum_{i=1}^{n}\left[R_i\left(1+r\right)^{-i}\right]+\frac{R_n}{r}\left(1+R\right)^{-n}$$

假设从第 n+1 年起的后段，企业预期年收益将按一固定比率（g）增长，则分段法的公式可写成

$$P=\sum_{i=1}^{n}\left[R_i\left(1+r\right)^{-i}\right]+\frac{R_{n+1}}{(r-g)}\left(1+r\right)^{-n}$$

【例 9-2】待估企业预计未来 5 年的预期收益额为 100 万元、120 万元、150 万元、160 万元、200 万元，并根据企业的实际情况推断，从第六年开始，企业的年预期收益额将维持在 200 万元水平上，假定本金化率为 10%。试用分段法估测待估企业的整体价值。

$$P=\sum_{i=1}^{n}\left[R_i\left(1+r\right)^{-i}\right]+\frac{R_n}{r}\left(1+R\right)^{-n}$$

=(100×0.909 1+120×0.824 6+150×0.751 3+160×0.683 0+200×0.620 9)+
200÷10%×0.620 9

=1 778（万元）

承上例资料，假如评估人员根据企业的实际情况推断，企业从第六年起，收益额将在第五年的水平上以 2%的增长率保持增长，其他条件不变，试估测待估企业的整体价值。

$$P=\sum_{i=1}^{n}\left[R_i\left(1+r\right)^{-i}\right]+\frac{R_{n+1}}{(r-g)}\left(1+r\right)^{-n}$$

=(100×0.909 1+120×0.824 6+150×0.751 3+160×0.683 0+200×0.620 9)+
200×(1+2%)÷(10%−2%)×0.620 9

=2 119（万元）

2．企业非永续经营假设前提下的收益现值法

前面说过，对企业而言，它的价值在于它所具有的持续盈利能力。一般而言，对企业价值的评估应该在持续经营前提下进行。只有在特殊的情况下才能在有限持续经营假设的

前提下对企业价值进行评估。如果企业章程已对企业经营期限做出规定，而企业的所有者无意逾期继续经营企业，则可在该假设前提下对企业进行价值评估。评估人员在运用该假设对企业价值进行评估时，应对企业能否适用该假设做出合理的判断。

企业有限持续经营假设是从最有利于回收企业投资的角度，争取在不追加资本性投资的前提下，充分利用企业现有的资源，最大限度地获取投资收益，直至企业无法持续经营为止。

在有限持续经营假设前提下运用收益法进行企业价值评估，其评估思路与分段法类似。首先，将企业在可预期的经营期限内的收益加以估测并折现；其次，将企业在经营期限后的残余资产的价值加以估测及折现；最后，将两者相加。其数学表达式如下：

$$P=\sum_{i=1}^{n}\left[R_i\left(1+r\right)^{-i}\right]+P_n\left(1+r\right)^{-n}$$

式中，P_n 为第 n 年企业资产的变现值，其他符号含义同前。

9.2.2　企业收益及其预测

收益额是运用收益现值法评估企业整体的基本参数之一。在企业整体评估中，收益额是指企业在正常条件下的所得额。

1．企业收益的界定

在具体界定企业收益时，应注意以下几个方面。

（1）不归企业权益主体所有的企业纯收入，不能作为企业评估中的企业收益，如税收，无论是流转税还是所得税都不能视为企业收益。

（2）凡是归企业权益主体所有的企业收支净额，可视为企业收益。无论是营业收支、资产收支还是投资收支，只要形成净现金流入量，就应视同为收益。

（3）企业收益形式的选择。企业收益有两种表现形式：企业净利润和企业净现金流量。是选择净利润还是净现金流量作为企业价值评估的收益基础对企业的最终评估值存在很大的影响。因此在对企业收益进行具体界定时，除了需要对企业创造的收入是否归企业所有进行确认之外，还要对企业的收益形式进行明确的界定。

一般而言，应选择企业的净现金流量作为用收益法进行企业价值评估的收益基础，原因在于：实证研究表明，企业的利润虽然与企业价值高度相关，但企业价值最终由其现金流决定而非由其利润决定；企业的净现金流量是企业实际收支的差额，不容易被更改，而企业的利润则要通过一系列复杂的会计程序进行确定，并且可能由于企业管理当局的利益而被更改。

（4）收益口径的选择。在对企业的收益形式做出界定之后，在企业价值的具体评估中还需要根据评估目的的不同，对不同口径的收益做出选择，如净现金流量（净利润）与息前净现金流量（息前净利润）的选择。因为不同口径的收益额，其折现值的价值内涵是完全不同的，比如，净现金流量（净利润）折现为所有者权益，“净现金流量（净利润）+长期负债利息×（1–所得税税率）”折现为“所有者权益+长期负债”，“净现金流量（净利润）+利息×（1–所得税税率）”折现为“所有者权益+长期负债+流动负债”。

选择什么口径的企业收益作为收益法评估企业价值的基础，首先应服从企业价值评估的目的，即企业价值评估的目的是反映企业所有者权益的净资产价值还是反映企业所有者权益及债权人权益的投资资本价值。其次应在不影响企业价值评估目的的前提下，选择最能客观反映企业正常盈利能力的收益额作为对企业进行价值评估的收益基础。

当然，在评估实践中，折现率也是有层次或口径的。此时，收益额的选择应与折现率保持统计或核算口径上的一致性。

2．企业收益的预测

企业收益预测大致分为三个阶段。首先是企业收益现状的分析和判断；其次是对企业未来可预测的若干年的预期收益预测；最后是对企业未来持续经营条件下的长期预期收益趋势的判断。

（1）对企业收益历史和现状进行分析和判断。对企业收益历史和现状进行分析和判断的目的，是对企业正常的盈利能力进行掌握和了解，为企业收益的预测提供基础。对企业收益的历史与现状进行分析和判断，通过对企业收益的历史及现状的分析，判断企业的正常盈利能力，首先就要根据企业的具体情况确定分析的重点。对于已有较长经营历史且收益稳定的企业，应着重对其历史收益进行分析，并在该企业历史收益平均趋势的基础上判断企业的盈利能力。而对于发展历史不长的企业，就要着重对其现状进行分析并主要在分析该企业未来发展机会的基础上判断企业的盈利能力。

此外，还要结合企业的实际生产经营情况及对财务数据加以综合分析。可作为分析判断企业获利能力参考依据的财务指标主要有企业资金利润率、投资资本利润率、净资产利润率、成本利润率、销售收入利润率、企业资金收益率、投资资本收益率、净资产收益率、成本收益率、销售收入收益率等。企业资金利润率与企业资金收益率之间的区别主要是前者以企业的利润总额与企业资金占用额对比，而后者是企业净利润与企业资金占用额之比。其他各对应项利润率与收益率之间的差别同上，也是分子项上的利润总额与净利润之差。

为较为客观地判断企业的正常盈利能力，还必须结合影响企业盈利能力的内部及外部因素进行分析。首先，要对影响企业盈利能力的关键因素进行分析与判断。评估人员应通过与企业管理人员的充分交流和自身的分析判断，对企业的核心竞争力存在一个较为清晰的认识。其次，要对企业所处的产业及市场地位有一个客观的认识。企业所处产业的发展前景、企业在该产业及市场中的地位、企业主要竞争对手的情况等都是评估人员应该了解和掌握的。再次，对影响企业发展的可以预见的宏观因素，评估人员也应该加以分析和考虑。如对某家污染严重的企业进行价值评估时，评估人员就应该考虑国家的环境政策对企业未来盈利的影响。总之，只有结合企业内部与外部的因素进行分析，才能对企业的正常盈利能力做出正确的判断。

（2）企业收益预测的基础。用于衡量企业获利能力的企业收益不仅具有层次性和不同的口径，同时还存在着收益预测的基础问题。企业的预期收益的基础有以下两个方面的问题。

1）预期收益预测的出发点，即是否以企业的实际收益为出发点。有人认为，以企业在评估时点的实际收益为出发点，更符合资产评估的客观性原则。实际上，企业在评估时点的实际收益是企业内部与外部各种因素共同作用的结果。在这些因素中有许多是属于一次性的，或者是偶然性的。如果把企业评估时点的实际收益作为预测企业未来预期收益的基础而不加任何调整，意味着将那些以后不复存在的因素仍然作为影响企业未来预期收益的因素加以考虑。很显然，这将导致企业未来收益预测的失实。因此，企业评估的预期收益的预测基础，是企业在正常经营管理前提下，排除偶然因素和不可比因素后的正常收益或客观收益。

2）如何客观地把握新的产权主体的行为对企业预期收益的影响。因为企业的预期收益既是企业存量资产运作的函数，也是未来新的产权主体经营管理的函数。新的产权主体的行为是评估人员无法确切估测的因素。同时，新的产权主体的个别行为对企业预期收益的影响，也不应该成为预测企业预期收益的因素。从这个意义上讲，对于企业预期收益的预测，只能以企业现实存量资产为出发点，可以考虑存量资产的合理改进甚至合理重组，并以企业的正常经营管理为基础，不考虑不正常的个人因素或新的产权主体的超常行为等因素对企业预期收益的影响。

（3）企业收益预测的基本步骤。企业预期收益的预测大致可分为以下几个步骤。

1）评估基准日企业收益的审计和调整。评估基准日审计后企业收益的调整包括两部分工作。其一是对审计后的财务报表进行非正常因素调整，主要是利润表和现金流量表的调整。将一次性、偶发性或以后不再发生的收入或费用剔除，把企业评估基准日的利润和现金流量调整到正常状态下的数量，为企业预期收益的趋势分析打好基础。其二是研究审计后报表的附注和相关揭示，对在相关报表中揭示的影响企业预期收益的非财务因素进行分析，并在该分析的基础上对企业的收益进行调整，使之能反映企业的正常盈利能力。

2）企业预期收益趋势的总体分析和判断。企业预期收益趋势的总体分析和判断，是在对企业评估基准日实际收益的审计和调整的基础上，结合企业提供的预期收益预测和评估机构调查搜集到的有关信息资料进行的。这里需要强调指出：对企业评估基准日的财务报表的审计，尤其是客观收益的调整作为评估人员进行企业预期收益预测的参考依据，不能用于其他目的；企业提供的关于预期收益的预测是评估人员预测企业未来预期收益的重要参考资料，但是，评估人员不可以仅仅凭企业提供的收益预测作为对企业未来预期收益预测的唯一根据，而应在自身专业知识和所收集的资料的基础上做出客观、独立的判断；尽管对企业在评估基准日的财务报表进行了必要的调整，并掌握了企业提供的收益预测，评估人员还必须深入企业现场进行实地考察和现场调研，充分了解企业的生产工艺过程、设备状况、生产能力和经营管理水平，再辅之以其他数据资料对企业未来收益趋势做出合乎逻辑的总体判断。

3）企业预期收益预测。企业预期收益的预测是在前两个步骤完成的前提下，运用具体的技术方法和手段进行测算。在一般情况下，企业的收益预测也分两个时间段。对于已经步入稳定期的企业而言，收益预测分段较为简单，一是对企业未来3～5年的收益预测；二是对企业未来3～5年后的各年收益预测。而对于尚未步入稳定期，或收益不稳定的企业而言，对其收益预测的分段应是首先判断出企业在何时步入稳定期，然后将其步入稳定期的前一年作为收益预测分段的时点。对企业何时步入稳定期的判断，应在与企业管理人员充分沟通、占有大量资料并加以理性分析的基础上进行，其确定较为复杂。以下主要介绍处于稳定期的企业预期收益的预测。

企业未来3～5年的收益预测是利用评估基准日被调整的企业收益，结合影响企业收益实现的主要因素在未来预期变化的情况，采用适当的方法进行的。目前较为常用的方法有综合调整法、产品周期法、实践趋势法等。不论采用何种预测方法，首先都应进行预测前提条件的设定，因为无论如何企业未来可能面临的各种不确定性因素是无法一项不漏地纳入评估参数中。科学、合理地设定预测企业预期收益的前提条件是必需的，这些前提条件包括：国家的政治、经济等政策变化对企业预期收益的影响，除已经出台尚未实施的以外，只能假定其将不会对企业预期收益构成重大影响；不可抗拒的自然灾害或其他无法预测的突发事件，不作为预测企业收益的相关因素考虑；企业经营管理者的某些个人行为也未在预测企业预期收益时考虑等。当然，根据评估对象、评估目的和评估时的条件，还可以对评估的前提做出必要的限定。但是，评估人员对企业预期收益预测的前提条件设定必须合情合理，否则，这些前提条件不构成合理预测企业预期收益的前提和基础。

在明确了企业收益预测前提条件的基础上，就可以着手对企业未来3～5年的预期收益进行预测。预测的主要内容有：对影响被评估企业及所属行业的特定经济及竞争因素的估计；未来3～5年市场的产品或服务的需求量或被评估企业市场占有份额的估计；未来3～5年销售收入的估计；未来3～5年成本费用及税金的估计；完成上述生产经营目标需追加投资及技术、设备更新改造因素的估计；未来3～5年预期收益的估计等。关于企业的收益预测，评估人员不得不加分析地直接引用企业或其他机构提供的方法和数据，应把企业或其他机构提供有关资料作为参考，根据可搜集到的数据资料，在经过充分分析论证的基础上做出独立的预测判断。

在具体运用预测技术和方法测算企业收益时，大多采用财务报表格式予以表现，如利用利润表或采用现金流量表的形式表现。运用利润表或现金流量表的形式表现预测企业收益的结果通俗易懂、便于理解和掌握。需要说明的是，用企业利润表或现金流量表来表现企业预期收益的结果，并不等于说企业预期收益预测就相当于企业利润表或现金流量表的编制。企业收益预测的过程是一个比较具体、需要大量数据并运用科学方法的运作过程。用利润表或现金流量表表现的仅仅是这个过程的结果。所以，企业收益预测不能简单地等同于企业利润表或现金流量表的编制，而是利用利润表或现金流量表的已有栏目或项目，通过对影响企业收益的各种因素变动情况的分析，在评估基准日企业收益水平的基础上，对应表内各项目（栏目）进行合理的测算、汇总分析得到所测年份的各年企业收益。

企业收益预测表（见表 9-1）是一张可供借鉴的收益预测表。如测算的收益层次和口径与本表有差异，可在本表的基础上进行适当的调整。如采用其他方式测算企业收益，评估人员可自行设计企业收益预测表。

表 9-1　收益预测表　单位：万元

项　　目	20××年	20××年	20××年	20××年
一、产品销售收入				
减：产品销售税金				
产品销售成本				
其中：折旧				
产品销售费用				
二、产品销售利润				
加：其他业务利润				
减：管理费用				
财务费用				
三、营业利润				
加：投资收益				
营业外收入				
减：营业外支出				
四、利润总额				
减：所得税				
五、净利润				
加：折旧和无形资产、递延资产摊销				
减：追加资本性支出				
六、净现金流量				

不论采用何种方法测算企业收益，都需注意以下几个基本问题：一定收益水平是一定资产运作的结果，在企业收益预测时应保持企业预期收益与其资产及其获利能力之间的协调关系；企业的销售收入或营业收入与产品销售量（服务量）及销售价格的关系，会受到价格需求弹性的制约，不可以不考虑价格需求弹性而想当然地价量并长；企业销售收入或

服务收入的增长与其费用的变化是有规律性的，评估人员应根据不同行业的企业特点，尽可能科学、合理地预测企业的销售收入及各项费用；企业的预期收益与企业所采用的会计政策、税收政策关系极为密切，评估人员不可以违背会计政策及税收政策，以不合理的假设作为预测的基础，企业收益预测应与企业未来实行的会计政策和税收政策保持一致。

企业未来 3 ~ 5 年的预期收益测算可以通过一些具体的方法进行。而对于企业未来更久远的年份的预期收益，则难以用具体的测算方法测算了。可行的方法是，在企业未来 3 ~ 5 年预期收益测算的基础上，从中找出企业收益变化的取向和趋势，并借助某些手段，如采用假设的方式来把握企业未来长期收益的变化区间和趋势。比较常用的假设是保持假设，即假定企业未来若干年以后各年的收益水平维持在一个相对稳定的水平上不变。当然也可以根据企业的具体情况，假定企业收益在未来若干年以后将在某个收益水平上，每年保持一个递增比率等。但是，不论采用何种假设，都必须建立在合乎逻辑、符合客观实际的基础上，以保证企业预期收益预测的相对合理性和准确性。

4）对所做预测的检验。由于对企业预期收益的预测存在较多难准确把握的因素及易受评估人员主观的影响，而该预测又直接影响企业的最终评估值，因此，评估人员在对企业的预期收益预测基本完成之后，应该对所做预测进行严格的检验，以判断所做预测的合理性。检验可以从以下几个方面进行。

① 将预测与企业历史收益的平均趋势进行比较，如预测的结果与企业历史收益的平均趋势明显不符，或出现较大变化，又无充分理由加以支持，则该预测的合理性值得质疑。

② 对影响企业价值评估的敏感性因素加以严格的检验。在这里，敏感性因素具有两方面的特征：一是该类因素未来存在多种变化，二是其变化能对企业的评估值产生较大的影响。如对销售收入的预测，评估人员可能基于对企业所处市场前景的不同假设而对企业的销售收入做出不同的预测，并分析不同预测结果可能对企业评估价值产生的影响。在此情况下，评估人员就应对销售收入的预测进行严格的检验，对决定销售收入预测的各种假设进行反复推敲。

③ 对所预测的企业收入与成本费用的变化的一致性进行检验。企业收入的变化与其成本费用的变化存在较强的一致性，如果预测企业的收入变化而成本费用不进行相应变化，则该预测值得质疑。

④ 在进行敏感性因素检验的基础上，与其他方法评估的结果进行比较，检验在哪一种评估假设下能得出更为合理的评估结果。

9.2.3 折现率、资本化率及其估测

折现率是将未来收益还原或转换为现值的比率。它在资产评估业务中有着不同的称谓：资本化率、本金化率、还原利率等。但其本质是相同的，都属于投资报酬率。作为投资报酬率通常由两部分组成：一是正常投资报酬率；二是风险投资报酬率。正常投资报酬率亦

称无风险报酬率，它取决于资金的机会成本，即正常的投资报酬率不能低于该投资的机会成本。这个机会成本通常以政府发行的国库券利率和银行储蓄利率作为参照依据。风险投资报酬率的高低主要取决于投资的风险的大小，风险大的投资要求的风险报酬率就高。

1．企业评估中选择折现率的基本原则

在运用收益法评估企业价值时，折现率起着至关重要的作用，它的微小变化会对评估结果产生较大的影响。因此，在选择和确定折现率时，必须注意以下几方面的问题。

（1）折现率不低于投资的机会成本。在存在着正常的资本市场和产权市场的条件下，任何一项投资的回报率不应低于该投资的机会成本。在现实生活中，政府发行的国库券利率和银行储蓄利率可以称为投资者进行其他投资的机会成本。由于国库券的发行主体是政府，几乎没有破产或无力偿付的可能，投资的安全系数大。银行虽大多属于商业银行，但我国的银行仍属国家垄断或严格监控，其信誉也非常高，储蓄也是一种风险极小的投资。因此，国库券和银行储蓄利率不仅是其他投资的机会成本，也是一种无风险投资报酬率。

（2）行业基准收益率不宜直接作为折现率。我国的行业基准收益率是基本建设投资管理部门为筛选建设项目，从拟建项目对国民经济的净贡献方面，按照行业统一制定的最低收益率标准。凡是投资收益率低于行业基准收益率的拟建项目不得上马。只有投资收益率高于行业基准收益率的拟建项目才有可能得到批准进行建设。行业基准收益率是着眼于拟建项目对国民经济的净贡献的高低，包括拟建项目可能提供的税收收入和利润，而不是对投资者的净贡献。因此，不宜直接将其作为企业产权变动时价值评估的折现率。再者，行业基准收益率的高低也体现着国家的产业政策。在一定时期，属于国家鼓励发展的行业，其行业基准收益率可以相对低一些；属于国家控制发展的行业，国家就可以适当调高其行业基准收益率，达到限制项目建设的目的。因此，行业基准收益率不宜直接作为企业评估中的折现率。

（3）贴现率不宜直接作为折现率。贴现率是商业银行对未到期票据提前兑现所扣金额（贴现息）与期票票面金额的比率。贴现率虽然也是将未来值换算成现值的比率，但贴现率通常是银行根据市场利率和要贴现的票据的信誉程度来确定的。且票据贴现大多数是短期的，并无固定期间周期。从本质上讲，贴现率接近于市场利率。而折现率是针对具体评估对象的风险而生成的期望投资报酬率。从内容上讲，折现率与贴现率并不一致，简单地把银行贴现率直接作为企业评估的折现率是不妥当的。但也要看到，在有些情况下，如对采矿权评估所使用的贴现现金流量法，正是以贴现率折现评估价值的。但就是在这种场合，所使用的贴现率也包括安全利率和风险溢价两部分，与真正意义的贴现率也不完全一样。

2．风险报酬率及折现率的测算

在折现率的测算过程中，无风险报酬率的选择相对比较容易一些，通常是以政府债券利率和银行储蓄利率为参考依据。而风险报酬率的测算相对比较困难。它因评估对象、评估时点的不同而不同。就企业而言，在未来的经营过程中要面临着经营风险、财务风险、行业风险、通货膨胀风险等。从投资者的角度，要投资者承担一定的风险，就要有相对应的风险补偿。风险越大，要求补偿的数额也就越大。风险补偿额相对于风险投资额的比率就叫风险报酬率。在测算风险报酬率的时候，评估人员应注意以下因素。

（1）国民经济增长率及被评估企业所在行业在国民经济中的地位。

（2）被评估企业所在行业的发展状况及被评估企业在行业中的地位。

（3）被评估企业所在行业的投资风险。

（4）企业在未来的经营中可能承担的风险等。

在充分考虑和分析了以上各因素以后，风险报酬率可通过以下两种方法估测。

① 风险累加法。企业在其持续经营过程可能要面临着多种风险，像前面已经提到的行业风险、经营风险、财务风险、通货膨胀等。将企业可能面临的风险对回报率的要求予以量化并累加，便可得到企业评估折现率中的风险报酬率。用数学公式表示如下：

$$风险报酬率=\frac{行业风险}{报酬率}+\frac{经营风险}{报酬率}+\frac{财务风险}{报酬率}+\frac{其他风险}{报酬率}$$

行业风险主要指企业所在行业的市场特点、投资开发特点，以及国家产业政策调整等因素造成的行业发展不确定给企业预期收益带来的影响。

经营风险是指企业在经营过程中，由于市场需求变化、生产要素供给条件变化及同类企业间的竞争给企业的未来预期收益带来的不确定性影响。

财务风险是指企业在经营过程中的资金融通、资金调度、资金周转可能出现的不确定性因素影响企业的预期收益。

其他风险包括了国民经济景气状况、通货膨胀等因素的变化可能对企业预期收益的影响。量化上述各种风险所要求的回报率，主要是采取经验判断。它要求评估人员充分了解国民经济的运行态势、行业发展方向、市场状况、同类企业竞争情况等。只有在充分了解和掌握上述数据资料的基础上，对于风险报酬率的判断才能较为客观、合理。

② β 系数法。β 系数法的基本思路是，某企业评估中的风险报酬率是社会平均风险报酬率与被估企业所在的行业平均风险与社会平均风险的比率（β 系数）的乘积。按照这一种思路，可按下列方法求取被估企业的风险报酬率。

首先，将社会平均收益率（R_m）扣除无风险报酬率（R_f），得到社会平均风险报酬率。

其次，把企业所在的行业的平均风险与社会平均风险进行对比，即通常采用行业平均收益率变动与社会平均收益率变动之比的数值作为调整系数（β）。

再次，用社会平均风险报酬率乘以 β 系数，得到可用于企业评估的风险报酬率（R_r）。当然，如果再考虑企业的规模及企业在其所在的行业中的地位时，关于企业评估的风险报酬率还应加上企业在其行业中的地位系数对企业风险报酬率的影响。上述测算思路用公式表示如下：

$$风险报酬率（R_r）=\left[\begin{matrix}社会平均收\\益率（R_m）\end{matrix}-\begin{matrix}无风险报\\酬率（R_f）\end{matrix}\right]\times\begin{matrix}风险系\\数（\beta）\end{matrix}\times\begin{matrix}企业在其行业中\\的地位系数（\alpha）\end{matrix}$$

如果能通过一系列方法测算出风险报酬率，则企业评估的折现率的测算就相对简单了。其中，加权平均资本成本模型是测算企业评估中的折现率的一种较为常用的方法。

加权平均资本成本模型是以企业的所有者权益和长期负债所构成的投资资本，以及投资资本所需求的回报率，经加权平均计算来获得企业评估所需折现率的一种数学模型。用公式表示如下：

$$\begin{matrix}企业评估\\的折现率\end{matrix}=\begin{matrix}长期负债占投\\资资本的比重\end{matrix}\times\begin{matrix}长期负债成\\本（利息率）\end{matrix}+\begin{matrix}所有者权益占投\\资资本的比重\end{matrix}\times\begin{matrix}净资产投资要求的\\回报率（资本成本）\end{matrix}$$

式中，所有者权益（净资产）要求的回报率＝无风险报酬率+风险报酬率。

9.2.4　收益额与折现率口径一致问题

用于企业评估的收益额可以有不同的口径，如净利润、净现金流量、无负债利润（息前净利润）、无负债净现金流量（息前净现金流量）等。而折现率则有按不同口径收益额为分子计算的折现率，也有按同一口径收益额为分子，而以不同口径资金占用额或投资额为分母，计算的折现率。如企业资产总额收益率、企业投资资本收益率、企业净资产收益率等。所以，在运用收益法评估企业价值时，必须注意收益额与折现率之间结构与口径上的匹配和协调，以保证评估结果合理而有意义。

9.2.5　运用收益法评估企业的个案及其说明

某公司有与外商合资的意向（并签订了合作意向书），需要了解企业价值，因而进行企业价值评估。评估基准日为 2011 年 1 月 1 日。经评估专家研究决定用收益现值法对该企业全部资产进行评估，具体步骤如下。

（1）根据有关财务报表资料分析企业近三年来的经营情况（见表 9-2）。

表 9-2　某企业近三年收益情况比较　　单位：千元

项　目	2008 年	2009 年	2010 年
销售收入	98 500	104 500	108 000
销售税金	2 100	2 310	2 530
销售成本	88 420	93 840	96 950
销售利润	7 980	8 350	8 520
销售利润率	8.1%	8%	7.9%
净利润	7 240	7 520	7 650

从上述资料可知，该企业近几年来销售利润率有所下降，但基本保持在 8%左右，且销

售利润总额大体是在 8 000 千元，说明企业经营情况较为稳定，有较强的盈利能力。同时根据该企业 2010 年的执行情况测算，企业净资产利润率为 17.2%（7 650÷44 560，2010 年企业净资产占用额为 44 560 千元），高于同行业平均净资产利润率（14%）3.2 个百分点。

（2）根据企业近几年资产负债情况比较表，分析该企业的偿债能力，如表 9-3 所示。

表 9-3 某企业近三年资产负债情况比较 单位：千元

项目	2008 年	2009 年	2010 年
1．现金和银行存款	650	1 200	700
2．应收账款	11 860	11 800	10 200
3．存货	9 890	10 760	10 660
流动资产合计	22 400	23 760	21 560
4．固定资产（净值）	11 300	11 830	12 450
5．其他资产（净值）	8 600	7 610	10 550
资产合计	42 300	43 200	44 560
6．流动负债	11 200	13 200	9 800
7．长期负债	6 500	9 420	11 260
负债合计	17 700	22 620	21 060
8．所有者权益合计	24 600	20 580	23 500
负债和所有者权益合计	42 300	43 200	44 560
9．流动比率	2	1.8	2.2
10．速动比率	1.12	0.98	1.11
11．产权比率	0.72	1.1	0.9

对企业偿债能力的分析主要通过流动比率、速动比率及产权比率的分析来进行。流动比率反映短期偿债能力，该比率越高，企业的短期偿债能力越强。该企业 3 年的流动比率分别为 2、1.8、2.2，说明企业具有较强的短期偿债能力。速动比率表示企业立即清偿流动负债的能力，该企业近 3 年的速动比率为 1.12、0.98、1.11，均接近与 1，因此企业的立即清偿流动负债的能力较强。产权比率主要反映且长期偿债能力，一般公认标准为 0.8，而近几年公司的产权比率平均在 0.9 上下，说明具有较好的长期偿债能力。

（3）根据有关的资料预测企业未来若干年内的收益情况。根据企业近三年来的经营情况，考虑各种影响因素，采取综合调整法对企业未来三年的经营收益情况预测，如表 9-4 所示。

表 9-4　某企业未来三年收益情况预测　　单位：千元

项　目	2011 年	2012 年	2013 年
销售收入	140 760	141 050	142 800
销售税金	2 450	2 140	2 300
成本费用	124 550	123 900	125 070
营业利润	13 760	15 010	15 430
所得税	4 200	4 210	4 230
净利润	9 560	10 800	11 200
追加投资	25	50	80
净现金流量	9 535	10 750	11 120
折现系数	0.869 6	0.756 2	0.657 5
净现值	8 292	8 129	7 311

（4）确定被评估企业的折现率（或资本化率）。在对该企业价值进行评估之前，还需要正确确定折现率。通常无风险报酬率采用国库券利率，风险调整值采用通货膨胀率来确定。预计未来三年国库券利率将维持在 11%的水平上，通货膨胀率将控制在 4%左右，即

未来三年企业收益折现率=无风险报酬率+有风险报酬率=11%+4%=15%

（5）企业价值评估。假定根据国家的产业政策，三年后企业将保持 3%的增长速度，即 g=3%。计算未来三年企业收益现值（净现金流量折现之和），即

未来三年企业收益现值=8 292+8 129+7 311=23 732（千元）

计算未来三年后永久收益现值（将第 4 年开始的稳定收益折现），计算如下：

$$\text{未来三年后永久收益现值}=\frac{R_4}{r-g}=\frac{R_3\times(1+g)}{r-g}=111\,20\times\frac{1+3\%}{15\%-3\%}=95\,447(\text{千元})$$

所以，永久性收益折现值为 95 447×0.657 5=62 756（千元）。

最后，将未来三年收益现值和第三年后永久性收益现值相加，得出该企业的价值为 23 732+62 756=86 488（千元）。

9.3 企业价值评估的市场法和成本法

9.3.1 企业价值评估的市场法

1．市场法运用的前提及条件

企业价值评估中的市场法就是在市场上找出一个或几个与被评估企业相同或相似的参照企业，分析、比较被评估企业和参照企业的重要指标，在此基础上，修正、调整参照企业的市场价值，最后确定被评估企业的价值。其理论依据就是“替代原则”。这种方法使用

的前提是必须具有健全的产权交易市场和较为广泛的可供参考的企业价值交易资料，否则这种方法就无法灵活使用。市场法主要适用于两种情况：一是企业当前没有收益额；二是企业目前的获利能力无法反映其未来的潜在收益。

2．运用市场法评估企业价值存在两个障碍

一是企业的个体差异。每一个企业都存在不同的特性，除了所处行业、规模大小等可确认的因素各不相同外，影响企业盈利能力的无形因素更是纷繁复杂。因此，几乎难以找到能与被评估企业直接进行比较的类似企业。二是企业交易案例的差异。即使存在能与被评估企业进行直接比较的类似企业，要找到能与被评估企业的产权交易相比较的交易案例也相当困难。首先，目前我国市场上不存在一个可以共享的企业交易案例资料库，因此评估人员无法以较低的成本获得可以应用的交易案例；其次，即使有渠道获得一定的案例，但这些交易的发生时间、市场条件和宏观环境又各不相同，评估人员对这些影响因素的分析也会存在主观和客观条件上的障碍。因此，运用市场法对企业价值进行评估，不能基于直接比较的简单思路，而要通过间接比较分析影响企业价值的相关因素。

3．市场法运用思路

可用公式表示如下：

$$\frac{V_1}{X_1}=\frac{V_2}{X_2}$$

即：

$$V_1 = X_1\frac{V_2}{X_2}$$

式中，V_1为被评估企业价值；V_2为可比企业价值；X_1为被评估企业与企业价值相关的可比指标；X_2为可比企业与企业价值相关的可比指标。

$\frac{V}{X}$通常又称可比价值乘数或可比价值倍数，X为同一类型指标，通常选用三个财务指标：利息、折旧和税前利润，即EBIT；无负债的净现金流量，即企业自由现金流量；净现金流量，即股权自由现金流量；净利润；销售收入；净资产等。

4．选择可比指标

对可比指标的选择，只遵循一个原则，即可比指标应与企业的价值直接相关。在企业价值的评估中，现金流量和利润是最主要的候选指标，因为企业的现金流量和利润直接反映了企业的盈利能力，也就与企业的价值直接相关。

在评估实践中，常用的可比价值乘数有市盈率（PE）、市净率（PBV）、市销率（PS）等。基于成本和便利的原因，目前运用市场法评估企业价值一般使用市盈率乘数法。市盈率乘数法是将上市公司的股票年收益和被评估企业的利润作为可比指标，在此基础上评估企业价值的方法。其基本思路如下。

首先，从证券市场上搜寻与被评估企业相似的可比企业，按企业不同的收益口径，如息前净现金流、净利润等，计算出与之相应的市盈率。

其次，确定被评估企业不同口径的收益额。

再次，以可比企业相应口径的市盈率乘以被评估企业相应口径的收益额，初步评定被估企业的价值。

最后，对于按不同口径市盈率计算的企业价值分别给出权重，加权平均计算企业价值。

在运用该方法时，还需对评估结果进行适当调整，以充分考虑被评估企业与上市公司的差异。当然，运用市盈率乘数法对企业价值进行评估，需要有一个成熟、有效的证券市场作为基础，而我国目前的证券市场仍然处于发展阶段，运用此种方法对企业价值进行评估尚有困难。

【例 9-3】为了评估 M 公司价值，从市场上找到了三个相似公司 A、B、C 公司，然后分别计算各公司的市场价值与销售额的比率、与账面价值的比率和与净现金流量的比率，这里的比率即为可比价值乘数（V/X），得到表 9-5 的数据。

表 9-5　A、B、C 公司市场价值与销售额、账面值及现金流的比率

项　目	A 公司	B 公司	C 公司	平均
市价÷销售额	1.2	1.0	0.8	1.0
市价÷账面价值	1.3	1.9	2.0	1.5
市价÷净现金流	20	15	25	20

需要注意的是，计算出来各公司的比率相对接近是十分重要的，如果它们的差别很大，意味着样本公司与目标公司在某种特征上就存在较大的差异，此时的可比性就会受到影响，需要重新选择样本公司。

表 9-5 中，得出的数据具有较强的可比性，此时的 M 公司的销售额为 10 000 万元，账面价值为 6 000 万元，净现金流量为 500 万元，计算 M 公司的价值如表 9-6 所示。

表 9-6　M 公司的价值指标　　单位：万元

项　目	M 公司	可比公司平均比率	M 公司价值
销售额	10 000	1.0	10 000
账面价值	6 000	1.5	9 000
净现金流量	500	20	10 000
M 公司的评估值			9 700

将三个指标的价值进行平均得到 M 公司的评估值为 9 700 万元。

9.3.2 企业价值评估的成本法

1. 成本法的基本思路

企业价值评估中的成本法也称为资产基础法、加和法，是在合理评估企业各项资产价值和负债价值的基础上确定企业价值的评估方法的总称。在使用成本法评估企业价值时，通过调整企业财务报表上的所有资产和负债及表外资产和负债，选择合适的评估方法，分别评估各项资产和负债的价值，各项资产评估值加和得到企业整体价值，用企业整体价值扣除负债价值可以得到股东全部权益价值。

成本法以企业单项资产的成本为出发点，而非评估分析的终点，企业所有的资产和负债将根据所选择的恰当的价值类型重新体现其价值。在许多情况下，可能需要不动产评估、机器设备评估或其他评估门类的专家来协助工作。

在运用成本法评估企业价值时，企业极有价值的资产可能没有记录在以历史成本为依据的资产负债表中，如企业的管理效率、自创商誉、销售网络等，因此，这也是成本法在使用中要特别注意的方面。

2. 成本法运用的范围

在进行成本法评估之前，应对企业的盈利能力以及相匹配的单项资产进行认定，以便在委托方委托的评估范围基础上，进一步界定纳入企业盈利能力范围内的资产和闲置资产的界限，明确评估对象的作用空间和评估前提。作为一项原则，评估人员在对构成企业的各个单项资产进行评估时，应该首先明确各项资产的评估前提，即持续经营假设前提和非持续经营假设前提。在不同的假设前提下，运用成本法评估出的企业价值是有区别的。对于持续经营假设前提下的各个单项资产的评估，应按贡献原则进行；而对于非持续经营假设前提下的单项资产的评估，则按变现原则进行。

在持续经营假设前提下，一般不宜运用成本法对企业价值进行评估。因为成本法是通过分别估测构成企业的所有可确指资产后加和来评估企业价值。此种方法无法把握持续经营企业价值的整体性，也难以把握各个单项资产对企业的贡献。对企业各单项资产间的工艺匹配和有机组合因素产生的整合效应，即不可确指的无形资产，无法进行有效衡量。因此，在一般情况下，不宜单独运用成本法评估一个在持续经营假设前提下的企业价值；在特殊情况下，评估人员采用加和法对持续经营企业价值进行评估，应予以充分的说明。

在正常情况下，运用成本法评估持续经营的企业应同时运用收益法进行验证。特别是在我国目前的条件下，企业的社会负担和非正常费用较多，企业的财务数据难以真实反映企业的盈利能力，影响了基于企业财务数据进行的企业预期收益预测的可靠性。因此，将成本法与收益法配合使用，可以起到互补的作用，既便于评估企业盈利能力，又可使企业的预期收益预测建立在较为坚实的基础上。

3. 运用成本法评估企业价值应注意的问题

在运用成本法评估持续经营企业时，在对构成企业的各单项资产进行评估时，不能只见树木不见森林。下面列举了对企业某些单项资产评估时应注意的问题。

（1）现金。除对现金进行点钞核数外，还要通过对现金及企业运营的分析判断企业的资金流动能力和短期偿债能力。

（2）应收账款及预付款。从企业财务的角度看，应收账款及预付款都构成企业的资产；而从企业资金周转的角度看，企业的应收账款必须保持一个合理的比例。企业应收账款占销售收入的比例，以及账龄的长短大致可以反映一个企业的销售情况、企业产品的市场需求及企业的经营能力等，并为预期收益的预测提供参考。

（3）存货。存货本身的评估并不复杂，但通过对存货进行评估，可以了解企业的经营状况，至少可以了解企业产品在市场中的竞争地位。畅销产品、正常销售产品、滞销产品和积压产品的比重将直接反映企业在市场上的竞争地位，并为企业预期收益预测提供基础。

（4）机器设备与建筑物。机器设备和建筑物是企业进行生产经营和保持盈利能力的基本物质基础。设备的新旧程度、技术含量、维修保养状况、利用率等，不仅决定机器设备本身的价值，同时还对企业未来的盈利能力产生重大影响。按照机器设备及建筑物对企业盈利能力的贡献评估其现时价值，是持续经营假设前提下运用成本法评估企业单项资产的主要特点。

（5）无形资产。企业拥有无形资产的多少以及研制开发无形资产的能力，是决定企业市场竞争能力及盈利能力的决定性因素。在评估过程中，要弄清每一种无形资产的盈利潜力，以便为企业收益预测打下坚实基础。

在对以上单项资产实施评估并将评估值加和后，再运用收益法评估企业价值，而后将两种评估思路下的评估结果进行分析比较，以判断企业是否存在商誉或经济性贬值，并确定企业的最终评估值。

9.4　关于负债的评估与审核

9.4.1　负债的评估

所谓负债的评估，实质就是对企业负债的审计核实。

企业价值评估可以采用不同的思路和方法，各种方法评估出的企业价值也不完全相同，有时就会涉及企业负债的真实性及数额问题。这就需要对企业负债进行审核。

9.4.2　负债的审核

对于企业负债的审核包括如下两方面内容。

1．负债的确认

对于负债的确认，主要应放在对企业账面负债的可免除部分和应免除部分，以及企业将面临的或有负债和潜在负债方面。企业账面负债可免除部分主要是指无主负债，即债权人已不存在，如无法偿还的无主货款。企业账面负债应免除部分主要是指按国家或有关部门的规定，企业的部分负债，如应交税金、应付利息等，可以部分或全部豁免，予以扣除。虽然企业账面上没有，但企业未来可能将会发生的负债，即或有负债，则要给予充分的考虑。如企业对出售商品实行"三包"可能发生的未来费用，处于诉讼中的财产纠纷案涉及的费用等。对负债的确认应本着客观、稳健的原则进行，不能出现重大疏漏。

2. 负债的计量

负债的计量主要是考虑货币的时间价值问题。由于负债基本上都是以货币金额反映，不存在变现困难，只是各类负债的偿付期不同而有短期负债和长期负债之分。短期负债（流动负债）偿付期较短，通常不考虑其货币时间价值问题。当然这也要看短期债权是否考虑了货币时间价值因素，两者应尽可能地对等一致。对于长期负债，则要视具体偿付的时间、偿付的条件等考虑是否应给予折现处理。

对企业负债的审核，根本上要以审计准则和方法来进行。对于企业内部负债，如职工福利基金、住房周转金等，就不仅仅是个审核问题，还需要评估人员判断它是否真的构成企业的负债，以便落实企业的净资产。

案例分析

【案情】

S 公司是 1994 年 10 月经省人民政府批准，由 S 公司投资设立于英属百慕大群岛之 J 公司 100%控股投资的外商独资企业。S 公司位于 K 市经济技术开发区，注册资本 2 200 万美元，经营范围为生产销售陶瓷制品、美术陶瓷、精密陶瓷。

2001 年 9 月，S 公司董事会决议将公司改制为股份有限公司，遂聘请资产评估机构对 S 公司所拥有的整体资产进行评估。评估人员根据 S 公司所处的具体环境和经济背景，结合特定的评估目的和评估方法的特点，选择收益法进行评估，并确定评估基准日为 2001 年 8 月 31 日。

具体的评估过程如下。

一、收益法适用性判断

收益法是指通过估算被评估资产的未来预期收益并折算成现值，借以确定被评估资产价格的一种资产评估方法。收益法的基本原理是资产的购买者为购买资产而愿意支付的货币量不会超过该项资产未来所能带来的期望收益的折现值。

收益法的计算公式如下：

评估值=未来收益期内各期收益的现值之和

$$P=\sum_{i=1}^{n}\frac{R_i}{(1+r)^i}+\frac{R}{r(1+r)^n}$$

式中，P 为企业整体资产的评估值；R_i 为未来第 i 年企业的预期收益；R 为 n 年后企业的年等额预期收益；r 为折现率；n 为预期收益年限。

评估人员从企业总体情况、本次评估目的和企业前三年财务报表分析三个方面对本评估项目能否采用收益法做出适用性判断。

1．总体情况判断

2．评估目的判断

3．企业会计报表判断

综合以上三方面因素的分析，评估人员认为本次评估项目在理论上和操作上适合采用收益法，采用收益法评估能够更好地反映企业整体资产的价值。

二、企业概况及背景分析（略）

三、历史经营状况分析（略）

四、企业未来情况分析

（一）产品销售收入和产品销售成本预测

1．外墙砖销售收入和销售成本预测（略）

2．壁砖销售收入和销售成本预测（略）

3．地砖销售收入和销售成本预测（略）

4．其他产品销售收入和销售成本预测（略）

5．销售收入和销售成本预测的汇总

汇总后的产品销售收入和产品销售成本如表 9-7 与表 9-8 所示。

（二）销售费用、管理费用和财务费用预测（略）

（三）其他损益项目预测（略）

（四）净利润预测（略）

（五）净现金流量预测

综合考虑上述因素后，S 公司的净现金流量预测如表 9-9 所示。

五、整体资产收益现值的计算

（一）收益年份及折现期的确定

根据本次评估的假设条件，S 公司的经营年限为无限年，故其收益年限和折现期均为无限年。

（二）折现率的选取

本次评估以行业平均利润率加个别风险报酬率作为折现率对 S 公司的未来各年净现金流量进行折现。

1．行业净资产收益率的确定

经查《1999 年度企业效绩评价标准值》商业零售企业 1999 年度行业净资产收益率的良好平均值为 3.5%，考虑到 S 公司在行业中属龙头企业，历年经营业绩良好，所以取良好值 9.9%。

表 9-7 数据（一）

单位：元

产品类别	2001年9～12月	2002年	2003年	2004年	2005年	2006年	2006年以后
外墙砖	14 058 387.77	33 180 668.34	33 014 423.12	30 795 166.79	30 639 311.89	28 451 226.53	28 451 226.53
壁砖	53 571 082.62	173 551 920.65	199 060 592.86	244 984 652.80	272 812 295.21	313 166 601.69	313 166 601.69
地砖	34 237 808.40	102 255 831.24	124 580 649.22	146 905 467.20	169 230 285.17	191 555 103.15	191 555 103.15
三次烧	21 912 004.17	74 833 703.72	90 006 206.69	96 413 817.19	110 321 944.92	112 936 429.67	112 936 429.67
其他产品	6 132 488.06	6 490 868.51	7 770 686.61	9 136 137.64	10 587 221.59	12 123 938.46	12 123 938.46
销售收入预测	129 911 771.02	390 312 992.45	454 432 558.50	528 235 241.61	593 591 058.78	658 233 299.51	658 233 299.51

表 9-8 数据（二）

单位：元

产品类别	2001年9～12月	2002年	2003年	2004年	2005年	2006年	2006年以后
外墙砖	6 897 968.40	16 268 937.52	16 839 016.94	16 321 027.84	16 855 477.30	16 230 598.31	16 230 598.31
壁砖	19 852 808.92	64 266 184.99	73 629 910.03	90 538 510.98	100 753 483.74	115 592 142.19	115 592 142.19
地砖	18 707 067.83	53 868 218.25	66 469 654.12	79 071 089.99	91 672 525.86	104 273 961.73	104 273 961.73
三次烧	7 271 224.30	23 398 521.97	27 378 660.07	28 745 565.00	32 394 024.93	32 765 895.33	32 765 895.33
其他产品	3 040 995.56	2 450 211.35	2 732 766.98	3 030 208.04	3 342 534.53	3 669 746.44	3 669 746.44
销售成本预测	55 770 065.01	160 252 074.07	187 050 008.14	217 706 401.85	245 018 046.36	272 532 344.00	272 532 344.00

表 9-9 净现金流量预测

单位：元

项　目	2001年9～12月	2002年	2003年	2004年	2005年	2006年	2006年以后
预测净利润	26 355 391.25	68 051 189.85	60 652 390.58	61 814 800.88	68 759 764.69	77 429 985.44	77 429 985.44
加：折旧	8 000 000.00	24 000 000.00	30 390 000.00	30 390 000.00	30 390 000.00	30 390 000.00	30 390 000.00
摊销	195 686.97	782 747.88	782 747.88	782 747.88	782 747.88	782 747.88	782 747.88
减：追加资本支出		35 500 000.00					
减：追加营运资本	12 140 003.76	22 718 897.53	20 177 150.29	23 830 498.23	22 718 103.12	23 873 226.80	23 873 226.80
预测的净现金流量	22 411 074.45	34 615 040.20	71 647 988.17	69 157 050.54	77 214 409.45	84 729 506.52	84 729 506.52

2．个别风险报酬率的确定

（1）经营风险。从总体上来看，未来进口品牌对大陆中高档建陶产品市场不会形成很大压力。S 公司未来市场的主要竞争压力可能来自于目前的台资厂商，这些厂商与 S 公司在生产工艺、设备、规模、经营管理及产品结构具有很大的相似性。大陆市场的一些优秀建陶企业对 S 公司来说也是一股不可忽视的竞争力量。因为在国内外生产设备、技术流动比较畅通的大环境下，建陶新品仿制容易，保护较为困难，新花色、新品质市场投放风险大，其寿命将越来越短。但是，S 公司只要在技术创新、严格管理、营销策略上下工夫，充分利用自己的现有资源进行整合；正确细分市场，确定与众不同的特色定位，进而进一步解决市场拓展、资本运作、品牌开发和人才开发等一系列战略问题，不断增强自身综合竞争力，便可抵御竞争压力。综合考虑上述因素后，评估人员确定经营风险报酬率为 3%。

（2）财务风险。据有关资料统计，陶瓷行业的资产负债率基本控制在 50%左右，S 公司目前的资产负债率已达到 53.72%，基本处于行业平均水平。另据评估人员了解，公司资金来源除来自投资方的现金注入外，其余均由公司以现有的土地、厂房、设备及美元等其他货币存款做质押，以取得人民币融资作为公司中短期营运资金周转。综合考虑上述因素后，评估人员确定公司的财务风险报酬率为 2%。

个别风险报酬率=经营风险报酬率+财务风险报酬率

=3%+2%=5%

3．折现率的确定

折现率=行业平均净资产收益率+个别风险报酬率

=9.9%+5%

=14.9%（取整后为 15%）

（三）折现方法

非等额年收益按逐年期末折现，等额年收益按等额永续年金计算其期初值再折现，具体如表 9-10 所示。

表 9-10　数据（三）

项　目	2001 年 9～12 月	2002 年	2003 年	2004 年	2005 年	2006 年	2006 年以后
净现金流量	22 411 074.45	34 615 040.20	71 647 988.17	69 157 050.54	77 214 409.45	84 729 506.52	84 729 506.52
折现率	15.00%	15.00%	15.00%	15.00%	15.00%	15.00%	15.00%
折现系数	0.954 5	0.830 0	0.721 7	0.627 6	0.545 7	0.474 5	3.163 6
折现值	21 390 949.62	28 729 918.00	51 710 139.10	43 402 058.54	42 138 044.69	40 208 036.16	268 053 574.38
折现值合计	495 632 720.50						

（四）评估值

评估值 = 现值合计=495 632 720.50（取整 495 630 000.00 元）

六、结论分析

（一）评估结论

S 公司经评估后的净资产价值为 495 630 000.00 元（大写：肆亿玖仟伍佰陆拾叁万元整）。

（二）评估结论分析

1. 本次评估中对债务方面的预测是可能实现的，故不存在债务相对于企业的发展目标而言过多的担忧。

2. S 公司属于建筑装饰材料企业，其商品与房地产行业具有较高的关联度，房地产行业的发展将对公司的发展产生较大的影响。评估人员经分析预测，认为预测期内房地产将不会发生大的波动，因此评估结果的影响不会很大。

3. S 公司的固定资产中大部分是公司生产经营必须用到的各种设施，其利用效率较高，因而不存在资产利用上的闲置造成评估结果较重置成本法评估结果低的可能。

（三）评估结论的瑕疵事项（略）

（四）评估基准日的期后事项对评估结论的影响（略）

（五）评估结论的效力、使用范围与有效期（略）

【分析】

该案例是一个比较典型的采用收益法评估企业整体资产价值的案例，比较详细地说明了收益法评估的思路与过程，有助于更好地理解企业价值评估的收益法。该案例在以下几点值得特别的关注。

（1）收益法的选用。

（2）历史经营状况的调整。

（3）收益形式的选择。

（4）未来收益的预测。

（5）折现率的确定。

（6）折现模型的选择。

本章小结

企业价值评估是指把由多个或多种单项资产有机组成的资产综合体所具有的整体获利能力作为评估对象，根据其获利能力来评定、估算企业价值的资产评估方法。具有整体性、预测性、动态性、增值性、持续性的特点。

企业价值评估应考虑的因素有：企业整体的技术情况，企业全部资产价值量的大小，企业资产匹配状况，企业经营者及员工的素质，企业文化及企业信誉，国家政策、企业所处地理环境、企业所处宏观经济形势等因素的影响。

企业价值收益法评估是指根据企业未来的预期收益，通过收益还原将企业未来收益按适当的折现率或本金化率折算为现值，并以现值作为整体资产评估值的一种评估方法，在企业持续经营的前提下，对企业价值进行评估时，又可分为年金法和分段法。收益额是指企业在正常条件下获得的归企业的所得额。折现率是将未来收益还原或转换为现值的比率，其本质是投资报酬率。

企业价值评估中的市场法就是在市场上找出一个或几个与被评估企业相同或相似的参照企业，分析、比较被评估企业和参照企业的重要指标，在此基础上，修正、调整参照企业的市场价值，最后确定被评估企业的价值。

企业价值评估中的成本法也称为资产基础法、加和法，是在合理评估企业各项资产价值和负债价值的基础上确定企业价值的评估方法总称。在使用成本法评估企业价值时，通过调

负债的评估，实质就是对企业负债的审计核实。对于企业负债的审核包括两个方面内容：一是对负债的确认；二是对负债的计量。

练习题

1．名词解释

企业价值　企业资产价值　企业投资价值　企业权益价值　协同作用　加和法　可比企业　市盈率

2．单项选择题

（1）企业价值评估的一般前提是企业的（　　）。

A．独立性　B．持续经营性　C．整体性　D．营利性

（2）企业价值大小的决定因素是（　　）。

A．独立性　B．持续经营性　C．社会性　D．营利性

（3）评估人员选择适当的折现率将企业的息前净现金流量进行了资本还原，得到了初步评估结果。本次评估要求的是企业的净资产价值即权益价值。对初步评估结果应做的进一步调整是（　　）。

A．减企业的全部负债　B．加减企业的全部负债

C．减企业的长期负债　D．减企业的流动负债

（4）证券市场上将企业价值评估作为进行投资重要依据的是（　　）。

A．消极投资者　B．积极投资者　C．市场趋势型投资者 D．价值型投资者

（5）在企业价值评估中，对企业资产划分为有效资产和无效资产的主要目的是（　　）。

A．选择评估方法　　B．界定评估的价值类型
C．界定评估的具体范围　　D．明确企业的盈利能力

（6）会计上所编制的资产负债表中的各项资产的账面价值往往与市场价格大相径庭，引起账面价值高于市场价值的主要原因是（　　）。

A．通货膨胀　B．过时贬值　C．组织资本　D．应付费用

（7）企业（投资）价值评估模型是将（　　）根据资本加权平均成本进行折现。

A．预期自由现金流量　　B．预期股权现金流量
C．股利　　D．利润

（8）运用市盈率作为乘数评估出的是企业（　　）。

A．资产价值　B．投资价值　C．股权价值　D．债权价值

（9）在企业被收购或变换经营者的可能性较大时，适宜选用（　　）模型进行估价。

A．股利折现　B．股权现金流量　C．预期自由现金流量　D．净利润

（10）企业整体资产评估中不能使用的方法有（　　）。

A．收益法　B．成本法　C．市盈率参照法　D．成本加和法

3．多项选择题

（1）企业价值的表现形式有（　　）。

A．企业资产价值　　B．企业投资价值
C．企业股东权益价值　　D．企业债务价值　E．企业债权价值

（2）企业的投资价值是（　　）。

A．企业所有的投资人所拥有的对于企业资产索取权价值的总和
B．企业的资产价值减去无息流动负债价值
C．代表了股东对企业资产的索取权，它等于企业的资产价值减去负债价值
D．权益价值加上付息债务价值
E．企业所拥有的所有资产包括各种权益和负债的价值总和

（3）下列企业中，可以从股权现金流量估价模型中得出更高估计价值的是（　　），可以从股利折现估价模型中得出更高估计价值的是（　　），从两个模型中得出的估计价值相同的是（　　）。

A．企业支付的股利低于企业的股权自由现金流量，多余的现金储备投资于国债
B．企业支付的股利低于企业的股权自由现金流量，多余的现金储备投资于对其他企业的收购
C．企业支付的股利高于企业的股权自由现金流量，差额部分通过发行新股票弥补
D．企业支付的股利高于企业的股权自由现金流量，差额部分通过发行新债券弥补
E．企业支付的股利等于企业的股权自由现金流量

（4）企业进入稳定增长阶段的主要特征有（　　）。

A．实际的销售增长达到均衡水平

B．企业投资活动减少，只是对现有生产能力的简单更新、常规改进及升级

C．实际的现金流量增长为零

D．企业的资本结构定型

E．企业的各种利润率保持不变

（5）在评估企业价值时，如果在待评估企业与可比企业之间的资本结构有较大差异时，则应选择（　　）。

A．价值÷重置成本比率　　B．市盈率

C．价格÷销售收入比率　　D．价格÷账面价值比率

E．价值÷息税折旧前收益比率

（6）运用（　　）作为乘数评估出的是企业股权价值。

A．价值÷重置成本比率　　B．市盈率

C．价格÷销售收入比率　　D．价格÷账面价值比率

E．价值÷息税折旧前收益比率

4．简答题

（1）企业价值评估有哪些特点？

（2）加和法有哪些优缺点？

（3）如何确定企业价值评估中的折现率？

（4）依据什么原则确定企业价值评估的范围？

（5）企业价值评估有什么用途？

（6）如何确定企业价值评估的范围？

（7）加和法评估企业价值有哪些不足？

（8）比较分析股权价值评估的股权现金流量估价模型和股利折现估价模型。

（9）现金流量预测应遵循什么原则？

（10）选择可比企业应注意什么问题？

（11）企业价值评估的比较法有哪些可供选择的乘数？

5．计算题

（1）某企业 2010 年支付的每股股利为 1.28 元，预期股利将永久性地每年增长 5%。股票的贝塔系数为 0.9，1 年期国债利率为 3.25%，市场风险补偿为 5%。估算该企业每股的价值。

（2）某企业 2010 年的财务报表显示每股收益为 2.5 元，支付的每股股利为 0.72 元。预期 2011 年至 2015 年期间收益将每年增长 15%，这一期间的股利支付率保持不变。自 2006 年起收益增长率预计将保持在 5%的稳定水平，股利支付率会达到 70%。企业目前的贝塔系数为 1.42，2005 年以后的贝塔系数预计为 1.10，国债利率为 3.25%，市场风险补偿为 5%。

2011 年 1 月 1 日的每股股权价值为多少？

（3）某企业 2010 年的销售额为 6 000 万元，预计 2011—2014 年以 6%的比率增长，自 2015 年起增长率保持在 3%。该企业的税前营业利润率为 20%，资本支出等于年折旧费，营运资本占销售额的 20%。该企业未偿还的债务为 3 000 万元，利息率为 10%，权益与全部资本的比率为 80%，贝塔系数为 1.25，国债利率为 3.25%，市场风险补偿为 5%。企业所得税税率为 23%。估算该企业 2011 年 1 月 1 日的企业价值和权益价值。

（4）某企业 2010 年的收入为 95 000 万元，预期 2011—2015 年每年增长 6%，以后每年增长 4%。2010 年每股收益为 2.50 元，预期 2011—2015 年期间每股收益年增长 10%，以后每年增长 5%。2010 年每股的资本支出为 2.20 元，每股折旧为 1.10 元，2011—2015 年期间预期增长速度与收益相同。营运资本保持在收入的 5%水平上。企业当前的债务/全部资本比率为 10%，贝塔系数为 1.25，国债利率为 3.25%，市场风险补偿为 5%。目标债务比率为 20%，自 2016 年企业资本结构基本稳定。企业已经发行有 6 000 万股股票。试估算企业的权益价值。

（5）根据表 9-11 估算乙企业的权益价值。为什么会有不同估算的结果？

表 9-11 示例

项 目	甲 企 业	乙 企 业
销售额	1 340 000 000 元	620 000 000 元
税后收益	90 000 000 元	46 000 000 元
权益账面价值	590 000 000 元	207 000 000 元
发行股份	40 000 000 股	
股票价格	35 元	

第 10 章　资产评估报告

学习目标

※ 了解资产评估报告的概念和特点。

※ 熟悉资产评估报告的类型及应用。

※ 掌握资产评估报告的基本内容，资产评估报告书的编制步骤及要求。

学习导航

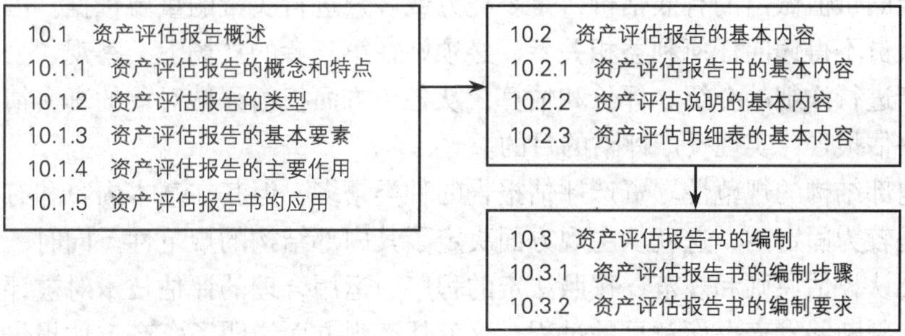

导入案例

李某系 A 资产评估公司的注册资产评估师、部门经理和项目负责人。于 2011 年 5 月 8 日与甲企业商讨房地产评估事宜。李某接受了甲企业的评估委托。李某按照资产评估协议书的要求在 5 日内完成了对甲企业房地产的评估，评估结果为每平方米 7 300 元。李某需要为甲企业出具一份资产评估报告，用于说明资产评估的过程和结果。

那么，这份资产评估报告该如何出具呢？

10.1　资产评估报告概述

10.1.1　资产评估报告的概念和特点

1．资产评估报告的概念

资产评估报告是指评估机构按照评估工作制度有关规定，在完成评估工作后向委托方提交的说明评估过程和结果的书面报告，旨在说明资产评估的目的、依据、程序、方法和结果等基本情况。

狭义的资产评估报告也叫资产评估报告书，既是资产评估机构与注册资产评估师完成对资产作价，就被评估资产在特定条件下的价值所发表的专家意见，也是评估机构履行评估合同情况的总结，还是评估机构与注册资产评估师为资产评估项目承担相应法律责任的证明文件。

广义的资产评估报告则还是一种工作制度，它规定评估机构在完成评估工作之后必须依照一定程序的要求，用书面形式向委托方及相关主管部门报告评估过程和结果。我国目前实行的就是这种资产评估报告制度。

2．资产评估报告的特点

资产评估报告作为一种专用的特殊经济业务文件，主要有以下几个方面的特点。

（1）从客观、公正的立场出发。资产评估报告是评估机构和人员接受委托方的聘请对被评估资产的价值做出的有效估价，是委托方或客户进行决策的重要依据。因此，该报告要求评估人员不得偏向任何利益相关者，必须站在第三者的立场上，客观、公正地对有关被评估资产进行详细的介绍、评价和估算，从各个方面权衡评估对象的真实情况，最终形成有效的评估报告，实现资产评估的目的。

（2）内部结构的规范性。资产评估报告的种类繁多，但其在基本内容和有关格式方面的要求却是较为固定的，这就从主观方面决定了其内部结构的规范性。同时，资产评估报告是遵循公认评估原则和规范、按照法定的程序、运用合理的评估技术对被评估资产价值进行估计和判断并发表书面意见的过程，这就从客观方面说明了资产评估报告内部结构上的规范性。因此，结构规范性也是资产评估报告的一大特点。

（3）具有权威性。资产评估报告是有根据和具有法律效力的责任报告，它不仅需要盖上公章，还须由参加该评估业务的注册资产评估师和资产评估机构的主要负责人签字盖章。因此它不仅对被评估单位负责，对涉及资产评估业务的其他有关方面也同样有一定的责任。

（4）以数据为主要信息依据。资产评估报告的有效说服力在于其有关数据的准确和易于理解。因此，对一项资产进行公正的评估，不仅要对该资产的种类、数量和使用状况进行说明，还要准确地计算其现时价值，而所有的这些资料仅仅通过定性的描述或说明是不够的，还必须将其转化为委托者或客户所能理解的各种定量数据，并将这些数据归集成有效的工作底稿，便于进行查阅和审核。

（5）语言简明。资产评估报告所涉及的基本内容相当广泛，如果详细描述，可能会造成委托人或客户审阅时的疲劳感，不利于形成有效的决策。因此，在保证资产评估报告不会引起误解的情况下，其所用的语言应该简明扼要，力求以最少的文字来表达整个业务评估过程并形成评估结果。当然，资产评估报告是评估人员的专业意见，所使用的语言文字具有一定的专业性，要求评估人员在编写过程中应熟悉专业术语和相关专业知识，并能准

完善程度。有关行政管理部门可以通过审核资产评估报告，有效地对评估机构的业务开展情况进行监督和管理，这也是不断完善资产评估管理的重要手段。

（4）资产评估报告是建立评估档案归集评估档案资料的重要信息来源。评估机构和评估人员对所采用的调查资料、收集的原始数据和有关数据资料进行加工处理，完成资产评估任务之后，都必须按照有关档案管理的规定，将评估过程中所收集的资料、工作记录以及资产评估过程的有关工作底稿进行归档，以便进行评估档案的管理和使用。同时，由于资产评估报告是对整个评估过程的总结，其内容还包括了各个具体环节收集的有关资料和相关记录。因此，评估档案归集的不仅仅是评估报告底稿，还包括编写评估报告过程中用到的各种有关数据、工作底稿和评估报告制度中形成的有关文字记录等重要信息来源。

当然，资产评估报告既是资产评估得以验证确认的最主要依据，也是评估机构履行评估协议和向委托方或有关方面收取评估费用的依据。

10.1.5　资产评估报告书的应用

1. 委托方对资产评估书报告书的使用

委托方在收到评估机构送交的正式评估报告书及有关资料后，可以依据评估报告书所揭示的评估目的和评估结论，合理使用资产评估结果。根据有关规定，委托方依据评估报告书所揭示的评估目的及评估结论，可以有以下几种具体的用途。

（1）根据评估目的，作为资产业务的作价基础。如企业改制、上市、对外投资、中外合资合作、转让、出售、拍卖等产权变动的经济活动，以及保险、纳税、抵押、担保等非产权变动的经济活动和法律方面需要的其他目的的活动的作价基础。

（2）作为企业进行会计记录或调整事项的依据。委托方在根据评估报告书所揭示的资产评估目的使用资产评估报告书资料的同时，还可依照有关规定，根据资产评估报告书资料进行会计记录或调整有关财务账项。

（3）作为履行委托协议和支付评估费用的主要依据。当委托方收到评估机构的正式评估报告书有关资料后，在没有异议的情况下，应根据委托协议，将评估结果作为计算支付费用的主要依据，履行支付费用的承诺及其他有关承诺的协议。

2. 资产评估管理机构对资产评估报告书的运用

对资产评估报告书的运用是资产评估管理机构实现对评估机构的行政管理和行业自律管理的重要过程。

首先，由于资产评估报告是反映资产评估工作过程的工作报告，通过对资产评估报告书资料的检查与分析，评估管理机构能大致判断该机构的业务能力和组织管理水平。

其次，资产评估管理机构通过对资产评估报告书进行核准或备案，能够对评估机构的评估结果质量好坏做出客观的评价，从而能够有效实现对评估机构和评估人员的管理。

最后，可为解决行业内质量问题提供依据（如执业质量纠纷等）。

3．其他有关部门对资产评估报告书的运用

除了资产评估管理机构可运用评估报告书资料外，还有些政府管理部门也需要运用资产评估报告书，主要包括证券管理部门、保险监督管理部门，以及工商行政管理、税务、金融和法院等有关部门。

证券监督管理部门对资产评估报告书的运用，主要表现在对申请上市的公司有关申报材料招股说明书的审核过程，以及对上市公司的股东配售发行股票时申报材料配股说明书的审核过程。根据有关规定，公开发行股票的公司的信息披露至少要列示以下各项资产评估情况：

（1）按资产负债表大类划分的公司各类资产评估前账面价值及固定资产净值。

（2）公司各类资产评估净值。

（3）各类资产增减值幅度。

（4）各类资产增减值的主要原因。

此外，还应简单介绍资产评估时采用的主要评估方法。

公开发行股票的公司采用非现金方式配股，其配股说明书的备查文件必须附上资产评估报告书。

当然，证券监督管理部门还可运用资产评估报告书和有关资料加强对取得证券业务评估资格的评估机构及有关人员的业务管理。

保险监督管理部门、工商行政管理部门，以及税务、金融和法院等部门也都能通过对资产评估报告书的运用来实现其管理职能。

10.2 资产评估报告的基本内容

按照财政部《资产评估报告基本内容与格式的暂行规定》，资产评估报告是由资产评估报告书、资产评估说明、资产评估明细表三部分组成。

10.2.1 资产评估报告书的基本内容

资产评估报告书的基本内容如下。

1．资产评估书封面的基本内容

资产评估报告封面须载明下列内容：资产评估项目名称、资产评估机构出具评估报告的编号、资产评估机构全称和评估报告提交日期等。有服务商标的，评估机构可以在报告封面载明其图形标志。

2．资产评估报告摘要的基本内容

每份资产评估报告的正文之前应有表达该报告关键内容的摘要，用来让各有关方面了解该评估报告的主要信息。该摘要与资产评估报告正文一样具有同等的法律效力，由注册资产评估师、评估机构法定代表人及评估机构等签字盖章并署名提交日期。该摘要还必须与评估报告揭示的结果一致，不得有误导性内容，并应当用文字提醒使用者阅读全文。

3．资产评估报告正文的基本内容

（1）首部。评估报告正文的首部应包括标题和报告书序号，标题应简练清晰，应含有“××（评估）项目资产评估报告”字样；序号应符合公文的要求，包括评估机构特征字、公文种类特征字、年份、文件序号等。

（2）绪言。报告书正文的绪言应写明该评估报告委托方全称、受托评估事项和评估工作整体情况。

（3）委托方与资产占有方简介。报告书正文的委托方与资产占有方简介应较为详细地分别介绍委托方和资产占有方的情况。当委托方和占有方相同时，可作为资产占有方介绍；当资产占有方为多家企业时，还须逐一介绍。应写明委托方和资产占有方之间的隶属关系或经济关系；无隶属关系或经济关系的，应写明发生评估的原因。简介内容具体包括单位名称、注册地址、主要经营场所、法定代表人、历史情况简介、企业资产、财务经营状况、行业或地域的特点与地位，以及相关的国家产业政策等。

（4）评估目的。应写明本次资产评估是为了满足委托方的何种需要及其所对应的经济行为类型，并简要、准确地说明该经济行为是否经过批准，若已获批准，应将批准文件的名称、批准单位、批准日期及文号写出。

（5）评估范围和对象。这部分应写明纳入评估范围的资产及其类型，并列出评估前的账面金额。评估资产为多家占有，应说明各自的份额及对应资产类型，还应写明纳入评估范围的资产是否与委托评估时确定的资产范围一致，如不一致应说明原因。

（6）评估基准日。这部分应写明评估基准日的具体日期，确定评估基准日的理由和成立条件，揭示确定基准日对评估结果的影响程度。另外，还应对采用非基准日价格标准做出说明。评估基准日应根据经济行为的性质由委托方确定，并尽可能与评估目的实现日接近。

（7）评估原则。应在这部分中写明评估工作过程中遵循的各类原则，包括独立性原则、客观性原则、科学性原则和专业性原则等工作原则，贡献原则、替代原则和预期原则等经济原则，以及资产持续经营原则和产权利益主体变动等国家及行业公认的原则。另外，对所遵循的特殊原则也应作适当阐述。

（8）评估依据。应在这部分中列示评估依据，包括经济行为依据、法律法规依据、产权依据和取价依据等。行为依据包括委托方申请、股东公司董事会决议等；法规依据包括资产评估管理和规范操作的有关法律文件；产权依据包括被评估资产的产权登记证书、土地使用权证和房屋产权证等；取价依据则包括企业提供的财务会计经营资料、有关统计资料和技术标准等。同时，对评估中采用的特殊依据应作相应的披露。

（9）评估方法。应在这部分中说明评估过程所选择使用的评估方法和选择评估方法的依据或原因。对某项资产评估采用一种以上评估方法的还应说明原因并说明该资产价值的确定方法。对所选择的特殊评估方法，也应介绍其原理及适用范围。

（10）评估过程。这部分应反映评估机构自接受评估项目委托起至提交评估报告的全过程，即接受委托、资产清查、评估汇总、评估汇总、评估估算和提交报告的过程。包括：接受委托过程中确定评估目的、对象及范围，确定基准日和拟定评估方案的过程；资产清查中指导资产占有方清查、收集准备资料，检查与验证过程；评估估算中的现场检测与鉴定、评估方法选择、市场调查与分析过程；评估汇总中的结果汇总、评估结论分析、撰写报告与说明、内部复核过程；提交评估报告过程。

（11）评估结论。这部分是报告正文的重要部分，应包括评估结果汇总表、评估后各资产占有方的份额和评估机构对评估结果发表的结论。不仅应使用表述性文字完整地叙述评估机构对评估结果发表的结论，对资产、负债、净资产的账面价值、调整后账面价值、评估价值及其增减幅度进行表述，还应单独列示不纳入评估汇总表的评估结果。

（12）特殊事项说明。在这部分中应说明在评估过程中已发现可能影响评估结论，但非评估人员执业水平和能力所能评定估算的有关事项，也应提示评估报告使用者注意特别事项对评估结论的影响，还应提示评估人员认为需要说明的其他事项。

（13）评估基准日期后重大事项。在这部分中，应揭示评估基准日后至评估报告提出日期间发生的重要事项，以及评估基准日的期后事项对评估结论的影响，还应说明发生在评估基准日期后不能直接使用评估结论的事项。

（14）评估报告法律效力、使用范围和有效期。这部分应具体写明评估报告成立的前提条件和假设条件，并写明评估报告依照法律法规的有关规定发生法律效力和评估结果的有效使用期限，还应写明评估结论仅供委托方依评估目的使用和送交主管部门审查使用，并申明评估报告书的使用权归委托方所有，未经许可不得随意向他人提供或公开。

（15）评估报告提出日期。在这部分中，应写明评估报告书提交委托方的具体日期。

（16）尾部。这部分应写明出具评估报告书的机构名称并加盖公章，还要由评估机构法定代表人和至少两名负责评估的注册资产评估师签名盖章。

4. 备查文件的基本内容

资产评估报告书的附报文件至少包括如下基本内容。

（1）有关经济行为的文件。

（2）资产评估立项批准文件。

（3）被评估企业前三年会计报表（至少包括资产负债表、利润表），非企业或经济组织除外。

（4）委托方与资产占有方营业执照复印件。

（5）产权证明文件复印件。

（6）委托方、资产占有方的承诺函。

（7）资产评估人员和评估机构的承诺函。

（8）资产评估机构资格证书复印件。

（9）资产评估机构营业执照复印件。

（10）参加本评估项目的人员名单及其资格证书复印件。

（11）资产评估业务约定合同。

（12）重要合同、协议及其他文件。

（13）其他需要附列的资料。

10.2.2　资产评估说明的基本内容

资产评估说明是描述资产评估师和评估机构对其评估项目的评估程序、方法、依据、参数选取和计算过程，充分揭示对资产评估行为和结果构成重大影响的事项，说明评估操作符合相关法律、行政法规和行业规范要求。资产评估说明也是资产评估报告书的组成部分，在一定程度上决定着评估结果的公允性，保护着评估行为相关各方的合法利益。

按有关规定，评估说明中所揭示的内容应同评估报告书正文所阐述的内容一致，包括评估说明的封面与目录、关于评估说明使用范围的声明、关于资产评估有关事项的说明、资产清查核实情况说明、评估依据的说明、各项资产及负债的评估技术说明、整体资产评估收益法验证说明和评估结论及分析等基本内容。评估机构、注册资产评估师及委托方、资产占有方应保证其撰写或提供的构成评估说明各组成部分的内容真实、完整，未作虚假陈述，也未遗漏重大事项。

资产评估说明应按以下顺序进行撰写和制作。

1．评估说明封面及目录

评估说明封面应载明该评估项目名称、评估报告书的编号、评估机构名称、评估报告书提出日期，若需分册装订的评估说明，应在封面上注明共几册及该册的序号。其目录包括每一部分的标题和相应的起止页码。

2．关于评估说明使用范围的声明

这部分应声明评估报告仅供资产管理部门、介绍主管部门、资产评估行业协会在审查资产评估报告书和检查评估机构工作之用，除法律、行政法规规定外，材料的全部或部分内容不得提供给其他任何单位和个人，不得公开于媒体。

3．关于进行资产评估有关事项的说明

这部分是由委托方与资产占有方共同撰写并由负责人签字，加盖公章，签署日期。包括委托方与资产占有方概况、关于评估目的的说明、关于评估范围的说明、关于评估基准日的说明、可能影响评估工作的重大事项说明、资产及负债清查情况的说明和列示资产委托方、资产占有方提供的资产评估资料清单等基本内容。这部分的具体内容应包括以下几个方面。

（1）委托方与资产占有方概况。包括企业名称及简称、注册地址及总部地址、注册资本、法定代表人、企业性质、企业历史、企业业务经营范围及主要经营业绩、近三年来的财务状况说明、主要生产产品及市场占有情况、企业的主要生产投资计划说明等。

（2）评估目的。包括说明评估目的及与评估目的相对应的经济行为的进展状况，评估目的实现后可能产生的影响。

（3）评估范围。包括说明需要评估的具体资产范围，需要评估的资产和负债的类型、账面金额及资产状况。

（4）评估基准日。即说明选取评估基准日的理由及合理性。

（5）可能影响评估工作的重大事项说明。包括写明所有可能对评估结果产生重大影响的事项，对于存在的抵押、质押、担保及其他或有负债、或有资产，应说明事项的性质、金额及其与列入评估范围的资产和负债的关系

（6）资产及负债清查情况的说明。即对本企业因进行资产评估而开展的资产与负债清查的情况和结果做出说明。

（7）资料清单，即列示资产委托方、资产占有方提供的资产评估资料清单，包括资产评估清查登记表，资产与负债清查结果，相关经济行为的批文，会计报表，产权证明文件，重大合同协议，生产经营统计资料，其他与评估资产相关的资料等。

4．资产清查核实情况说明

这部分主要用来说明评估方对委托评估的企业所占有的资产和与评估相关的负债进行清查核实的有关情况及清查结论。这部分应包括以下内容。

（1）资产清查核实的内容。应写明评估人员对委托评估声明中确定的评估范围进行抽查复核，介绍进行资产清查的具体内容，即资产类型、账面金额及产权状况等。

（2）实物资产的分布情况及特点。对于影响生产经营的重大资产项目应指明地点及特征。

（3）影响资产清查的事项。包括资产性能的限制、存放地点的限制、技术技能的限制等。对于不能直接清查的资产，应说明原因及涉及的资产范围，并逐一列示。

（4）资产清查核实的过程与方法。过程包括清查工作的组织安排、时间计划、实施方案；方法则应说明对主要资产清查核实所采取的措施、对变质的存货进行鉴定的手段等。

（5）资产清查结论。包括说明资产清查结果是否与账面价值存在差异并说明原因；对于产权不清晰的资产应逐一列示，说明原因。

（6）资产清查调整说明。调整事项应说明已与资产占有方取得一致意见；对于双方有异议的事项，评估人员应说明调整的原因。

5．评估依据说明

评估依据说明主要用来说明进行评估工作中所遵循的具体行为依据、法规依据、产权依据和取价依据。具体包括如下方面：

（1）主要法律法规。

（2）经济行为文件。

（3）重大合同协议及产权证明文件。

（4）采用的取价标准。

（5）参考资料及其他。

6. 各项资产及负债的评估技术说明

这部分主要用来说明对资产进行评定估算过程的解释，反映评估中选定的评估方法和采用的技术思路及实施的评估工作。主要包括以下内容：

（1）流动资产评估说明。包括货币资金、短期投资、应收票据、应收账款、应收股利、应收利息、预付账款、其他应收款、存货、待摊费用和递延资产等说明。另外，在分类说明流动资产评估方法前，应按会计科目列示账面值并适当汇总，保证与资产负债表相对应。

（2）长期投资评估说明。应说明长期投资的种类、形成原因及对企业自身经营状况的影响。对于有特殊约定的长期投资，应详细说明约定的内容，并简要介绍对投资人权益的影响。

（3）机器设备评估说明。应总体介绍机器设备的特点、购置日期、类别、工艺流程、技术水平状况、日常管理制度，说明评估原值的构成、来源与依据，说明设备成新状况或增值贬值因素，并介绍量化的方法及依据。

（4）房屋建筑物评估说明。应总体介绍房屋建筑物的类型、建造日期、面积及特点、日常管理状况。

（5）在建工程评估说明，应说明在建工程的项目内容、开工日期、预计完工日期及对企业生产经营的影响。

（6）土地使用权评估说明。应说明土地使用权评估价值的构成，详细说明费用确定的依据，并反映影响评估的因素。

（7）无形资产及其他资产评估说明。应具体说明无形资产特征、获利能力和获利期限。

（8）负债评估说明。包括短期负债、应付票据、应付账款、长期借款、预收账款、预提费用、其他应付款和应交税金、应付工资等的评估说明。

7. 整体资产评估收益法评估验证说明

这部分主要说明运用收益法对企业整体资产进行评估来验证资产评估结果的有关情况，应包括以下内容：

（1）收益法的应用简介。

（2）企业的生产经营业绩。

（3）企业的经营优势。

（4）企业的经营计划。

（5）企业的各项财务指标。

（6）评估依据。

（7）企业营业收入、成本费用和长期投资收益预测。

（8）折现率的选取和评估值的计算过程。

（9）评估结论。

8．评估结论及其分析

（1）评估结论。

（2）评估结果与调整后账面值比较变动情况及原因。

（3）评估结论成立的条件。

（4）评估结论的瑕疵事项。

（5）评估基准日的期后事项说明及对评估结论的影响。

（6）评估结论的效力、使用范围与有效期。

10.2.3 资产评估明细表的基本内容

资产评估明细表是反映被评估资产评估前后的资产负债明细情况的表格。它是资产评估报告书的组成部分，也是资产评估结果得到认可，评估目的的经济行为实现后作为调整账目的主要依据之一。具体应包括以下内容：

（1）资产及其负债的名称、发生、日期、账面价值、评估价值等。

（2）反映资产及其负债特征的项目。

（3）反映评估增减值情况的栏目和备注栏目。

（4）反映被评估资产会计科目名称、资产占有单位、评估基准日、表号、金额单位、页码内容的资产评估明细表表头。

（5）写明清查人员、评估人员的表尾。

（6）评估明细表应逐级汇总；第一级为明细表总计，第二级为按资产及负债大类单独汇总，第三级为按资产负债表式汇总，第四级为以资产及负债大类为主栏项目且以人民币万元为金额单位的汇总。

（7）表格每页都应有“本页小计”，同类表格最后一页还应有合计行。

（8）资产评估明细表一般应按会计科目顺序排列装订。

资产评估明细表包括资产评估结果汇总表、资产评估结果分类汇总表、各项资产清查评估汇总表及各项资产清查评估明细表这几个层次。

10.3 资产评估报告书的编制

10.3.1 资产评估报告书的编制步骤

资产评估报告书的编制是资产评估工作中最后一个的环节，也是评估机构完成评估工作的重要环节。这就要求评估人员在评估过程中，思路清晰，有序进行，为此，评估人员应按下列步骤编制评估报告。

1．整理工作底稿和归集有关资料

资产评估现场工作结束后，有关评估人员必须着手对现场工作底稿进行整理，按资产的性质进行分类。同时对有关询证函、被评估资产的背景材料、技术鉴定情况和价格取证等有关资料进行归集和登记。对现场未予确定的事项，还必须进一步落实和查核。这些现场工作底稿和有关资料都是编制资产评估报告书的基础。

2．评估明细表的数字汇总

在完成现场工作底稿和有关资料的归集任务后，评估人员应该开始对评估明细表的数字进行汇总。一般先进行明细表汇总，然后是分类汇总，之后是资产负债表式的汇总。如果评估机构应用电脑软件汇总则很简便；如果没有采用电脑软件汇总，应在数字汇总过程中反复核对各有关表格的数字的关联性和表格栏目之间数字的钩稽关系，防止出错。

3．评估初步数据的分析和讨论

明细表的数字汇总之后，得到的是初步的评估数据，评估人员应对初步的评估数据进行分析和讨论，比较各方有关的数据，复核记录估算结果的工作底稿，对存在不合理的地方要进行调整。

4．编写评估报告书

在完成资产评估初步数据的分析和讨论，对有关部分的数据进行调整后，由各组评估负责人草拟各自负责评估部分的评估说明，同时提交全面负责此次评估项目的人员，草拟出资产评估报告书（初稿）；将评估基本情况和评估报告书初稿的初步结论与委托方交换意见；听取委托方的反馈意见后，在坚持独立、客观、公正的前提下，认真分析委托方提出的问题和建议，考虑是否应该修改评估报告书，对评估报告书存在的遗漏、疏忽和错误之处进行修正，并撰写出资产评估的正式报告书。

5．资产评估报告书的审核签发与送达

评估机构在撰写出资产评估正式报告书之后，经审核无误，先由负责该项目的注册评估师签章（2 名或 2 名以上），再送复核人审核签章，最后送评估机构负责人审定签章并加盖机构公章。

资产评估报告书签发盖章以后即可连同评估说明及评估明细表交送委托单位。如果委托单位没有表示异议，就标志着整个评估服务工作已经结束。评估机构可以根据事先签订的委托合同或协议，向委托单位收取约定金额的资产评估费用。

10.3.2　资产评估报告书的编制要求

资产评估报告书的编制要求主要是指在资产评估报告制作过程中的技能要求，具体包括了文字表达方面的技能要求、格式和内容方面的技能要求、评估报告书的复核及反馈方面的技能要求，以及评估报告书复核和反馈方面的技能要求。

1. 文字表达方面的技能要求

资产评估报告书不仅是一份对被评估资产价值有咨询性和公正性作用的文书，而且是一份用来明确资产评估机构和评估人员工作责任的文字依据，所以它的文字表达既要清楚、准确，又要提供充分的依据说明，还要全面地叙述整个评估的过程。其文字表达必须准确，不得使用模棱两可的措辞；其陈述既要简明扼要，又要把有关问题说明清楚，不得带有任何诱导、恭维和推荐性的陈述。

2. 格式和内容方面的技能要求

对资产评估报告书格式和内容方面的技能要求，必须严格遵循财政部颁发的《资产评估报告基本内容与格式的暂行规定》执行。

3. 评估报告书的复核和反馈方面的技能要求

资产评估报告书的复核和反馈也是资产评估报告书制作的具体技能要求。通过对工作底稿、评估说明、评估明细表和报告书正文的文字、格式及内容的复核和反馈，可以将有关错误、遗漏等问题在出具正式报告书之前得到修正，对评估人员来说，资产评估工作是一项必须由多个评估人员同时作业的一个环节，每个评估人员都有可能因能力、水平、经验、阅历及理论方法的限制而产生工作疏忽，所以对资产评估报告书初稿进行复核就成为必要。

就对评估资产情况的熟悉程度来说，大多数资产委托方和占有方对委托评估资产的分布、结构等具体情况总是会比评估机构和评估人员更熟悉。所以，在出具正式报告之前，征求委托方意见、收集反馈意见很有必要。

对资产评估报告进行复核，必须建立起多级复核和交叉复核的制度，明确复核人的职责，防止流于形式的复核。收集反馈意见时主要选择委托方或占有方熟悉资产具体情况的人员。对委托方或占有方意见的反馈信息，应谨慎对待，本着独立、客观、公正的态度去接受。

4. 撰写报告书应注意事项

资产评估报告书的编制技能除了上述要掌握上面三个方面外，还应注意以下事项。

（1）实事求是，切忌出具虚假报告。报告书必须建立在真实、客观的基础上，不能脱离实际情况，更不能无中生有。报告拟订人应是参与该项目并较全面了解该项目情况的主要评估人员。

（2）坚持一致性做法，切忌表里不一。报告书文字、内容前后要一致，摘要，正文，评估说明、评估明细表内容与口径、格式甚至数据要一致，不能出现不一致情况。

（3）提交报告书要及时、齐全和保密。在正式完成资产评估工作后，应按业务约定书的约定时间及时将报告书送交委托方。送交报告书时，报告书及有关文件要送交齐全。涉及外商投资目的对中方资产评估的评估报告，必须严格按照有关规定办理。此外，要做好客户保密工作，尤其是对评估涉及的商业秘密和技术秘密，更要加强保密工作。

案例分析

【案情】

评估报告书

海生精密仪器有限责任公司：

我所接受贵公司委托，根据国家有关资产评估的规定和其他法律、法规规定，对贵公司以与永生公司联营为目的的全部资产进行了评估。评估中结合资公司的具体情况，实施了包括财产清查在内的我们认为必要的评估程序，现将评估结果报告如下：

1．资产评估机构。（略）

2．委托方和资产占有方。（略）

3．评估目的：为贵公司与永生公司联营之目的，评估贵公司净资产现行价值。

4．评估范围和对象：本次评估范围为海生公司拥有的全部资产、负债和所有者权益。评估对象为海生公司的整体资产。

5．评估原则：根据国家国有资产管理及评估的有关法规，我所遵循独立性、科学性和客观性的评估工作原则，并以贡献原则、替代原则和预期原则为基础进行评估。

6．评估依据。

（1）××省国有资产管理局（关于同意海生公司与永生公司联营的批复）。

（2）委托方提供的资产清单及其他资料。

（3）有关资产的产权证明及相关资料。

（4）委托方提供的有关会计凭证、会计报表及其他会计资。

（5）与委托方资产取得、销售业务相关的各项合同及其他资料。

7．评估基准日：1998 年 9 月 30 日。

8．评估方法：根据委托方评估目的和评估对象，此次评估方法为成本法，价格标准为重置成本标准。

9．评估过程。（略）

10．评估结果：在实施了上述评估程序和评估方法后，贵公司截至评估基准日的资产、负债和所有者权益价值如下。

资产总额：41 504 342 元

负债总额：22 722 000 元

净资产价值：18 782 342 元

11．评估结果有效期：根据国家有关规定，本报告有效期一年。自报告提交日 1998 年 12 月 20 日起至 1999 年 12 月 19 日止。

12．评估说明。

（1）流动资产评估。

① 货币资金账面价值 421 588 元，其中现金 21 325 元，银行存款 400 263 元，考虑到货币资金即为现值不需折现，经总账明细账与日记账核实一致并对现金盘点无误后，按贴面值确认。

② 应收账款账面价值 5 481 272 元，经与明细账核对，确认评估值为 5 083 252 元。

③ 存货账面价值为 11 072 460 元，抽查比例为 60%，在质量检测与抽查核实的基础上，确认评估值为 10 852 500 元。

④ 其他流动资产。（略）

流动资产账面价值 18 845 502 元。评估值为 17 401 832 元。

（2）长期投资评估。（略）

（3）固定资产评估。（略）

（4）其他资产评估。（略）

（5）负债审核确认。（略）

表 10-1 为评估结果汇总表。

表 10-1 评估结果汇总表（简略格式） 单位：元

项 目	账面价值	评估值	增减值	增减率
流动资产	18 845 502	17 451 832	–1 393 670	–7.4%
固定资产	20 248 470	23 542 510	3 294 040	16.27%
长期投资	500 000	510 000	10 000	2%
资产总计	39 593 972	41 504 342	1 910 370	4.82%
流动负债	14 450 000	14 250 000	–200 000	–1.38%
长期负债	8 862 000	8 462 000	–400 000	–4.51%
负债合计	23 312 000	22 722 000	–60 000	–2.57%
净资产	16 281 972	18 782 342	2 510 370	15.42%

13．其他事项说明。（略）

14．评估结果有效的其他条件。（略）

15．评估时间。本次评估工作自 1998 年 10 月 4 日起至 1998 年 12 月 20 日止，本报告提交日期为 1998 年 12 月 20 日。

中国注册资产评估师：张三签字盖章

××资产评估事务所：盖章

1998 年 12 月 20 日

【分析】

1．请分析找出评估报告书中的错误。

2．海生精密仪器有限责任公司在使用该机构纠正错误后出具的正式报告时，应注意哪些问题？

本章小结

资产评估报告是指评估机构按照评估工作制度有关规定，在完成评估工作后向委托方提交的说明评估过程和结果的书面报告，旨在说明资产评估的目的、依据、程序、方法和结果等基本情况。资产评估报告的基本要素是指各类资产评估报告都应包含的基本内容，它一般包括：评估报告类型；委托方、资产占有方及其他评估报告使用者；评估范围和评估对象的基本情况；评估目的；评估结果的价值类型；评估基准日；评估假设和限制条件；评估依据；评估途径与方法；评估程序实施过程和情况；评估结论；声明；评估报告日；评估机构和注册资产评估师签章；附件。

资产评估报告的主要作用：资产评估报告具有公正评价和建议作用；资产评估报告是资产评估机构的产品，是反映和体现资产评估工作情况，明确委托方、受托方、评估机构及有关方面责任的依据；资产评估报告反映了评估机构及评估人员的执业素质；资产评估报告是建立评估档案归集评估档案资料的重要信息来源。

资产评估报告是由资产评估报告书、资产评估说明、资产评估明细表三部分组成。资产评估报告书的基本内容包括：评估报告书封面、评估报告书摘要、评估报告书正文及备查文件组成。资产评估说明是描述资产评估师和评估机构对其评估项目的评估程序、方法、依据、参数选取和计算过程，充分揭示对资产评估行为和结果构成重大影响的事项，说明评估操作符合相关法律、行政法规和行业规范要求。资产评估明细表是反映被评估资产评估前后的资产负债明细情况的表格。

资产评估报告书的编制步骤：整理工作底稿和归集有关资料；评估明细表的数字汇总；评估初步数据的分析和讨论；编写评估报告书；资产评估报告书的审核签发与送达。

资产评估报告书的编制要求：文字表达方面的技能要求；格式和内容方面的技能要求；评估报告书的复核和反馈方面的技能要求；撰写报告书应注意的事项。

练习题

1．名词解释

资产评估报告　资产评估说明　资产评估明细表

2．单项选择题

（1）所有在资产评估书中采用的汇率、税率、费率、利率和其他价格标准，均应采用

（　　）时的标准。

A．提供报告日　B．评估基准日　C．会计期初或期末　D．评估工作日

（2）某项资产账面原价为300万元，账面净值为200万元，评估结果为250万元，该评估增值率为（　　）。

A．20%　B．25%　C．–10%　D．18%

（3）资产评估结果有效期通常为一年，这一年是从（　　）算起的。

A．提供报告日　B．评估基准日　C．验证确认日　D．经济行为发生日

（4）对于资产评估基准日后发生的重大事项，应当（　　）。

A．在正文中列出，并做相应的说明

B．在备查文件中附上相关内容

C．根据事项的有关影响对正文的数据进行修改

D．向有关当事人做口头汇报即可

（5）资产评估报告书摘要与资产评估报告书具有的法律效力（　　）。

A．前者大于后者　B．后者大于前者　C．同等效力　D．不可比较

（6）评估报告书尾部至少由（　　）名负责评估的资产评估师签名盖章。

A．一　B．二　C．三　D．四

（7）委托方在使用资产评估报告书及有关资料时，合理、合法的是（　　）。

A．一份资产转让评估报告书也可以作为资产出售的作价基础

B．超出报告书的有效期后，只要由评估机构重新调整相关数据，就仍是有效的

C．有效期内资产评估数量发生较大变化时，需要按比例调整后才能使用

D．涉及国有资产产权变动的评估报告书及有关资料要经国有资产行政主管部门确认或授权确认后才可使用

（8）下列不属于资产评估管理机构对评估报告运用的是（　　）。

A．大体了解评估机构从事评估工作的业务能力和组织管理水平

B．对资产评估结果质量进行评估

C．为国有资产管理提供重要的数据资料

D．征收管理费用的主要依据

（9）开达资产评估事务所于2010年8月6日至2010年8月25日，对洪利制衣厂的企业整体资产在2010年6月30日的市场价值进行了评估，评估报告于2010年8月30日提交给了委托人。该评估结果的有效时间截至（　　）。

A．2011年8月5日　B．2011年8月24日

C．2011年8月29日　D．2011年6月29日

（10）资产评估报告书应当（　　）。

A．按照委托方的要求编写　B．按照资产占有方的要求编写

C．按照资产接受方的要求编写　　D．按照评估行业有关规定编写

3．多项选择题

（1）属于资产评估评估报告书正文内容的有（　　）。

A．评估基准日　B．评估结论　C．被评估单位提供的原始设备清单

D．评估原则　E．评估目的

（2）资产评估报告书的主要内容是（　　）。

A．评估立项申请　B．评估结果成立的前提条件

C．取得评估结果的主要过程　D．取得评估结果的方法和依据

E．评估委托合同或协议及其主要内容

（3）撰写资产评估报告书应当注意（　　）。

A．评估结论应尽可能满足委托方的要求

B．评估口径前后保持一致

C．对评估参数与评估结果复核

D．评估参数的选取以委托方提供的资料为准

E．严格遵循《资产评估报告基本内容与格式的暂行规定》

（4）资产评估报告书的附件应当包括（　　）。

A．项资产负债的评估结果清单

B．重要资产的产权证明文件

C．评估人员及评估机构资格证书复印件

D．评估计划

E．关于《资产评估报告书附件》使用范围的说明

（5）能够证明资产所有权的产权证明文件包括（　　）。

A．专利证书　B．购买合同　C．房产证书

D．商标注册证书　E．版权许可证书

4．简答题

（1）编制资产评估报告书应按照哪些工作步骤进行？

（2）资产评估报告对资产评估的委托者有什么用途？

（3）资产评估报告的作用主要体现在哪些方面？

（4）简要叙述我国现行法律、法规对资产评估报告的有关制度规定。

参考文献

[1] 中国资产评估协会．资产评估——2011 年全国注册资产评估师考试用书[M]．北京：经济科学出版社，2011．

[2] 姜楠．资产评估（第二版）[M]．大连：东北财经大学出版社，2008．

[3] 乔志敏．资产评估学教程[M]．北京：中国人民大学出版社，2010．

[4] 吴申元．无形资产管理与评估[M]．北京：首都经济贸易大学出版社，2007．

[5] 中国资产评估协会．企业国有资产评估报告指南讲解[M]．北京：中国财政经济出版社，2010．

[6] 中国资产评估协会．建筑工程评估基础——2011 年全国注册资产评估师考试用书[M]．北京：经济科学出版社，2011．

[7] 中国房地产估价师协会．房地产估价理论与方法[M]．北京：中国物价出版社，1995．

[8] 朱云松，聂新国．资产评估学[M]．北京：经济管理出版社，2011．

[9] 吴良海，陈昌龙．资产评估学[M]．北京：北京交通大学出版社，2007．

[10] 郭化林．中国资产评估准则——阐释与应用[M]．上海：立信会计出版社，2009．

[11] 李光洲，徐爱农．资产评估教程[M]．上海：立信会计出版社，2010．

[12] 何红．资产评估综合业务[M]．北京：中国财政经济出版社，2011．

[13] 熊晴海．资产评估学[M]．北京：清华大学出版社，2009．

[14] 邵志华．房地产估价理论与实务[M]．武汉：武汉理工大学出版社，2009．

[15] 罗斯，威斯特菲尔德，杰富．公司理财[M]．吴世农，等，译．北京：机械工业出版社，2009．

[16] 赫斯特．价值评估[M]．宋云玲，纪新伟，译．北京：经济管理出版社，2011．

[17] 曾蔚，游达明．企业财务分析与价值评估[M]．北京：清华大学出版社，2011．